JN098364

労　働　法

〔第 13 版〕

安枝英訷
西村健一郎　著

有斐閣双書プリマ・シリーズ

第13版　はしがき

　本書は，プリマ・シリーズの1冊として「労働法」の基本的枠組みとその考え方を，原理的なところから実務的なところまで，できるだけ分かりやすく簡潔・平明に記述することを心掛けて執筆したものである。

　労働法が対象とする雇用関係にかかわる法的ルールや法制度について正確な知識を持つことは，現に雇用関係にある労働者，これから就職しようとする学生だけではなく，その労働者を雇用する使用者，および企業で人事・労務管理に携わるスタッフの人たちにとっても重要な意味を持つ。雇用関係にかかわる法的ルールの軽視あるいは無視は，法違反の責任を問われるだけではなく，当該企業の名誉，評判を損ねることにもなる。さらには，そこから重大な労使紛争に発展する危険性もあろう。労働者・使用者間で良好な雇用関係・労使関係を形成し維持するためには，日頃から雇用関係にかかわる法的ルールを尊重しその意義を活かした労務管理・人事管理を心がける必要も大きいと思われる。

　もっとも，雇用をめぐる経済・社会状況の変化，非正規労働者の増大と労働条件をめぐる正規労働者との格差の問題，企業の組織再編や企業間競争の激化，働き方の多様化などを契機として労働関係にかかわる紛争も増大しており，こういった状況を背景に，雇用関係にかかわる法的ルール自体が，現在大きく変わりつつある。平成19（2007）年11月末に成立して翌年の3月1日から施行された労働契約法の制定は，労使間における個別的労働関係紛争の増大を大きな理由のひとつとしているが，同法は，労働契約に関する民事の法的ルールを初めて統一的な法律としたものであり，その意義は大き

i

い。その労働契約法自体が平成24（2012）年には改正され，有期労働契約が5年を超えて反復更新された場合に，労働者の申込みにより無期の（期間の定めのない）労働契約に転換する新たなルールが導入された（18条）。また，最高裁の判例で確立していた雇止め（有期労働契約の更新拒否）に関する法理も法定化され（19条），さらに期間の定めがあることによる「不合理な」労働条件も禁止されるに至った（20条，この20条自体が，後に「短時間・有期雇用労働者法」8条に吸収された）。

　近年の，とくに大きな改正・改革としては，平成30（2018）年に成立した「働き方改革推進法」が挙げられる。この法律により，労働基準法，労働安全衛生法，パートタイム労働法，労働契約法等が改正されたが，これにより長時間労働の是正のために，時間外労働の上限規制が労働基準法に導入された。また短時間・有期雇用労働者法は，上で触れたように，従来労働契約法20条に規定されていた「不合理な」労働条件の禁止を短時間・有期雇用という形でまとめて規制するに至った（8条）。平成26（2014）年には，メンタルヘルス問題を背景に大きな論点となっていたストレスチェックの制度が導入された。さらに，長い間，議論がなされていた労働者派遣法の改正も，平成27（2015）年，成立し，これによりすべての労働者派遣事業が新たな許可基準に基づく許可制となった。また，平成25（2013）年には障害者雇用促進法の改正によって，障害者の差別の禁止と事業主に障害者に対する合理的な配慮義務が規定された。このほか，平成27（2015）年には，「女性の職業生活における活躍の推進に関する法律」（女性活躍推進法）が制定された。職業生活と家庭生活の両立支援，ワーク・ライフ・バランスの確保は，女性労働者だけではなく男性労働者にとっても重要な政策課題である。

　本書の第12版が平成26（2014）年に刊行されてからかなりの年数

が経過し，その間，上で少し触れたように多くの法律・規則等が改正され，また注目すべき判例・裁判例も数多く出されている。これらを踏まえて第13版を出すことにした。本書の出版にはこれまでと同様に，有斐閣京都編集部の一村大輔氏の暖かく親切な助力に負うところが大きい。記して厚く感謝したい。

令和 3（2021）年 9 月

西村　健一郎

初版 はしがき

　本書は，プリマ・シリーズの1冊として，抽象的にすぎる記述をできる
だけ回避し，労働法を簡潔かつ平明に説くことを主眼としている。

　わが国の労働法は，第2次世界大戦後に本格的な展開をみせたものであ
り，今なお基礎理論の研究に迫られつつも，産業構造や雇用形態等のスピ
ードの速い変化に対応して，新たな法的問題に次々と対処してきた。とく
に後者の問題については，第1に，法解釈による解決，第2に，新たな
立法による対処がなされてきた。戦後40年を経た今，学説，裁判例および
行政解釈による労働法理論の発展は，その間口の広さと奥行の深さにおい
て，相当のレベルにまで達している。とくに裁判例に関しては，最高裁判
決がかなりの数となり，「判例」と目すべきものも生まれており，この評
価が重要となっている（判例とまではいえないものは裁判例と表現し区別
した）。本書においては，まず，これらの理論的蓄積と到達点を踏まえ，
公正かつ安定的な解釈理論を提示するように努めた。この点，労働法の初
学者だけではなく，司法試験受験者，企業の人事・労務担当者あるいはユ
ニオン・リーダーに対しても，労働法の知識を整理するうえで本書が役立
つものと考えている。

　本書は，次に，最近の立法動向に留意した。とくに1985年に制定された
男女雇用機会均等法，労働者派遣法については，許されるかぎりのスペー
スをとって解説した。また今後の立法改正を視野に入れて，労働時間制度
に代表される労働基準法の改正，あるいはパートタイマー対策等について
の見通しを踏まえた記述に心がけている。

　ところで，本書は，私たち2人の合作である。私たちは執筆にあたって，
労働法の全体像と体系を鳥瞰するとともに，従来の研究で見すごされてい
た理論上の課題，また新たな課題を発掘することに心がけた。私たちは長
年にわたり，議論の機会を多くもってきたが，本書のための準備の過程で
難しい問題の多いことを痛感し，改めて議論を重ねた。しかし，本書にお
いては，すべての問題にストレートな解答を与えているわけではない。安

易な即答を避けた課題もある，というのが正直なところである。また，小異を捨てて大同についた部分もある。しかし，いずれにせよ本書は文字通りの共著といえるから，執筆担当を示すことはしない。内容的に，1＋1＞2になっていれば幸いである。

　なお，戦後労働法学界における第四世代に属する研究途上の私たちが，こうした書物を著わすことができたのは，先輩諸兄のすぐれた研究成果のおかげである。いちいちの引用をなしえないのが残念であるが，この点深く感謝している。本書における不十分な点について読者諸賢からの教示をまちたい。

　最後になったが，本書の企画から校正に至るまで，有斐閣京都支店の大前誠氏に多大なお世話をかけてしまった。本書を刊行しえたのも，氏の協力のおかげであり，深甚の謝意を表したい。

　　1986年2月

安 枝 英 訷
西村健一郎

第4編　団体的労働関係法

略 語 表

❖主な法令名

（その他，有斐閣版六法全書の法令名略語による。なお，則は施行規則，令は施行令）

育児・介護休業	育児休業，介護休業等育児又は家族介護を行う労働者の福祉に関する法律
家労	家内労働法
均等	男女雇用機会均等法
刑	刑法
憲	日本国憲法
健保	健康保険法
公益通報	公益通報者保護法
厚年	厚生年金保険法
高年	高年齢者等の雇用の安定等に関する法律（高年齢者雇用安定法）
国公	国家公務員法
個別労働紛争	個別労働関係紛争の解決の促進に関する法律（個別労働紛争解決促進法）
雇保	雇用保険法
行政執行法人法	行政執行法人の労働関係に関する法律
最賃	最低賃金法
自治	地方自治法
障害者雇用	障害者の雇用の促進等に関する法律（障害者雇用促進法）
承継	会社分割に伴う労働契約の承継等に関する法律（労働契約承継法）
職安	職業安定法

職発	職業能力開発促進法
女性則	女性労働基準規則
スト規制	電気事業及び石炭鉱業における争議行為の方法の規制に関する法律
短時有期	短時間労働者及び有期雇用労働者の雇用管理の改善等に関する法律（短時間・有期雇用労働者法）
地公	地方公務員法
地公企	地方公営企業法
地公労	地方公営企業等の労働関係に関する法律
賃払	賃金の支払の確保等に関する法律（賃金確保法）
法適用	法の適用に関する通則法（旧法例）
パート労働	旧短時間労働者の雇用管理の改善等に関する法律（旧パートタイム労働法）
民	民法
労安	労働安全衛生法
労基	労働基準法
労契	労働契約法
労災	労働者災害補償保険法
労審	労働審判法
労組	労働組合法
労調	労働関係調整法
労働者派遣	労働者派遣事業の適正な運営の確保及び派遣労働者の保護等に関する法律（派遣法）

❖主な通達類

基監発	労働基準監督課長名で発する通達
基災発	労働基準局労災補償部長名で発する通達

基収	旧労働省（厚生労働省）労働基準局長が照会・疑義に対して発する回答
基発	旧労働省（厚生労働省）労働基準局長名で発する通達
職発	旧労働省（厚生労働省）職業安定局長名で発する通達
発基	旧労働省（厚生労働省）労働基準局関係の労働事務次官名で発する通達
労発	旧労働省労政局長名で発する通達

❖判例・裁判例の表記例

最大判	最高裁判所大法廷判決
最1〜3小判	最高裁判所第一〜三小法廷判決
高判(決)	高等裁判所判決（決定）
地判(決)	地方裁判所判決（決定）
簡判	簡易裁判所判決

❖主な裁判例集

民(刑)集	最高裁判所民（刑）事判例集
集民	最高裁判所裁判集（民事）
労民集	労働関係民事裁判例集
労裁資	労働関係民事行政裁判資料
命令集	不当労働行為事件命令集
労判	労働判例
判時	判例時報
判タ	判例タイムズ
労経速	労働経済判例速報

著者紹介

安枝英訷 (やすえだ ひでのぶ)

1941年　大阪府に生まれる

1968年　同志社大学法学部卒業

1970年　同志社大学大学院法学研究科修士課程修了

2001年　同志社大学法学部教授在任中に他界

専　攻　労働法

著　書　『国営・公営企業の労働関係法』（共著，有斐閣，1985年）

『セミナー 労働時間法の焦点』（共著，有斐閣，1986年）

『新労働時間法のすべて』（共著，有斐閣，1988年）

『労働法講義(3)〔新版〕』（共著，有斐閣，1990年）

『基礎演習 労働法』（共著，有斐閣，1994年）

『労働基準法〈労働法Ⅱ〉』（共著，青林書院，1996年）

『労働の法と政策〔第2版〕』（有斐閣，1998年）

『人事スタッフのためのすぐに役立つ労働法〔改訂版〕』（経営書院，2004年）

西村健一郎 (にしむら けんいちろう)

1945年　福井県に生まれる

1967年　京都大学法学部卒業

1972年　京都大学大学院法学研究科博士課程修了

現　在　京都大学名誉教授

専　攻　労働法・社会保障法

著　書　『労災補償と損害賠償』（一粒社，1988年）

『労働法講義(3)〔新版〕』（共著，有斐閣，1990年）

『基礎演習 労働法』（共著，有斐閣，1994年）

『労働基準法〈労働法Ⅱ〉』（共著，青林書院，1996年）

『社会保障法』（有斐閣，2003年）

『社会保障法 Cases and Materials』（共著，有斐閣，2005年）

『判例法学〔第5版〕』（共著，有斐閣，2012年）

『社会保障法入門（第3版）』（有斐閣，2017年）

第1編　総　　論

第1章

労働法の意義

1 労働法の概念

　労働法は，労働関係を規整（労働関係の創設・整序・規律）する法である。労働関係とは，他人に対して労働を提供し報酬を得る者と，その労働を利用し報酬を与える者との間に形成される一定の法的関係を意味する。したがって，労働関係は，雇用契約ないし労働契約を締結している当事者が主軸となって形成されるものであり，それらの契約の存在が労働法のコーナーストーンの地位を占める。

　しかし，労働法の適用対象者は，必ずしも雇用契約ないし労働契約の締結当事者にかぎられるわけではない。場合によっては，過去にその当事者であった者，将来その当事者になろうとする者，委任や請負形式による労務供給契約の当事者，第三者も，労働法の対象とされる。

　また，現在では，労働者および使用者による団体の結成と活動が法認されていること，および国家が法政策の実施につき直接の当事者として重要な役割を担っていること，かつ労働法の領域に属すると認識されているさまざまな法を包括する必要があることを考慮すると，労働法は次のように定義できる。すなわち，労働法とは，労働関係を媒介として形成される，労働者，使用者，労働組合，使用者団体および国家（地方公共団体）の間における相互関係を規整する法である（労働法の体系については本編第 2 章 **2** 参照）。

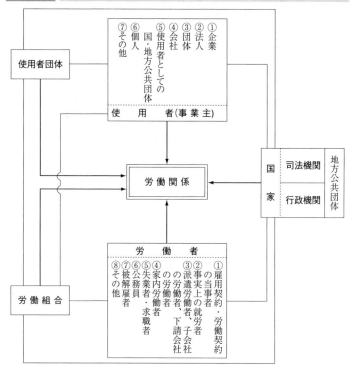

図　労働関係の当事者

　なお労働法の役割として，従来は，「ルール設定機能」ないし「秩序形成機能」を重視する考え方が強かった。しかし，成熟した社会においては，豊かな労働生活を実現するための「政策立法」および努力義務などによる「政策誘導」の役割（制度創設機能）の重要性が認識されるに至っている。

2 労働法の性格

① 市民法原理の修正と実質化

　労働法は，市民法の基本原理を，労働関係の分野において修正ないし実質化するという契機のもとで生成，発展してきた法として特色づけることができる。

　資本主義経済体制の下で成り立つ社会を法的に支える原理は，①私的所有権の保障，②契約の自由，③過失責任であり，これを市民法における3つの原則と呼んでいる。わが国の現行法体系は，この原則を基盤として構成されている。しかし，現代社会においては，この3つの原則は少なからぬ修正を受けている。たとえば，①民法1条3項による権利濫用の禁止，②借地借家法による契約内容の制約，③原子力基本法21条や鉱業法109条による無過失賠償責任などである（製造物責任法参照）。他方，「私的独占の禁止及び公正取引の確保に関する法律」（以下，独占禁止法と略す）や不正競争防止法，消費者契約法のように，契約の自由の回復ないし実質化を図る法も制定されている。

　このように，市民法の基本原理の修正ないし実質化は，ひとり労働法のみによって実現されているわけではない。しかし，次にみるように労働関係の領域においては，このような修正ないし実質化の必要性がきわめて大きく，また体系的に実現されてきたことが大きな特徴となっている。

(1) 契約の自由と労働法

　契約自由の原則は，労働時間や賃金等についてのきわめて劣悪な労働条件の取り決めさえも，当事者たちの自由な意思に基づく合意であるとして，むしろそれを法的に支える機能を果たしてきた。こ

れに対し，労働条件の最低基準を法律で設定し，使用者にこれを遵守させる労働基準法（以下，労基法と略す）等は，契約内容を当事者が自由に決定できるという原則を修正するものにほかならない。

また，契約自由の原則は，契約締結拒否の自由，相手方選択の自由および解約の自由を含むものであり，結果として，使用者による採用の自由および解雇の自由に大きく資することとなる。合理的でない理由による採用内定拒否や解雇について一定の制約を課そうとする法理（解雇権濫用法理）も，契約の自由の原則に対する修正である。また，失業労働者の生活維持のための失業保険制度は，失業というリスクを失業給付等によって軽減・緩和しようとするものである。

(2) 過失責任と労災補償

過失責任の原則は，労働災害にあった労働者が使用者から賠償を受けることをきわめて困難にする場合がある。無過失責任による労災補償制度の確立，さらには労災保険制度の導入も，市民法の原則に対する典型的な修正である。

(3) 取引の自由・営業の自由と団結権の法認

労働者による労働組合の結成，団体交渉による労働条件の決定，労働協約の締結あるいはストライキその他の団体行動は，共謀して営業を妨害し取引の自由を制約するものとして，またストライキは，労働契約上の義務違反にあたるものとして，伝統的な法体系のもとにおいては違法の評価を免れず，刑事上および民事上の責任追及の対象とされる。しかし次第に，労使間の実質的対等性を担保するために，労働者による組織的な行為のうち一定範囲のものについては，これを権利として承認したり，あるいはその責任を免除する法が生まれる。これらの団体的労働関係を規律する法も，伝統的な法原則に後退を迫ったものである。

労働組合の結成，団体交渉，労働協約あるいはストライキ等の労

働者による組織的な行為を法的に承認することは，労働関係の当事者に対等な立場を保障せしめ，形骸化するおそれの強い契約の自由を，真に回復ないし実質化させる意味を有している。

② 労働法の普遍性と特殊性

　労働法が生成，発展してきた上記のような契機を重視する立場によれば，労働法に関する原理あるいは解釈法理を，伝統的な民法や刑法に関するそれと厳格に峻別して構築すべきものである。たしかに労働法は，歴史的には新しい法領域として形成されてきたものであり，また他の法領域が知らない制度や法理を導入している。したがって，労働法独自の視点から妥当かつ説得力のある法理論の構築が必要とされていることは否定できない。

　しかし，労働法も，伝統的な法体系を土壌として生まれてきたものであり，わが国の全法体系と整合する地位が与えられなければならず，労働法のみがまったく独自の原理や解釈法理を主張することは許されない。すなわち，労働法における新たな法理を構成するときも，伝統的な法理論を適用することの限界と不合理性をみきわめる作業が不可欠であり，しかも全法体系とのバランスが保たれているかどうかをつねに念頭におかなければならない。しかも，労働関係の当事者たちが発生させる法的紛争のなかには，労働法に属する法律等の規定のみによって解決することができないものも多いのであり，一般私法上の契約法理，刑事法における解釈法理あるいは行政法の原理等についての十分な知識が必要となる。

　要するに，労働法もわが国の全法体系下の一法領域を形成するものとしての普遍性と，労働関係を対象とする法としての特殊性を併有していることを考慮し，バランスのとれた原理や解釈法理を生みだす努力が必要なわけである。

第2章

労働法の体系

1　労働法の法源

① 概　　説

　労働法という呼称は，労働関係に関する法の総称であり，国会で制定される法である法律のほかに，他のさまざまな形式をもつ法によって構成されている。法源とは，法解釈上は，このような法の存在形式のことを意味しており，労働法の法源とは，労働関係に関する法の解釈ないしは適用にあたって援用することができる法形式のことをいう。

　一般に，成文の法源としては憲法，法律，命令，条約，条例等があり，不文の法源としては慣習法，判例法等がある。労働法の領域においては，上のほか労働協約，就業規則あるいは組合規約等，労使間または団体内部において自主的に設定されるルールが重要な役割を果たしている。また厳密には法源とはいえないが，労働行政機関が示す訓令や通達，指針等は，労働関係をめぐる紛争の解決に大きな影響力を有している。

② 法源の種類

(1)　成文労働法

　労働法の中心は，他の法領域の場合と同じく，やはり文字で書かれた法，すなわち成文労働法である。わが国の成文労働法としては，

憲法，法律，命令（政令，省令，規則等），条例が代表的なものである。とくに，労働関係から生ずる紛争の解決にあたっては柔軟な対応が必要であり，また労働条件基準の設定についても個別的事情を配慮する必要性が高いため，法律では一応の原則を定めるにとどめ，より具体的な規定は命令において定められる例が多い。

条例は，地方公務員の労働関係に関する重要な法源である。

(2) **条　約**

労働関係に関する条約は，国際労働法とも呼ばれる。とくに1919年に創設された国際労働機関（International Labour Organization）は多くの条約および勧告を採択し，各国の労働法に相当の影響を与えている。しかし，ILO勧告についてはもちろん，ILO条約もそれ自体としてはわが国の労働法の法源となるものではなく，わが国が条約を批准し，それに対応する国内法の整備，制定をしたときに，はじめて法源として生きてくるものである。

(3) **自主的ルール**

(a) **労働協約**　　労働協約は，労働組合と使用者もしくは使用者団体との間における集団的合意，すなわち団体契約である。ただし，労働組合法（以下，労組法と略す）16条は，「労働協約に定める労働条件その他の労働者の待遇に関する基準に違反する労働契約の部分は，無効とする。この場合において無効となつた部分は，基準の定めるところによる。労働契約に定がない部分についても，同様とする」と定めている。すなわち同条は，労働契約との関係において労働協約中の労働条件に関する部分につき，法たる性格を与えているわけである（労働協約の法的性質については，第4編第4章**3**参照）。

(b) **就業規則**　　就業規則は，労働者側の意見を聴いたうえ，使用者が作成，変更するものであり（労基90条），労働条件の画一化・明確化および職場の規律維持のための役割を果たしている。労

契法12条（旧労基93条）は，「就業規則で定める基準に達しない労働条件を定める労働契約は，その部分については無効とする。この場合において無効となつた部分は，就業規則で定める基準による」と定めており，労働協約の場合と同様，労働契約との関係において就業規則に労働条件を規制する権能を認めている（ただし，この規定の趣旨については論争がある。就業規則の法的性質に関する第2編第9章**3**参照）。

(c) **組合規約**　　組合規約は，労働組合の運営あるいは組合員の権利や義務に関する基本的なルールを定めたものである。わが国では，組合規約を自主法として法源とみる考え方が有力である。しかし，労働組合の法的性質を社団と解し，組合規約を社団の定款と等しいものと把握すると，組合規約の法的性質は，契約ないし合同行為としての法律的合意と解されることになる。もちろん後者の考え方によっても，組合規約に関連する紛争については，裁判所は必ずしも組合規約の形式的な解釈によって法的結論を導くわけではないから，裁判実務上は，大きなちがいをもたらすわけではない。

(4) **判　　例**

わが国は，イギリスのような判例法体系を採用していないから，裁判所の判決や決定に先例拘束性は認められない。したがって，厳密には判決や決定は法源とはなりえない。しかし，実際には，下級裁判所は，最高裁判所の裁判例の枠内で判断を示す傾向が強く，また同一ないし類似の事件について，ある結論が継続して示されるに至ると，そこに一定の判断基準が設定されることになる。これを判例と呼ぶ場合がある。不当労働行為に関する労働委員会（とくに中央労働委員会）の命令も法源ではないが，裁判例とならんで労使紛争の予防に大いに役立っている。

(5) 労使慣行

　労使関係の領域においては，双方の暗黙の合意のもとで，一定の行為を承認していく方法を繰り返す例が多い。また労働協約や就業規則の具体的な適用，運用に際して，さまざまな経験を積み重ねながらルール設定を行い，そのルールを文書化せず，弾力性を保たせながら反覆していく方法がしばしばとられる。このような慣行は，労使関係における潤滑油の役割を果たしている。

　上記のような労使慣行を法源として，それ自体に法と同一の効力を認めることはむずかしいが，少なくとも次の法的評価は受ける。第1に，労働協約や就業規則の文言について，慣行が解釈基準として採用されることがありうる。第2に，ある慣行が当事者らの黙示の合意によって労働契約の内容にとりいれられた，と評価される場合が生ずる。第3に，職場規律に関する慣行に反した使用者による突然の処分が権利濫用にあたる，と評価されることがある。第4に，組合活動に関する慣行に反した使用者の行為が不当労働行為にあたる，と評価される場合がある。

(6) 訓令・行政通達

　労働行政ないし労働監督行政においては，行政機関の発する解釈例規である訓令や通達がきわめて大きな役割を担っている。訓令は，上級官庁が下級官庁に対して権限行使を指揮するために発する命令である。また通達は，各行政官庁の長等が所管の諸機関や職員に法令の解釈や運用方針を文書によって示すものである。この訓令および通達は，もちろん法源となるものではなく，官庁以外の国民や裁判所を直接拘束するものではない。しかし，現実には，解釈例規は，法令に関する有権解釈として，法源に類似した機能を発揮している。労働法の分野においては，とくに厚生労働省の労働基準局，職業安定局等の発する解釈例規が重要である。

2　労働法の体系

　労働法の法源は，その目的および適用対象の共通性によって，いくつかのカテゴリーに分類することができる。ここでは，わが国において憲法27条および28条を頂点として，多くの成文労働法が制定されていることに着目し，とくに各法律の性格に応じて，①個別的労働関係法，②雇用保障法，③団体的労働関係法，④公務員労働関係法の4つに体系化する方法をとる。

1　個別的労働関係法（雇用関係法）

　個別的労働関係法は，労働者個人と使用者ないし事業主との関係を規整する法である。労働者保護法とも呼ばれるが，労働契約法が制定された現在，それを含めてむしろ雇用関係法と称したいところである。

　第1は，労働条件の基準に関するもので，これは個別的労働関係法の中心的地位を占める。たとえば，労働時間や休日等の労働条件の最低基準を定める労基法，賃金額の保障についての最低賃金法，賃金債権の保全を目的とする「賃金の支払の確保等に関する法律」（以下，賃金確保法と略す），労働災害の防止および労働環境の整備に関する労働安全衛生法（以下，労安法と略す）やじん肺法，海上労働についての船員法，家内労働に関する家内労働法，派遣労働者の保護にかかわる「労働者派遣事業の適正な運営の確保及び派遣労働者の保護等に関する法律」（以下，労働者派遣法と略す），「短時間労働者及び有期雇用労働者の雇用管理の改善等に関する法律」（以下，短時間・有期雇用労働者法と略す）等がある。

　第2に，平成19（2007）年11月に制定された，労働契約の合意に

基づく成立・変更，労働契約の継続・終了（出向・懲戒・解雇）等，労働契約の基本的事項を定める労働契約法がある。「会社分割に伴う労働契約の承継等に関する法律」（以下，労働契約承継法と略す）も労働契約に関わる重要な法律である。

第3に，雇用の分野における男女の機会均等の実現を図る法として「雇用の分野における男女の均等な機会及び待遇の確保等に関する法律」（以下，男女雇用機会均等法あるいは単に均等法と略す）がある。

第4に，労働者の業務上災害に対する補償につき保険制度を導入している労働者災害補償保険法（以下，労災保険法と略す）や船員保険法がある。なお，社会保険制度によって労働者の業務外傷病や老後の保障を図ることを目的とする健康保険法，厚生年金保険法も労働法（労働者保護法）の性格をそなえているが，これらは通常，社会保障法の領域に分類される。

第5に，労働者の生活環境の整備に関する法も，広い意味ではこの領域に分類することができる。たとえば，民間企業に適用される「育児休業，介護休業等育児又は家族介護を行う労働者の福祉に関する法律」（以下，育児・介護休業法と略す），勤労青少年福祉法，勤労者財産形成促進法等である。

② 雇用保障法（労働市場法）

雇用保障法は，雇用の確保・促進，失業時における生活保障等を目的とする法である。労働市場法とも呼ばれる。これらは，失業中の労働者の生活保障とともに雇用関係の成立の促進ないし雇用の継続・安定を図ることを目的とする法であり，雇用保険法，職業安定法（以下，職安法と略す），職業能力開発促進法（旧職業訓練法），労働施策総合推進法（旧雇用対策法），「高年齢者等の雇用の安定等に関する法律」（以下，高年齢者雇用安定法と略す），「障害者の雇用の促進

等に関する法律」（以下，障害者雇用促進法と略す）等がある。

③ 団体的労働関係法（労使関係法）

団体的労働関係法は，労働組合と使用者もしくは使用者団体の関係，あるいは労働組合内部における関係を規整する法である。労使関係法と称してもよい。この領域に属する法としては，労働組合の法的要件，労働協約の効力，不当労働行為制度等に関する労組法，労働争議に伴う調整等に関する労働関係調整法（以下，労調法と略す），「電気事業及び石炭鉱業における争議行為の方法の規制に関する法律」（以下，スト規制法と略す）等がある。

④ 公務員労働関係法

(1) 法 律 等

国家公務員および地方公務員の労働関係ないし勤務関係については，民間部門とは異なる特別の取扱がなされている。しかも，その内部においてもきわめて複雑な適用関係となっている。したがって，わが国の現行労働法体系を客観的に分類すると，上記の①～③に加えて，この公務員労働関係法という第4のカテゴリーを設けることが妥当である。ただし，本書では公務員労働関係法としての独立した編を設けずに，重要問題にかぎって各編において簡単にふれるにとどめた。

この領域に属する法律としては，国家公務員法（以下，国公法と略す），地方公務員法（以下，地公法と略す），行政執行法人の労働関係に関する法律，地方公営企業労働関係法（以下，地公労法と略す），国家公務員退職手当法，国家公務員災害補償法，一般職の職員の給与に関する法律等がある。なお，国家公務員の勤務条件に関する人事院規則，および地方公務員の勤務条件に関する条例は，この領域

に属する重要な法源である。

(2) 労働基本権の制限

　公務員法は，広く勤労者に保障されている労働基本権についてかなりの制限を加えている。とくに争議権については，その制限が著しい。すなわち，国家公務員，地方公務員たる職員は，同盟罷業，怠業その他一切の争議行為が禁止されている（国公98条 2 項，地公37条 1 項）。これらの者が法律に違反して争議行為を行った場合，免職その他の処分を受ける（国公98条 3 項，地公37条 2 項）。さらに，争議行為または怠業的行為の遂行を共謀し，そそのかし，あおった者，またはこれらの行為を企てた者に対しては刑罰が科される（国公110条 1 項17号，地公61条 4 号）。

　公務員に対するこうした争議行為の一律全面禁止が合憲かどうかについては見解の対立があるが，判例は，「国民全体の共同利益」の観点からこのような措置を合憲としている（全農林警職法事件＝最大判昭48・ 4 ・25刑集27巻 4 号547頁）。

第3章

憲法上の権利と法的効果

1 意　義

　日本国憲法は，その27条および28条において，労働者の権利を正面から保障する規定をおいている。すなわち，憲法27条は，①勤労の権利と義務（憲27条1項），②賃金その他の勤労条件の基準を法律で定めること（同2項），③児童の酷使禁止（同3項）をうたっている。また，憲法28条は，①団結権，②団体交渉権，③団体行動権の保障をうたっている。

　上記の憲法上の規定は，前章で示したような各種の法律の制定根拠となり，また他の法源とともに，労働法という独自の法領域を形成している。しかし，憲法の条項自体はきわめてシンプルなものであり，いかなる内容の権利を保障しているかは自明のものではない。換言すると，労働関係をめぐる紛争の法的処理にあたっては，単に憲法27条や28条を根拠条文として提示するだけでは，労使双方の権利・義務がいかなる意味において実現可能であるかを，必ずしも明らかにしえないわけである。そこで，ここでは憲法上の権利自体に基づき，いかなる法的効果を主張しうるかをまず確認しておこう。

2 憲法27条の内容と法的効果

1 勤労権・勤労義務

(1) 勤 労 権

　憲法27条1項は，「すべて国民は，勤労の権利を有し，義務を負ふ」と定めている。この勤労権の法的効果については，①国民が国に対して完全な就労の保障を要求しうる権利であるのか，②国が雇用の機会の提供をなしえない場合には，生活を維持するに足る金銭の給付を請求しうる権利といえるか否かが問題となる。わが国の法体系は資本主義経済体制を基盤として成り立っており，また憲法自体のきわめて抽象的な文言を考慮すると，法思想および法解釈の両面において，①や②で主張されるような具体的な権利保障としての効果を肯定することは困難である。結局，憲法27条1項にいう勤労権は，かかる権利の実現に努めるべき国の責務を宣言したものであり，その理念は，現在では，雇用保険法あるいは職安法等の法律において結実しており，勤労権の具体的な保障は，これらの法律の規定に基づいて実現されている（第3編参照）。

　上のように，憲法27条1項による勤労権の保障規定は，現実の就労の保障や金銭の給付を請求しうるような直接的かつ具体的な法的効果を有しない。

(2) 勤労の義務

　憲法27条1項は，すべての国民が勤労の義務を負うことを定めている。しかし，この勤労義務とは，国が国民に対して強制的に労働すべきことを要求しうる具体的な権利を意味するものではない。むしろ憲法18条は，「犯罪に因る処罰の場合を除いては，その意に反する苦役に服させられない」と定めて，強制労働を禁止している。

また労基法 5 条も，使用者による強制労働を禁止している。ただし，憲法上の勤労義務の趣旨が，法律のなかに具体化している例がある。たとえば，雇用保険法32条は，労働の能力がありながら，正当な理由なく職業に就くことを拒否したときには，給付の制限を行う旨定めている。

② 勤労条件の法定

憲法27条 2 項は，「賃金，就業時間，休息その他の勤労条件に関する基準は，法律でこれを定める」こととしている。この規定は，賃金その他の勤労条件（労働条件）を法律で定めてしまうという趣旨ではなく，その最低基準を法律で定め，それ以上の条件は労使の交渉，とくに団体交渉に委ねるというものである。したがって，この規定自体に基づき，一定の勤労条件の保障を国に求めたり，あるいは使用者に要求しうるような具体的な権利が労働者に与えられるわけではない。国は，憲法25条にいう健康で文化的な最低限度の生活保障の趣旨を生かし，勤労条件の最低基準を定める法律の制定に努めるべき責務を負うことになる。現在では，労基法，労安法あるいは最低賃金法等の制定により，この規定の趣旨が生かされている。

③ 児童の酷使禁止

憲法27条 3 項は，「児童は，これを酷使してはならない」として，児童の保護をうたっている。この規定は，児童酷使の行為を違法とするだけの法的効力を有していると思われるが，児童の定義および酷使の基準が明確にされていないので，実際の法的評価にあたっては相当の困難が伴う。もっとも，現在では，この規定の趣旨を実現すべき法律上の規定が存在するから，とくに憲法の規定に直接の効

果を求めるまでもない。たとえば，労基法69条が徒弟の酷使を禁止し，児童福祉法34条が児童保護のための禁止行為を定めており，また労基法56条ないし64条，船員法84条・85条・86条が年少労働者に対する保護規定をおいている（第2編第7章**2**参照）。

3 憲法28条の内容と法的効果

① 労働基本権と第三者効・不法行為

憲法28条は，「勤労者の団結する権利及び団体交渉その他の団体行動をする権利は，これを保障する」と定めている。これを労働三権，あるいは労働基本権の保障と呼んでいる。この憲法上の規定がいかなる法的効果を有するかについては，種々の議論があるが，現在，次の2点についてはほぼ共通の理解に達している。

第1に，憲法28条により保障される労働基本権は，国家と勤労者（労働者）との関係だけではなく，使用者と勤労者との関係についても直接適用されるとする考え方が一般的である。憲法上の平等権や自由権的基本権については，私人間における憲法の直接適用が否定されている（契約締結の自由に関する三菱樹脂事件＝最大判昭48・12・12民集27巻11号1536頁，男女差別定年制についての日産自動車事件＝最3小判昭56・3・24民集35巻2号300頁）が，労働基本権については，これを肯定するわけである。このような考え方によれば，労働基本権を侵害する法律行為については，端的に憲法28条自体により，これを無効と評価することが可能となる。仮に憲法28条の直接適用が認められないとしても，労働基本権の尊重は民法90条の公序にあたると解することができるから，労働基本権を侵害する法律行為は，民法90条を媒介とする憲法28条の間接適用により無効と評価される。

第2に，労働基本権を侵害する使用者の行為は，民法709条にい

う「権利の侵害」にあたり，不法行為と評価される余地がある。もっとも，たとえば団体交渉拒否が不法行為として損害賠償請求の対象となりうるとしても，それは，労働組合にとって必ずしも好ましい救済方法とはいえないであろう。なぜなら，このような救済は団体交渉そのものを実現させるものではなく，また損害賠償の内容も慰謝料の認容にとどまる可能性が強いからである。

② 労働基本権とその他の法的効果

労働基本権を保障する憲法上の規定が，先にみたように直接適用もしくは間接適用の効力を有し，また不法行為に基づく損害賠償請求の根拠となりうることのほか，さらにいかなる法的効果を有しているかについては，学説上は，かなりの議論がある。ただし，裁判例の立場はかなり明確になってきている。次に各々の権利ごとに，この問題をみていくことにしよう。

(1) 団 結 権

(a) 組合の結成・加入　　団結権とは，労働組合を結成し，またはこれに加入する権利のことをいう。したがって，団結権の保障は，労働組合を結成，運営していくに際しての必要な権利，たとえば就業時間中の組合活動権や企業施設利用権ないし便宜供与請求権までを具体的に保障する趣旨のものではない（国鉄札幌運転区事件＝最3小判昭54・10・30民集33巻6号647頁）。

もっとも，学説においては，憲法によって団結権が保障されたことにより，使用者には一定範囲の組合活動を受忍する義務が発生しており，上のような積極的な権利も憲法28条によって承認されるべきとするものがある（受忍義務説）。しかし，かかる権利を主張するためには法律による具体的な規定が必要である。わが国ではこのような法律上の規定は存在しないから，結局は，団体交渉を通じての

合意，すなわち労働協約によってかかる権利が承認されることを求めるしかない。

(b) **団結権に基づく妨害排除請求等**　憲法28条の団結権に私法上の権利である不作為請求権としての効果を認め，使用者による団結権の侵害行為に対する妨害排除や妨害予防の請求をなしうるか否かが問題となる。学説においては，団結権の法的性質を請求権あるいは自由権と解し，不作為請求権を肯定する考え方もみられる。裁判例にも，これを肯定するものがある（大日通運事件＝神戸地判昭51・4・7労判255号73頁）。しかし，一般的には，憲法28条の団結権自体からかかる私法上の権利を導くことには消極的である（富田機器製作所事件＝津地四日市支決昭48・1・24労経速807号3頁など）。

(2) **団体交渉権**

(a) **誠実交渉義務**　団体交渉権とは，労働組合が使用者に対し，誠実に交渉に応じることを要求できる権利をいう。使用者が正当な理由なく団体交渉を拒否した場合，労働組合は，裁判所において，憲法28条の団体交渉権を被保全権利として団交応諾の仮処分を求めうるか否かについては，学説および裁判例において見解が対立している（第4編第3章**3**参照）。

(b) **団体交渉権の免責的効果**　団体交渉権は，団体交渉における労働者の行為を理由とする法的責任の追及について，一定の範囲においてその責任を免除する法的効果を有している。これについては，次の団体行動権の行使に対する免責効果についての説明があてはまる。

(3) **団体行動権**

(a) **争議権と組合活動権**　団体行動権は，争議権と組合活動権とを含むものであり，労働組合による組織的な行動を保障する権利である。この団体行動権の保障は，労働者による組織的な行動に

伴って発生する刑事上および民事上の責任（債務不履行もしくは不法行為による損害賠償責任）を，一定範囲の行動，すなわち正当なものにかぎって免責する効果を有している。しかし，団体行動権は，労働組合が使用者に対して一定の給付を請求しうるような具体的な権利としての性格を有していない。

(b) **団体行動権と免責の効果**　団体交渉権，争議権および組合活動権のすべてに対して，刑事免責と民事免責の双方が与えられるか否かは，労組法の文言とも関連して，重要な論争の1つとなっている。まず，労組法1条2項は，「労働組合の団体交渉その他の行為で……正当なもの」に刑事免責を与えるとしているから，団体交渉，争議行為および組合活動に伴う行為で正当なものについて適用があることには疑いがない。これに対し，労組法8条は，「同盟罷業その他の争議行為であつて正当なもの」に民事免責（損害賠償責任の免除）を与えるとしている。したがって，同条を率直に解釈すれば，争議行為にかぎって民事免責が認められることになる。このように，労組法8条が憲法28条の権利の具体化を図ったものと理解すれば，争議行為の概念が重要なポイントとなる。とくにリボン着用闘争やビラ貼りに対する評価が焦点となる（争議行為の概念については第4編第5章**1**参照）。

しかし，学説上は，刑事免責および民事免責という法的効果は，法律による規定をまつまでもなく，憲法28条に基づき直接的に引き出せるとする考え方がかなり強い。

4 ## 憲法28条と不当労働行為

労組法は，刑事免責と民事免責の規定をおくとともに，不当労働行為制度を導入し，労働者の労働関係にかかわる組織的行動に対す

る使用者によるアンフェアーな行為を禁止している（労組7条）。そこで，憲法28条と不当労働行為制度との関係いかんが問題となる。この問題は，不当労働行為の部分（第4編第7章1参照）で扱う。

第2編　個別的労働関係法

第 1 章

個別的労働関係法の歴史と現状

1　第 2 次大戦前

　労働法の発展の歴史をふりかえってみると，どの国の例をとって
も，まず最初に個別的労働関係法，とくに労働条件を保護する法律
が制定されている。第 2 次世界大戦前における代表例は，明治44
（1911）年制定，大正 5 （1916）年から施行された工場法である。
この工場法は，女子および年少者の長時間労働，深夜業，危険有害
業務の禁止等を主たる内容とするものであった。

2　第 2 次大戦後

　第 2 次世界大戦後，わが国は，国内世論および連合軍総司令部の
意向のもとで，新たな労働法制度確立の必要性に迫られ，昭和20
（1945）年に旧労組法（現行労組法は昭和24〔1949〕年の改正による）
および昭和21（1946）年に労調法，昭和22（1947）年に労基法を制
定した。

　労働基準法は，その後現在まで，50数回にわたる改正がなされて
いるが，基本的な枠組みをほぼそのまま維持してきている。ただし，
いくつかの事項については単独立法化が図られ，昭和34（1959）年
に最低賃金法，昭和47（1972）年に労安法が実現している。その他，
昭和22（1947）年に制定された労災保険法は，昭和40（1965）年の

大改正を経て現在の体系を整え，また昭和51（1976）年には，賃金等の保全を図るための賃金確保法が制定された。

<h2>3　近年の特徴</h2>

近年のわが国における社会経済情勢および就業の実態は，かつて予想しえなかった変化を示している。たとえば，①サービス経済化，ソフト化の進展による産業構造，就業構造の変化，②派遣，出向，パートタイマーの増大による就業形態，雇用形態の複雑多様化（平成19〔2007〕年には非正規雇用の割合が3分の1を超えた），③労働力の流動化現象，④ME化等による技術革新の進展に伴う労働態様，労働環境の変化，⑤高齢化社会の到来，⑥女性の労働市場への進出，⑦労働関係の国際化等を，顕著な例としてあげることができる。その結果，わが国の伝統的な雇用慣行であると言われてきた長期雇用システム（生涯雇用）あるいは年功序列型賃金制度に大きなゆらぎがみられるに至っている。

このような状況に対応するために，昭和60（1985）年に，男女雇用機会均等法（均等法）および労働者派遣法，昭和61（1986）年に，60歳（その後65歳に改正）定年制を定めた高年齢者雇用安定法が制定され，昭和62（1987）年には，労働時間に関する労基法の大改正がなされた。さらに，平成3（1991）年には民間企業における育児休業法，平成4（1992）年に労働時間短縮促進法，平成5（1993）年にパート労働法（短時間労働者の雇用管理の改善等に関する法律）が制定され，平成7（1995）年6月には介護休業が法制化された（育児・介護休業法）。平成9（1997）年には懸案であった均等法の改正が行われ，募集・採用，配置・昇進についての努力義務が改められるとともに，労基法の深夜業，時間外・休日労働に係わる女性に対する

規制が解消された。

　また，従来から取り組まれてきた労基法上の労働契約法制および労働時間法制等についてのかなり大幅な改正が，平成10（1998）年9月に実現している。平成12（2000）年には，同年の商法の改正によって会社分割の制度が導入されたことに関連して，労働契約の承継についてのルールを定める労働契約承継法が制定された（本編第3章**5**⑤参照）。また，平成13（2001）年には都道府県労働局に設置される紛争調整委員会が個別労働関係紛争の解決のためにあっせんを行うこと等を定めた個別労働関係紛争解決促進法が制定された（本編第13章**3**参照）。

　さらに，平成16（2004）年には，高齢者雇用安定法が改正され（本編第11章**2**①参照），65歳まで働き続けることができる環境整備を行う目的で定年年齢の引上げ，高齢者の雇用継続制度等の措置が規定された。また，同年の育児・介護休業法の改正によって育児休業の範囲が拡大されるとともに，子の看護休暇が認められるに至った。

　注目されるのは，地方裁判所の手続として労働契約の存否その他の労働関係に関わる個別的労働関係の民事紛争を処理するため，労働審判法が制定されたことである（平成18〔2006〕年4月1日施行，本編第13章**4**参照）。なお，平成17（2005）年には，従来の時短促進法が改正により「労働時間等の設定の改善に関する特別措置法」と名称変更され，内容を大幅に変えるに至っている（本編第5章**1**①参照）。

4 最近の動向

　平成19（2007）年11月に，懸案であった「労働契約法」（以下，労

契法と略す）が成立し，同年12月に公布された（平成20〔2008〕年3月1日施行，本編第3章1参照）。また，同年には，地域別最低賃金を生活保護施策との整合性にも配慮して決定する旨の規定等を盛り込んだ最低賃金法の改正が成立している（平成20〔2008〕年7月1日施行）。さらに，同年6月には，パート労働法の改正が行われ，労働条件の文書交付の強化，待遇決定についての使用者の説明義務，均衡のとれた待遇確保の推進等が新たに規定された（平成20〔2008〕年4月1日施行）。

平成20（2008）年には，労働者の長時間労働を抑制し，労働者の健康を確保することを目的として労基法の改正が行われ，その翌年の平成21（2009）年には，父親も子育てができる働き方の実現等を目的として育児・介護休業法が改正された。

さらに，平成24（2012）年以降，現在までにもいくつかの法改正，立法が行われたが，重要なものは，次の7つである。

第1は，労働契約法の改正であり，これにより①有期労働契約が5年を超えて反復更新された場合に，労働者の申込みにより無期労働契約に転換するルールが導入され（労契18条），②最高裁判例で確立していた雇止め法理が法定化され（労契19条），③期間の定めがあることによる不合理な労働条件が禁止された（労契20条）。なお，平成26（2014）年には，「専門的知識を有する有期雇用労働者等に関する特別措置法」（有期雇用労働者等特別措置法）が制定され，①「5年を超える一定期間内に完了することが予定されている業務」に就く高度専門的知識等を有する有期労働者および②定年後に有期契約で継続雇用される高齢労働者，についての特例を定めている。

第2は，労働者派遣法の改正である。重要な改正は，2回ある。1度目は，平成24（2012）年の改正であり，このときに違法派遣に対する対処策として，「労働契約申込みみなし制度」が導入された。

2度目は，平成27（2015）年の，抜本的改正ともいうべきもので，①従来の特定労働者派遣事業と一般労働者派遣事業の区別が廃止され，すべての労働者派遣事業について，新たに設けられた許可基準に基づく許可制になり，②従来の，期間制限がなかった「26業務」は廃止された（本編第12章**1**参照）。

第3は，高年齢者雇用安定法の改正であり，この改正により従来の継続雇用制度の対象者を限定できる仕組みが廃止された（本編第11章**2**参照）。

第4に，平成25（2013）年の障害者雇用促進法の改正であるが，これは，障害者権利条約の批准に向けて（障害者権利条約自体は，平成26〔2014〕年1月に条約の批准書が閣議決定され，国連に提出され発効のための手続を終えた），障害者に対する差別の禁止，事業主に対して，障害者が職場で働くにあたっての支障を改善するための措置（いわゆる，合理的配慮の提供義務）を定めている。

第5に，パート法の改正では，パート労働者の均等・均衡待遇の確保に向けて，通常労働者との差別的取扱いが禁止されるパート労働者の対象の拡大等が定められた。

第6に，「女性の職業生活における活躍の推進に関する法律」（女性活躍推進法）が平成27（2015）年に制定された。同法は10年間の時限立法であるが，職業生活における女性の積極的な活躍を推進することをねらいとしている。

第7として，平成30（2018）年に成立した「働き方改革推進法」が挙げることができる。同法により，労基法，労安法，パートタイム労働法（短時間労働者法），労契法等，多くの法律が改正された。特筆すべきは，これにより長時間労働の是正のために，労基法に時間外労働の上限規制が導入されたことである。パートタイム労働法は，従来労契法20条に規定されていた「不合理な」労働条件の禁止

を，短時間・有期雇用という形でまとめて規制するに至った（以下では「短時間・有期雇用労働者法」と略す）。

その他，雇用保険法の改正により，暫定措置ではあるが，育児休業給付金が100分の67に引き上げられている。労安法の改正では，懸案のストレスチェックの導入が規定されている。

第2章

労働者保護法の一般原則

1 労働者・使用者の概念

① 意　義

　労働者あるいは使用者の概念を設定することの意義は，第1に，そのことにより全法体系下における労働法の独自的性格を示すこと，第2に，個々の法律の適用関係を明らかにすることにある。

　第1の意義を重視する立場は，かかる概念設定を労働法研究の方法論と結びつけ，とくに市民法と労働法のちがいを強調することにより，労働者の範囲に属する者の権利保護の必要性の認識と，使用者の範囲に属する者の責任と自覚をうながす役割を果たしてきた。

　しかし，現在のように労働法が全法体系のもとで市民権を獲得し，すでにみたような多様な法律が整備され，種々の制度が導入されるに至った段階においては，第2の意義がより重要となる。この点，従来の従属労働概念は，適用対象画定のメルクマールとしては大まかにすぎ，また各法律が明示していない概念でもある。今後は，各分野の法律ないし制度ごとに，きめ細かな判断作業をしていかざるをえない。その意味では，労働者あるいは使用者の概念は一義的ではなく，多義的なものである。ただし，他人の指揮命令のもとで労務を提供する者という基準は，今後も労働者概念の中心的な要素になるであろう。

② 法律適用対象としての労働者

(1) 法律の定義

労基法9条は，同法上の労働者を，「職業の種類を問わず，事業又は事務所（以下「事業」という）に使用される者で，賃金を支払われる者をいう」と定義している。賃金確保法2条2項，最低賃金法2条1号および労安法2条2号は，同法等の適用を受ける労働者を，労基法上の労働者と同一のものとしている。労災保険法は労働者を定義していないが，労基法上のそれと同義と解されている。

上記のように，労基法上の労働者は，事業または事業所に使用され，賃金を支払われる者であればよく，職業の種類（事務職，生産労働者，専門技術者等）や名称（正社員，アルバイター，パートタイマー，臨時職員等）は問題とはならない。

使用される者とは，労働の遂行ないし内容につき自らの裁量の幅が制約されており，他人による具体的な指示のもとに労働を行う者をいう。賃金とは，労務提供者に支払われる報酬が労働の対償としての性格を有するものをいう（労基11条）。したがって，契約の形式が請負や委任となっていても，上の基準による実質的な判断がなされる。

(2) 判　例

最高裁の判例では，証券会社とその外務員との間の契約は，「内容上雇傭契約ではなく，委任若しくは委任類似の契約であり，少くとも労働基準法の適用さるべき性質のものでない」として外務員の労働者性を否定し（山崎証券事件＝最1小判昭36・5・25民集15巻5号1322頁），また会社と嘱託との契約につき，「遅刻，早退等によって給与の減額を受けることがなかつたとはいえ，週6日間朝9時から夕方4時まで勤務し，毎月一定の本給のほか……残業手当の支払を受けていたというのであるから，本件嘱託契約が雇用契約（厳密に

いえば，労働契約）であって，被上告人は労働法の適用を受くべき労働者である」とするものがある（大平製紙事件＝最2小判昭37・5・18民集16巻5号1108頁）。いずれも当該契約がいかなる契約類型にあたるかが重視されているが，この場合も当事者の実質的な関係から契約類型が判断されているのであり，実態を無視して形式的に契約類型のあてはめを行っているわけではない。

　もっとも，指揮命令関係（使用従属関係）といってもそれが具体的に現れる形態・程度は必ずしも一様ではない。それゆえ，次にあげるような諸点，すなわち，①勤務時間の拘束，勤務場所の指定の有無，②業務遂行過程での指揮命令の有無，③専属関係の有無，④第三者による代行性の有無，⑤仕事の依頼・業務に対する諾否の自由の有無，⑥生産器具・道具等の所有（帰属），⑦報酬が労務の対償たる性格をもつか否か，などを総合的に考慮して判断すべきであるということになる（大塚印刷事件＝東京地判昭48・2・6労判179号74頁参照）が，どのような形でさまざまな要素の総合判断を行うかが問題となる。

　具体的には，取締役，賃加工者，劇団員，プロ野球選手，プロサッカー選手（フューチャーズ・フットボール・クラブ事件＝東京地判平8・10・25労判704号91頁），委託集金人，NHK受信料集金人（NHK盛岡放送局事件＝仙台高判平16・9・29労判881号15頁），大工（藤沢労基署長事件＝最1小判平19・6・28労判940号11頁），フランチャイズ店の業務委託契約に基づく店長（ブレックス・ブレディ事件＝大阪地判平18・3・31労判925号66頁），下請負人，傭車運転手，医大研修医（関西医科大学事件＝最2小判平17・6・3民集59巻5号938頁），映画撮影技師（新宿労基署長事件＝東京高判平14・7・11労判832号13頁），有償ボランティア，在宅勤務者，バイシクルメッセンジャー（ソクハイ事件＝東京地判平22・4・28労判1010号25頁），生命保険会社の専門職スタッ

フ（国・大阪西公共職業安定所長〔Ｚサービス〕事件＝福岡高判平25・
2・28判時2214号111頁），ＮＨＫの受託業務従事者（ＮＨＫ神戸放送局事
件＝神戸地判平26・6・5労判1098号5頁），手技療法に従事するセラ
ピスト（リバース東京事件＝東京地判平27・1・16労経速2237号11頁），
取締役への就任を承諾する旨の文書を差し入れた取締役塾職員（類
設計室〔取締役塾職員〕事件＝京都地判平27・7・31労判1128号52頁），原
審を覆して，労働者性が肯定された元運転代行従事者（ミヤイチ本
舗事件＝東京高判平30・10・17労判1202号121頁），劇団員について裏方
業務だけではなく，公演への出演についても労働者性を肯定するエ
アースタジオ事件＝東京高判令2・9・3労判1236号35頁等の労働
者性が問題となる（昭和60〔1985〕年および平成5〔1993〕年「労働基
準法研究会報告書」参照）。

　なお傭車運転手の労働者性について，運送という業務の性質上当
然に必要とされる指示以外の指揮命令の関係はなかったとして否定
するものがある（横浜南労基署長・旭紙業事件＝最1小判平8・11・28
労判714号14頁）。また，一般従業員を退職して執行役員になった者
について，裁判例では，執行役員に就任した以降も，一般従業員の
ときの業務実態と同じであったこと等を理由に労基法（労災保険法）
上の労働者と認めている（国・船橋労基署長〔マルカキカイ〕事件＝東
京地判平23・5・19労判1034号62頁）。さらに，ＮＨＫ前橋放送局〔受
信料集金人〕事件＝前橋地判平成25・4・24（労旬1803号50頁）は，
労基法上の労働者性は否定したが，労組法上の労働者性は肯定して
いる（第4編第7章1③参照）。

　なお，企業組合ワーカーズ・コレクティブ（中小企業等協同組合法
に基づいて設立された企業組合）の元メンバーの割増賃金請求に関連
して問題となった，その者の労働者性について，組合員が出資し，
経営し，組織を運営し，労働もするというワーカーズ・コレクティ

ブの実質を備えているとして，原審と同様に，労基法の労働者性はないとされた（企業組合ワーカーズ・コレクティブ轍・東村山事件＝東京高判令元・6・4労判1207号38頁）。

　なお，ここで取り上げた労働者の対極にあるのが，被災地などで無償で活躍するボランティアであるが，ボランティアにも経費の実費弁償を受ける者，謝礼金を受ける者等あり，その実態は様々である。

　失業中の労働者は，労組法上の労働者でありえても，特定の使用者との使用関係がないため労基法上の労働者とはなりえない。

③　法律適用対象としての使用者

　労基法10条は，同法上の使用者を，「事業主又は事業の経営担当者その他その事業の労働者に関する事項について，事業主のために行為をするすべての者をいう」と定義している。

　上の規定は，労基法上の責任を明らかにするために設けられたものであり，現実の行為者を責任の主体とすることを示すものである。ただし，労基法は両罰規定をおき，これら現実の行為者の労基法違反の責任につき，事業主についても責任を問うこととしている（労基121条）。次に使用者の定義を説明しておこう。

　第1に，事業主とは，個人企業の場合は企業主個人，法人組織の場合は法人そのものをいう。第2に，事業の経営担当者とは，法人の理事，株式会社の取締役あるいは支配人等事業経営一般について権限と責任を負っている者をいう。第3に，事業主のために行為する者とは，事業主のために，労働条件の決定や労務管理を行い，あるいは業務命令を発して具体的な指揮監督を行う者をいう。したがって，工場長，部長，課長，係長あるいは現場監督者等も，労基法上の使用者と解される場合がある。このように課長や係長は，労基法上の労働者でありながら，使用者としての一面をも有すること

になる。今後は，企業グループにおける人事管理がなされている場合の使用者性が問題となってこよう。

　最低賃金法2条は，同法上の使用者を労基法と同一のものとしている。他方，労安法は，その責任主体として，使用者ではなく事業者という概念を用い，事業者を，「事業を行う者で，労働者を使用するもの」と定義している（労安2条3号）。同法は，労基法上の責任主体である使用者とは異なり，事業経営の利益の帰属主体そのものを責任主体とし，安全衛生上の責任を明確にしたものである。また賃金確保法における賃金等の保全措置の責任主体は，事業主とされている（賃払3条・5条・6条）。

④　労働契約当事者としての労働者・使用者

　個別的労働関係法上における労働者・使用者の概念をめぐっては，上にみたような各法規の適用対象の問題のほか労働契約上の当事者たる地位の問題がある。すなわち，①子会社の従業員と親会社の関係，②業務請負契約に基づく社外労働者（下請の従業員）と受入企業（元請会社）の関係，③派遣労働者と派遣先企業の関係においては，法形式上，双方は労働契約の締結当事者ではないが，一定の要件のもとで労働契約上の地位が認められるかどうかという問題である。

　なおこれらの関係は，不当労働行為上の使用者概念をめぐっても問題となる（第4編第7章**2**参照）。

(1)　法人格否認の法理

　子会社が形式上独立の法人格を有しているとしても，これを認めることが実質上不当と考えられる場合は，法人格否認の法理により，子会社の従業員と親会社との間に直接雇用契約ないし労働契約が成立していると判断された例（徳島船井電機事件＝徳島地判昭50・7・23労民集26巻4号580頁），また親会社に賃金の支払義務を負担させた例

（川岸工業事件＝仙台地決昭45・3・26判時588号38頁）がみられる。

ただし，子会社の法人格が否認されるためには，①法人格がまったく形骸にすぎない場合，②法人格が法律の適用を回避するために濫用されるような場合にかぎられるべきである（大阪空港事業・関西航業事件＝大阪高判平15・1・30労判845号5頁参照）。とくに救済方法として，親会社に賃金の支払いを義務づけるだけでなく，労働契約の当事者たる地位を認める場合には，子会社の法人格の否認については厳格な要件が必要とされるべきである（布施自動車教習所・長尾商事事件＝大阪高判昭59・3・30労判438号53頁参照）。

(2) 業務請負契約の場合

業務請負契約に基づく元請会社と下請の従業員の関係においても，法形式上は第三者の形がとられていても，次のような関係が認められるときは，黙示による労働契約が成立していると解される可能性がある。すなわち，①双方の間に事実上の使用従属の関係が存在し，②下請が企業としての独立性を欠き，その存在が形式的名目的なものにすぎず，③元請会社が下請従業員の賃金額その他の労働条件を決定しているような事情が認められる場合である（サガテレビ事件＝福岡高判昭58・6・7労判410号29頁，大映映像事件＝東京地判平5・5・31労判630号77頁参照）。

この点，最高裁は，偽装請負に関連して，下請会社従業員と元請会社との間で黙示の労働契約が成立していたか否かが争われていたケースで，請負人と雇用契約を締結し，注文者の工場に派遣されていた労働者が，注文者から直接具体的な指揮監督を受けて作業に従事していたために，請負人と注文者との関係がいわゆる偽装請負にあたり，上記の派遣を労働者派遣法に違反する労働者派遣と解すべき場合において，①当該労働者と請負人との間の雇用契約は有効に成立していたこと，②注文者が請負人による当該労働者の採用に関

与していたとは認められないこと、③当該労働者が請負人から支給を受けていた給与等の額を注文者が事実上決定していたといえるような事情はうかがわれないこと、④請負人が配置を含む当該労働者の具体的な就業態様を一定の限度で決定しうる地位にあったこと等の事情のもとでは、注文者と当該労働者との間に雇用契約関係が黙示的に成立していたとはいえないとして、黙示の労働契約の成立を認めていた原審判断を否定した（松下プラズマディスプレイ〔パスコ〕事件＝最2小判平21・12・18民集63巻10号2754頁）。

なお、上記最高裁判例は、労働者派遣法に違反する労働者派遣が行われていた場合に、「特段の事情」がない限り、そのことだけで派遣元と派遣労働者との派遣労働契約が無効になるわけではないとしていた。

(3) 派遣先企業と派遣労働者

派遣先企業と派遣労働者の関係は、労働者派遣法によって規制されており、この点については項を改めてとりあげる（本編第12章❶参照）。

その他にも、出向中の労働契約関係、労働者供給事業（職安45条）における労働契約関係、有料職業紹介事業における労働契約関係の問題も存在する。

2 労基法の適用範囲

ここでは、個別的労働関係法に属するすべての法律についてその適用範囲を示すことを回避し、労基法のみをとりあげることにする。個別的労働関係法の中心は労基法であり、他の法律もこれに修正を加える形で適用範囲を定めているから、当面はそれを知ることで足りると考えられるためである。

① 適用事業

(1) 包括適用方式の採用

労基法は，かつて，8条において，労基法の適用事業を1号から17号まで別記する方式をとっていた。しかし，平成10 (1998) 年9月の改正により，8条を削除し，労基法適用について包括方式をとることになった。もっとも，従来の業種区分は別表第1に残し，労基法33条・40条・41条・56条および61条に関してのみ用いられることになった。

(2) 「事業」の意義

労基法は，事業所ごとの労使協定方式を定めているので，8条が削除されても，なお，事業の意味は重要である。事業とは，工場，事務所あるいは店舗のように，一定の場所において相関連する組織のもとに，業として継続的に行われる作業の一体をいう。したがって，原則として同一場所にあるものは1個の事業とされ，場所的に分散しているものは別個の事業とされる。ただし，前者の場合でも，工場内の診療所のように業務自体や労務管理が独立した部門であるときは，独立の事業と解される。また後者の場合でも，出張所のように規模が著しく小さくて独立性が認められないときは，直近上位の機構と一括して1つの事業とみなされる（昭22・9・13発基17号，昭23・3・31基発511号，昭33・2・13基発90号）。なお，デパートの売場にテナントの一つとして入っていた鶏肉店が労基法にいう事業所と認められた事例がある（鳥伸事件＝大阪高判平29・3・3労判1155号5頁）。

(3) 国際的労働関係と法の適用

刑罰法規としての労基法の適用についてみると，日本国内にある事業であるかぎり，事業主が外国人であっても，またそれが外国法人であっても，労基法が適用される。日本の建設会社が施行する海

外の工事現場に派遣される労働者，あるいは日本の商社等のセールスマンのように国外への出張業務の性格をもつものについては，労基法が適用される（昭25・8・24基発776号参照）。これに対し，日本国外にある事業については，事業主が日本人であっても，またそれが日本法人であったとしても，労基法は適用されない。

民事上の準拠法については法の適用に関する通則法7条・8条により，まず当事者の意思に従い，いずれの国の法律によるべきかが決まるが（法適用7条），当事者による準拠法の選択がない場合には，「当該法律行為の当時において当該法律行為に最も密接な関係がある地の法」（最密接関係地法）によって決められる（法適用8条1項）。

このように労働契約の準拠法について，当事者自治の原則が妥当するが，当事者の意思にかかわらず強行的に労働契約を規律するいわゆる強行法規について，法の適用に関する通則法12条は，労働契約の特例として次のような規定をおいている。まず，当事者が同法7条等によって最密接関係地法以外の法を準拠法として選択した場合も，労働者が使用者に対し，最密接関係地法のなかの特定の強行法規を適用すべき旨の意思表示をした場合は，その強行法規を適用する（同1項）。なお，法の適用に関する通則法12条2項は，最密接関係地として，当該労働契約において労務を提供すべき地の法（労務給付地法）を，労務給付地を特定することができない場合には，当該労働者を雇い入れた事業所の所在地の法（雇入れ事業所所在地法）を，それぞれ推定することになる。

労働契約の成立および効力について法の適用に関する通則法7条の規定による選択がないときは，当該労働契約の成立および効力については，同法8条の規定にかかわらず，当該労働者の労務給付地法が，当該労働契約の最密接関係地と推定される（法適用12条3項）。

② 適用除外

労基法は，次の者については適用されない。

(1) 同居の親族・家事使用人

労基法は，同居の親族（民725条参照）のみを使用する事業もしくは事務所，または家事使用人については適用されない（労基116条2項）。家事使用人については，ホームヘルパー等との関係上，将来，その実態に応じて労基法の適用対象者とすることも考えられる。

(2) 船員法上の船員

船員法の適用を受ける船員については，労基法の一部（労基1条～11条・116条2項・117条～119条・121条）のみ適用される（労基116条1項）。

(3) 国家公務員

国家公務員のうち一般職の者には，労基法は適用されない（国公附則16条）。しかし特定独立行政法人の職員は，身分は国家公務員であるが，国公法の適用はなく，労基法が全面的に適用される。

(4) 地方公務員

地方公務員のうち一般職の者には，労基法の一部（労基2条・14条2項3項・24条1項・32条の3～32条の5・38条の2第2項第3項・38条の3・38条の4・39条6項・75条～93条・102条）が適用されない（地公58条3項）。地方公営企業職員および単純労務職員には，労基法は，若干の規定を除いて，すべて適用される（地公企39条1項，地公労附則5項）。

3 労基法の基本理念

① 労働条件の基準

(1) 「人たるに値する生活」と労働基準

労基法1条1項は，「労働条件は，労働者が人たるに値する生活を営むための必要を充たすべきものでなければならない」と定めている。憲法25条1項は，国民の「健康で文化的な最低限度の生活を営む権利」を保障しているが，労働法のこの規定は，憲法上の権利を労働関係において具体化しようとするものである。したがって，「人たるに値する生活」とは，実質的には，「健康で文化的な最低限度の生活」を意味する。もっとも，それは，わが国の文化的，社会的あるいは経済的諸事情に対応する相対的な基準であり，同項の性格は理念的たらざるをえない。本項については，使用者が義務違反の責任を問われることはない。

(2) ミニマム・スタンダードとしての基準

労基法1条2項は，「この法律で定める労働条件の基準は最低のものであるから，労働関係の当事者は，この基準を理由として労働条件を低下させてはならないことはもとより，その向上を図るように努めなければならない」としている。後段の定める労働条件の向上義務は努力義務とされており，本条には罰則規定はおかれておらず，また私法上の効力も問題にならない。

前段の規定についても，これを訓示規定にすぎないとする解釈もある。しかし，労基法の基準を理由として労働条件を低下させたと認定されるかぎりは，そのような法律行為は無効と解すべきである。

② 労働条件の決定原則

(1) 労使対等決定

労働条件は，労働者と使用者が，対等の立場において決定すべきものである（労基2条1項）。近代法のもとにおいては，すべての人格は対等，平等であり，労働者と使用者が，労働契約の内容である労働条件を対等の立場で決定すべきことは，当然のことといえる。同項は，労使間における現実の社会的，経済的な立場のちがいを直視し，労使対等決定の原則を宣言し，確認したものである。

(2) 労働協約・就業規則・労働契約の遵守

労働者および使用者は，労働協約，就業規則および労働契約を遵守し，誠実に各々その義務を履行しなければならない（労基2条2項）。本項は，労働条件の決定機能を有する労働協約，就業規則および労働契約につき，その遵守の精神を一般的に宣言したものである。

なお，本項違反に対する罰則規定はおかれておらず，かりに本項にいう義務違反があったとしても，それが労基法各条の定める具体的な基準に違反していないかぎり，監督機関がその権限を行使することはありえない（昭23・7・13基発1016号）。

4　均等待遇

① 意　義

労基法3条は，「使用者は，労働者の国籍，信条又は社会的身分を理由として，賃金，労働時間その他の労働条件について，差別的取扱をしてはならない」と定めている。この規定は，憲法14条1項の法の下の平等の原則を，労働関係において具体化しようとするものである。

② 差別的取扱の理由

(1) 国　籍

国籍とは，国民たる資格をいう。国籍取得の要件は各国によって異なるが，わが国では国籍法がこれを定めている。

(2) 信　条

信条には，宗教的信念とともに政治的信念が含まれる（昭22・9・13発基17号，日中旅行社事件＝大阪地判昭44・12・26判時599号90頁）。

(3) 社会的身分

社会的身分とは，生来の身分をいうと解されている（昭22・9・13発基17号，名古屋証券取引所事件＝名古屋地判昭39・11・9労民集15巻6号1215頁）。労基法3条は差別理由として人種と門地をあげていないが，これらは社会的身分に含まれる。

これに対し，臨時工と本工，ブルーカラーとホワイトカラー，アルバイターやパートタイマーとフルタイマー（フルタイム労働者）あるいは派遣労働者や契約社員，在宅勤務者等のように，労働契約自体によって設定される契約上の地位は，社会的身分には含まれない（富士重工宇都宮製作所事件＝宇都宮地判昭40・4・15労民集16巻2号256頁）。

③ 差別的取扱の内容

(1) 「労働条件」の意義

労基法3条は，「賃金，労働時間その他の労働条件」についての差別的取扱を禁止している。労基法上，労働条件をとくに定義する規定はないが，施行規則5条1項は，労基法15条の労働条件の明示義務の規定を受けて，従事する業務，休憩時間，休日，休暇，賃金，昇給，退職，退職手当，安全衛生，災害補償，表彰，制裁，休職等をあげている。上の事項が労働条件としての典型的なものであり，

労働条件とは，労働者の職場における待遇もしくは労務提供にかかわる条件をいうと解されている。

(2) **解雇と労働条件**

解雇が労働条件にあたるか否かについては，これを肯定する考え方と，解雇の意思表示そのものは労働条件ではないが，労働協約や就業規則で解雇基準や理由が定められているときは，それが労働条件となるとの考え方がある（昭23・6・16基収1365号）。後者によれば，解雇に関する基準等の定めが存しないときは，解雇については労基法3条違反は成立しないことになる。もっとも，国籍，信条，社会的身分を理由とする解雇は，私法上は，憲法14条に基づいて設定される公序に反し無効と評価される（民90条）。したがって，両者においては罰則の適用にちがいが生じるだけとなる。

試用労働者に対する本採用拒否については，解雇の場合に準じて考えればよい。他方，採用内定者については，労基法の適用の有無自体が問題となる（本編第3章**2⑤**参照）が，裁判例で国籍を理由とする内定取消を「差別的取扱」と認めるものがある（日立製作所事件＝横浜地判昭49・6・19判時744号29頁）。もっともこれが否定されても，国籍等を理由とする取消は，公序に反し無効とされる。

(3) **採用と労働条件**

採用ないし雇入れが労働条件にあたるか否かについては，これを肯定する考え方もないではないが，最高裁は，労基法3条が雇入れ後の労働条件について制限するものであるとして，これを否定している（三菱樹脂事件＝最大判昭48・12・12民集27巻11号1536頁）。また同判決は，信条を理由とする採用拒否につき，企業による営業の自由を尊重し，当然に違法になるわけではないとの考え方を示している。なお，均等法5条参照（本章**5③**）。

④ 差別的取扱の立証

労基法3条違反の主張にあたっては，信条等を「理由として」差別的取扱がなされたことを，労働者側が立証しなければならない。多くの場合，労働者の能力や成績あるいは現実の職場規律紊乱行為に基づく不利益取扱である，とする使用者側の主張とが対立する。一般に，裁判例は，いずれが決定的な動機ないし原因であるかを認定することによって，3条違反の成否を判断している。ただし，事実上の立証責任の転換を認めたものがある（福井鉄道事件＝福井地武生支判平5・5・25労判634号35頁）。

⑤ 3条違反の効果

労基法3条違反に対しては罰則の適用がある（労基119条1号）。私法上の効果については，解雇や配転等の法律行為は無効とされ，また賃金差別については差額分の請求をなしうると解される。不法行為が成立する余地もある。ただし，役職への昇進そのものの実現は使用者の人事権の侵害になるから，特別の事情のないかぎり，金銭的な待遇の是正としての救済にとどまるであろう。

5 雇用の分野における男女の平等と就労の援助

① 意　義

憲法14条1項は，性別による政治的，経済的または社会的関係における差別を禁止している。しかし，労基法においては，性別による差別は，4条が賃金について禁止しているにとどまる。これは，賃金以外の労働条件の差別を許容するという趣旨ではなく，労働時間等については男女間でその基準を区別し，とくに女性を保護しなければならないと考えられたためである。労基法3条に性が含めら

れなかったのも，かかる理由によると考えられる。しかし，最近における世界の動向は，雇用の分野における男女の平等を推進し，労働条件の保護についてはむしろ見直しをするという方向を示すに至っている。わが国も，昭和60（1985）年に男女雇用機会均等法を制定し，同時に労基法を改正して女性労働者に対する深夜業禁止等の規制を緩和した（本編第7章**3**参照）。その後，平成9（1997）年に均等法と労基法の改正がなされ，男女の平等実現のための枠組みが一段と強化された。さらに，平成18（2006）年6月には，従来の女性差別禁止から，男女を問わず性別に基づく差別を禁止する形での均等法の改正が成立し，2007（平成19）年4月1日から施行された。その主要な改正点は，①性差別禁止の範囲が拡大されたこと（女性に対する差別取扱の禁止から男女双方に対する差別取扱の禁止にかわり，差別禁止の対象となる事項が拡大・詳細化され，さらに「間接差別」〈7条〉が導入された），②妊娠・出産等を理由とする解雇禁止が強化されるとともに，その他の不利益取扱が禁止されたこと（9条），③調停制度の充実（18条〜26条），④企業名公表の対象範囲の拡大（30条）等である。

② 男女同一賃金の原則

(1) 同一労働同一賃金

使用者は，労働者が女性であることを理由として，賃金について男性と差別的取扱をしてはならない（労基4条）。賃金には，基本給だけではなく家族手当等も含まれる（岩手銀行事件＝仙台高判平4・1・10労判605号98頁）。

上の規定は，同一の労働に従事しているにもかかわらず，女性であるという理由のみで賃金に格差を設けること（有利に扱うことも含む）を禁止の対象とするものであり，現実に存する男女間の賃金格

差のすべてを労基法4条違反と評価するものではない。なぜなら，賃金は，労働者の職務，能率，成績，技能，学歴，年齢，勤続年数その他の要素によって決定されるものであり，結果としての格差のみで，性による差別的取扱があったとは認定しえないからである（昭22・9・13発基17号）。しかし，賃金以外の，配置・昇進，教育訓練等の差別については，本条の禁止するところではない。これらの差別に由来する賃金差別も，本条の問題ではなく，後述する男女雇用機会均等法の問題である。しかし，同学歴・同年齢の男性従業員との間に存在する著しい賃金格差については，女性であることを理由とする賃金についての差別的取扱いを受けたもので，労基法4条を根拠に不法行為として損害賠償を認めるものがある（日本オートマチックマシン事件＝横浜地判平19・1・23労判938号54頁）。

裁判例には，格差のある2本の基本給体系を設け，一方を男性，他方を女性に適用する取扱を4条違反と判断したもの（秋田相互銀行事件＝秋田地判昭50・4・10判時778号27頁），同学歴・同年齢の者の差別を認めたもの（日ソ図書事件＝東京地判平4・8・27労判611号10頁），世帯主条項の適用の結果を女子差別を容認するとしたもの（三陽物産事件＝東京地判平6・6・16労判651号15頁）等があり，改正均等法施行（平成11〔1999〕年4月）以後について，コース別雇用管理を違法とし，公序良俗違反の成立を認め，不法行為に基づく損害賠償を容認するもの（野村證券事件＝東京地判平14・2・20労判822号13頁，岡谷鋼機事件＝名古屋地判平16・12・22労判888号28頁）がある。

(2) 差額請求権

女性であることのみを理由とする賃金差別を内容とする労働契約は，労基法4条違反として無効となる。しかし，同条は，その差額請求権についてとくに定めていないので，不法行為による損害賠償請求が可能になるだけではないかとの疑問が生じる。この点，前掲

の秋田相互銀行事件では，労基法13条に差額請求権の根拠が求められている（労基法13条の類推適用の例として，芝信用金庫事件＝東京高判平12・12・22労判796号5頁参照）。実際上は，労基法ではなく協約や就業規則の男性の賃金体系の規定を差額請求権の根拠としうる例が多い。

③ 男女雇用機会均等法

(1) 意　義

　均等法の制定は画期的な出来事であったが，しかし，募集や採用については機会均等のための努力義務規定にとどめられたためこの点の改正が次の大きな課題となった。この点を改めたのが平成9（1997）年6月の改正法である。同時に，労基法上の女性保護のための時間外労働，休日労働および深夜業に関する規定が削除され，育児・介護休業法の一部も改正された。この改正均等法のポイントは，①募集・採用・配置・昇進の努力義務規定が禁止規定ないし義務規定に改正されたこと，②「女性のみ」あるいは「女性優遇」の取扱が原則として禁止されたこと，③調停開始の要件が緩和されたこと，④当事者が調停申請したこと等を理由とする解雇その他の不利益取扱が禁止されたこと，⑤厚生労働大臣の是正勧告に従わないときに企業名が公表される途が開かれたこと，⑥ポジティブ・アクションの規定が新たに定められたこと，⑦セクシュアル・ハラスメントの予防のための配慮義務が事業主に課されたこと，⑧妊娠中および出産後の母性健康管理に関する努力義務規定が公法上の義務規定とされたことである。

　さらに均等法は平成18（2006）年の改正により，男女双方に対する差別的取扱を禁止するに至った。

(2) 均等な機会および待遇の確保と労働者に対する性差別の禁止

　(a) 募集・採用　　事業主は，労働者の募集および採用につい

て，その性別にかかわりなく均等な機会を与えなければならない（均等 5 条）。したがって，一定の職種や一定の雇用形態（正社員，パートタイム労働者等）について，募集または採用の対象を男女のいずれかに限定することは均等法 5 条違反となる。もっとも，均等法は，結果の平等を求めるものではない。救済内容については，従来の考え方からして採用そのものを使用者に強制することは認められないであろうが，損害賠償＝慰謝料（民709条・710条）の支払いを命じられることになろう。また，都道府県労働局長，雇用均等室長による行政指導がなされることも考慮しておくべきである。

　(b)　**配置・昇進等**　　事業主は，①労働者の配置（業務の配分および権限の付与を含む），昇進，降格および教育訓練（均等 6 条 1 号），②住宅資金の貸付け等の福利厚生（同 2 号），③労働者の職種および雇用形態の変更（同 3 号），④退職の勧奨，定年および解雇ならびに労働契約の更新（同 4 号），について労働者の性別を理由として，差別取扱をしてはならない。配置に係る業務の配分および権限の付与，降格，職種および雇用形態の変更，退職の勧奨，労働契約の更新は，平成18（2006）年の改正法によって差別禁止の対象として追加されたものである。労働契約の更新に関わる差別とは，男性だけを更新の対象とし，女性については労働契約の更新をしないこと（雇止め）をいう。差別的取扱が認定された場合については，募集・採用の場合の法的救済と同一の問題が発生する。

　　従来，裁判例は，昇進等の遅延に伴う賃金の不利益についての損害賠償請求を認容してきたが，課長心得・課長代理等の地位にあることの確認請求については，使用者の人事権に基づく裁量権を理由としてこれを否定してきた（社会保険診療報酬支払基金事件＝東京地判平 2・7・4 労判565号 7 頁）。しかし，芝信用金庫事件（東京地判平 8・11・27労判704号21頁）では，就業規則において性による労働条

件の差別を行わない旨の規定が存していたこと，また職能等級については，ある等級までの昇格については一定の勤続年数によってほぼ自動的に実現していること等により，課長相当職までの昇格を確認し，その間の差額賃金の支払いを使用者に命じている。もっとも，課長そのものの地位の確認については，使用者の人事権に基づく裁量権を理由にこれを棄却している。

(c) **間接差別**　　上記の改正法では，「間接差別」も禁止の対象になった（均等7条）。「間接差別」とは，性別以外の事由を要件とする措置であって，他の性の構成員と比較して一方の性の構成員に相当程度の不利益を与えるものを，合理的な理由なく講じる場合に成立することになるが，現在，均等法施行規則2条では，①労働者の募集・採用に関して，労働者の身長，体重または体力に関する事由を要件とすること，②コース別雇用管理制度における総合職の募集・採用に関して，労働者に全国転勤を要件とするもの，③昇進における要件として転勤経験を求めること，の3つがあげられている。

(d) **解雇その他の不利益取扱いの禁止**　　事業主は，女性労働者が婚姻したことを理由として解雇してはならず（均等9条2項），また，女性労働者の妊娠・出産，母性健康管理措置・母性保護措置，妊娠または出産に起因する能率低下等を理由とする解雇その他の不利益取扱をしてはならない（同3項）。妊娠中の女性労働者および出産後1年を経過しない女性労働者に対してなされた解雇は，事業主の合理的な理由に基づく反証がないかぎり，無効とされる（同4項）。

判例では，妊娠中の女性労働者の軽易業務への転換の請求（労基65条3項）を契機として行われた降格（副主任を免じる措置）について，それは原則として均等法9条3項の禁止する取扱いに当たるとしながら，その一方で，①当該労働者本人が自由な意思に基づいて降格を承諾したといえる場合，または②降格が業務上の必要性等に

照らして均等法9条3項の趣旨・目的に実質的に反しないと認められる特段の事情があるような場合には，同項の禁止する取扱いには当たらないとされている（広島中央保健生活協同組合事件＝最1小判平26・10・23民集68巻8号1270頁）。この判例を受けて，厚生労働省の通達も一部改正され（平27・1・23雇児発0123第1号），妊娠・出産等を契機として不利益取扱いが行われた場合，原則として妊娠・出産等を理由として不利益取扱いが行われたものと解されるとしている。また，労働者が育児休業を取得したとして定期昇給させなかった等の行為が育児・介護休業法10条で禁止される不利益取扱いとするものもある（医療法人稲門会事件＝大阪高判平26・7・18労判1104号71頁）。出産後1年を経過しない女性に対する解雇を権利濫用になるとして無効とする事例もある（社会福祉法人緑友会事件＝東京地判令2・3・4労判1225号5頁）。これに対して，職場環境を著しく悪化させたことに理由があったとして，解雇を妊娠を理由とする不利益ではないとして，原審を取り消した上で有効とする事例もある（ネギシ事件＝東京高判平28・11・24労判1158号140頁）。

なお，「労働者に対する性別を理由とする差別の禁止等に関する規定に定める事項に関し，事業主が適切に対処するための指針」が設けられている（平18・10・11厚労省告示614号，最終改正・平27・11・30厚労省告示458号）。同告示の第4では，婚姻・妊娠・出産等を理由とする不利益取扱いの禁止に関わる問題の具体例が細かく列挙されている。

(3) 紛争処理

均等法5条から7条および9条に基づく紛争の処理については，次の3つに大別できる。

(a) **裁判所**　　女性労働者は5条から7条および9条についての違反があると思う時は，裁判所に対して私法上の救済を求めるこ

とができる。もっとも，均等法も，私法上の救済を特定していないので，裁判所における法理に委ねられることになる。均等法5条から7条および9条までの規定についてはそれ自体強行法規としての性格を有すると思われるので，事実行為や法律行為を違法あるいは無効とする効力を有し，また民法709条の「権利侵害＝違法性」の要件を満たすと考えられ，不法行為による損害賠償の請求が可能となる。ただし，採用や昇進の強制，違法な教育訓練の差止め請求や再実施の強制等が認められるか否か，今後，議論の対象となろう。なお，均等法が禁止しているのは，女性であることあるいは男性であることを理由とする場合であるから，その立証方法も課題となる。

(b)　行政機関

(i)　都道府県労働局長　　都道府県労働局長は，当事者の一方または双方から紛争解決の援助を求められたときは，必要な助言，指導または勧告をすることができる（均等17条1項）。事業主は，かかる援助を求めたことを理由とする解雇その他の不利益取扱をしてはならない（同2項）。

(ii)　紛争調整委員会　　都道府県労働局に紛争調整委員会がおかれ，労働局長が必要と認めた場合に調停を行わせることができる（均等18条）。当事者の一方からの申請のみでも調停開始は可能である。事業主は，調停申請を理由として解雇その他の不利益取扱をしてはならない（同2項）。

調停は3名の調停委員によって行われる（均等19条）。委員会は，調停案を作成し，関係当事者に対して受諾を勧告できるにとどまる（均等22条）。双方の納得を前提とした柔軟な紛争処理の方法としての役割が期待される。なお，募集・採用およびポジティブ・アクションは調停の対象とならない（均等18条1項）。

(c)　企業内苦情処理機関等　　均等法6条・7条・9条・12条・

および13条1項に定める事項についての紛争（労働者の募集および採用に係るものを除く）につき，労働者から苦情の申出を受けたときは，事業主に対し，苦情処理機関等による自主的な解決に努めるべき義務が課されている（均等15条）。

(4) ポジティブ・アクション

ポジティブ・アクションあるいはアファーマティブ・アクションとは，差別是正のための積極的措置あるいは女性の能力伸長のための積極的措置のことを意味する。均等法8条は，法律により，望ましい「女性のみ」・「女性優遇」の取扱を認めることとしており，これも1つのポジティブ・アクションであるが，同時に14条でポジティブ・アクションの形での事業主に対する国の援助を規定している。これは，事業主による自主的な積極的措置を国が援助するものである。

国による相談その他の援助となる対象は，①労働者の配置その他雇用に関する状況の分析，②男女の均等な機会および待遇の支障となっている事情を改善するための計画の作成，③計画による措置の実施，④実施のための必要な体制の整備である。

ただし，これらのポジティブ・アクションは，クォータ制（割り当て制）を要求するものではない。

(5) セクシュアル・ハラスメント

セクシュアル・ハラスメント（以下，セクハラとする）をめぐる法制度は，第1に，セクハラが発生した後に，実行行為者の責任追及と被害者に対する救済がある。また，実行行為者を雇用している事業主の責任も問題になる。第2に，セクハラの発生を事前に予防するものである。第1については，刑法および民法上の問題であり，第2については，平成9（1997）年改正均等法により新たに導入されたものである。

(a) **事後的な責任追及と救済**　セクハラの実行行為者に対する刑事責任については，現行刑法等により対処されることになる。事実関係によっては，婦女暴行罪，わいせつ罪，名誉毀損罪等の構成要件に該当するセクハラ行為がありうる。

　被害者に対する救済については，セクハラに起因する解雇や退職の意思表示の無効・取消の問題のほか，主として損害賠償の問題が争われている。まず，実行行為者は，民法709条の不法行為として損害賠償，とくに慰謝料（民710条）の支払義務が課せられる。裁判例では，人格権の侵害として，不法行為の成立要件を満たすとの考え方がほぼ定着している。

　次に，事業主＝使用者の責任としては，①民法715条による使用者責任を負うこと，②実行行為者が取締役等の場合は，その責任は法人に帰属すること，③労働契約上の「職場環境整備義務」違反としての債務不履行に基づく損害賠償責任（民415条）が問われる可能性がある。裁判例においては，③の義務を不法行為法上の注意義務（過失）としてとらえていたが（福岡セクシャル・ハラスメント事件＝福岡地判平4・4・16労判607号6頁），近時，これを労働契約上の義務ととらえるものがある（京都セクシュアル・ハラスメント〔京都呉服販売会社〕事件＝京都地判平9・4・17労判716号49頁，三重〔厚生農協連合会〕事件＝津地判平9・11・5労判729号54頁）。

　上記裁判例のうち，後者は，使用者は，被用者に対し，労働契約上の付随義務として，信義則上，被用者にとって働きやすい職場環境を保つように配慮すべき義務，すなわち職場環境配慮義務を負っており，看護師として勤務する女性に対する男性の上司による性的発言，強制猥褻的行為が繰り返されたことにつき女性側から使用者に善処を申し入れたのに対して，使用者が適切な措置をとらなかった結果，それ以降も同様な行為がなされた場合には，使用者には職

場環境配慮義務違反の債務不履行が認められるとしている。

　また，職場におけるセクハラを理由として使用者から懲戒処分（出勤停止，降格）を受けた労働者（管理職）が，その懲戒処分が重すぎるとして争った事件で，最高裁は，原審が懲戒解雇の次に重い出勤停止を行うことは酷に過ぎるとして権利濫用として無効としていた判断を覆して，管理職である本件の加害者は，セクハラに対する会社の方針を当然認識すべきであった等として，当該懲戒処分を権利濫用には当たらないとしている（L館事件＝最1小判平27・2・26労判1109号5頁）。

　　(b)　**発生予防義務**　均等法11条は，事業主に対し，職場におけるセクハラの発生を予防すべき配慮義務を課している。職場とは，使用者の業務命令に服して労務を提供している場所をいう。均等法上のセクハラの概念は，第1に，「対価型」と呼ばれるもので，「職場において行われる性的な言動に対する……女性労働者の対応により……労働条件につき不利益」を与えるもの，第2に，「環境型」と呼ばれるもので，「性的な言動により……女性労働者の就業環境が害される」ものである。事業主は，上記のようなセクハラが発生しないよう雇用管理上の必要な配慮をしなければならない（均等11条1項）。労働者派遣法の改正により，派遣先も派遣労働者に対する配慮義務を負うことになった。配慮すべき具体的な内容は，厚生労働大臣が指針によって定めることになっており（同2項），指針では，①均等法の趣旨の普及，②セクハラ発生予防のための教育，③セクハラをめぐる苦情の申立機関等の設置，④セクハラ実行者に対する懲戒処分を可能とする就業規則の整備等が示されている。従来，セクシュアル・ハラスメントは，調停等の紛争解決援助の対象とはされていなかったが，上記の改正法では，これを紛争解決援助の対象に加え，さらに，是正指導に応じない場合の企業名公表制度の対

象にセクシュアル・ハラスメントを加えている。

　なお，グループ会社の社員のセクハラ行為につき親会社がどの範囲で対応する義務を負うかが争われた事件（イビデン事件＝最1小判平30・2・15労判1181号5頁）で，最高裁は，親会社が，グループ会社の社員が法令遵守に関する事項について相談できる窓口を設置する等の体制をとっていたからといって，勤務先会社が本件付随義務に基づく対応を怠ったことのみをもって，親会社の被害女性に対する信義則上の義務違反があったものとはいえないとして親会社の損害賠償責任をも認めていた原審のこの部分を破棄して取り消した。もっとも，被害者等による申出の具体的状況いかんによっては，当該申出をした者に対して，その内容等に応じて適切な対応をすべき信義則上の義務を負う場合があることは認めている。

　(6)　**適用除外**

　均等法上の義務規定は，国家および地方公務員には適用されない（均等32条）。ただし，国公法27条および地公法13条は，任用などにつき，性別による差別を禁止している。

4　性による差別と公序良俗

　現在では，性による不合理な差別を禁止するという原則は，法の下の平等を定める憲法14条1項，婚姻の自由を保障する憲法24条，両性の本質的平等を解釈原理とすべきことを定める民法2条等により，すべての法律関係における基本原理として承認されているといってよく，民法90条にいう公の秩序を構成していると解しうる。したがって，性による不合理な差別行為については，それが法律行為であれば民法90条違反として無効と評価されるし，事実行為にすぎない場合でも，民法709条の不法行為の要件を満たすときは，損害賠償請求も可能となる。

最高裁も，5歳差の男女差別定年制につき，公序違反が成立することを認めている（日産自動車事件＝最3小判昭56・3・24民集35巻2号300頁）。ただし，均等法により，募集・採用から定年・退職・解雇に至るまでの雇用にかかわる性差別は禁止規定ないし強制規定の対象とされているので，法律行為については均等法の規定を直接の根拠として無効と評価しうるし，単なる事実行為についても，強行法規違反＝違法性＝民法709条の権利侵害という論理によって，不法行為に基づく損害賠償が可能となる。

　なお，公務員の昇格差別に関するケースであるが，地公法13条違反を理由とする国家賠償法に基づく損害賠償請求がなされた鈴鹿市事件がある。1審（鈴鹿市事件＝津地判昭55・2・21労判336号20頁）は請求を認容したが，2審（名古屋高判昭58・4・28労判408号27頁）は，昇格をさせなかったのは当局の裁量権の範囲内に属するとして，上記請求を斥けている。また，前掲社会保険診療報酬支払基金事件では，資格等級制度のもとにおける昇格にかかる女子差別について，賃金相当額の損害賠償および慰謝料を認めながら，昇格についての地位確認の請求および勤務時間の短縮制度等については使用者の裁量権を理由に斥けている。なお，本章**5** ③参照。

⑤　育児・介護休業法

(1)　法制定の背景

　少子化・高齢化・核家族化が進行するなかで，育児と介護の問題は，わが国の緊急の課題となっている。平成3（1991）年に育児休業法が成立し，その後，平成7（1995）年6月に介護休業制度の導入を中心にして大幅な改正がなされた。法律名も平成11（1999）年4月以降「育児休業，介護休業等育児又は家族介護を行う労働者の福祉に関する法律」となった。平成9（1997）年には，労基法上の

女性に対する深夜業の禁止規定が解除されたのに伴い，育児・介護を要する一定の労働者に深夜業が拒否できるよう改正がなされ，平成13（2001）年には子の看護のための休暇の措置についての努力義務を定める等の改正が行われた。

さらに，平成16（2004）年には，後述するように，育児休業の対象の拡大（従来育児・介護休業の対象外であった期間雇用者のうち一定範囲の者も育児休業をすることができるようになった），介護休業の取得回数の制限緩和，子の看護休暇の創設等の改正が行われた。なお，平成15（2003）年に制定された次世代育成支援対策推進法に基づいて，301人以上の労働者を常時雇用する事業主は，仕事と子育ての両立を図るために必要な雇用環境の整備を進めるために，「一般事業主行動計画」を策定し，厚生労働大臣に届け出なければならない（平成17〔2005〕年4月1日施行，令和4〔2022〕年4月1日以降101人以上）。適切な行動計画を策定し，その計画に定めた目標を達成した事業主は，労働局長からその旨の認定が受けられる。

(2) 育児休業

労働者（日々雇用の労働者は除かれる）は，自分の希望する育児休業期間を明らかにして事業主に申し出ることにより育児休業を行うことができる。期間雇用者にあっては，従来，同一の事業主に引き続き雇用された期間が1年以上あること（旧育児・介護休業5条1項1号）が要件とされていたが，令和3（2021）年6月の改正法では，雇用形態にかかわらず育休取得を広く認める観点から，この要件は撤廃された（もっとも労使協定が締結されれば，雇用期間が1年未満である者は除外できる）。

養育の対象となっているのは，「その1歳に満たない子」である（育児・介護休業5条1項）が，平成16（2004）年の法改正により，子が1歳を超えても休業が必要と認められる一定の場合，すなわち

保育所に入所を希望しているが入所ができない等の場合には，子が1歳6カ月に達するまで育児休業ができることとなった。事業主が，育児休業の申出を拒むことができるのは，①当該事業主に引き続き雇用された期間が1年に満たない労働者，②上の①以外で「育児休業をすることができないこととすることについて合理的な理由があると認められる労働者として厚生労働省令で定めるもの」であるが，労使協定でその旨を定めておく必要がある（育児・介護休業6条1項）。

　厚生労働省令で定められているのは，①育児休業申出があった日から起算して，1年以内に雇用関係が終了することが明らかな労働者，②1週間の所定労働日数が著しく少ない労働者（現在は2日以下の労働者）である（育児・介護則8条）。この①②について，平成21（2009）年の育児・介護休業法の改正（平成22〔2010〕年6月30日施行）により，3歳までの子を養育する労働者について，勤務時間の短縮制度（短時間勤務制度）を設けることを事業主の義務とするとともに（育児・介護休業23条），労働者の請求に基づいて所定外労働の免除ができる制度が設けられるに至った（育児・介護休業16条の8）。

　産前産後休業および育児休業を終えた女性労働者について，使用者が，現職に復帰させずに担務変更としたため賃金格付けが低下し，さらに成果報酬についてもゼロ査定をしたケースで，担務変更は業務上の必要性に基づくもので違法とはいえないが，成果報酬をゼロ査定にしたのは違法とした裁判例がある（コナミデジタルエンタテインメント事件＝東京高判平23・12・27労判1042号15頁）。

　上で少し取り上げたが，令和3（2021）年6月に，男性の育児休業をとりやすくし，夫婦が双方協力して育児に当たれるようにするための育児・介護休業法の改正が成立した。これにより，子どもが生まれてから8週間以内に最大4週間（2回に分割して取ることも可

能）の休みが取れることになった（これまでの育児休業と合わせると，子が1歳になるまで最大4回の分割取得が可能）。女性の育児休業よりも男性のそれが段違いに低いことを是正することを目的としている（政府としては男性の育児休業取得を令和7〔2025〕年までに30％にすることを目標としている）。休業の申出期間は，原則，休業の2週間前とされる。なお，妊娠・出産の申出をした労働者に対して，事業主から育児休業取得の意向を確認することが義務づけられている。また，労働者数1000人以上の事業主に対して，育児休業取得の状況について公表することも義務づけられた。これとは別に，雇用保険法の改正で，出生時育児休業給付金が創設されている。給付率は現行の育児休業給付金と同様である。

　子どもが病気になった場合に，親（父母）にとって年休とは別に大きな意味をもつのが，子の看護休暇であるが，この子の看護休暇が，小学校就学前の子が1人であれば年5日，2人以上であれば年10日とされ，介護のための介護休暇制度（介護休暇）も新設された（要介護状態の対象家族が1人であれば年5日，2人以上であれば年10日）。

　なお，育児休業期間中の所得については，現在，雇用保険法により育児休業給付金として休業開始から180日目までは休業時賃金の67％，181日目からは50％が支払われる。

(3) 介護休業

　育児・介護休業法によれば，労働者（日々雇用の者を除く）は，要介護状態にある「対象家族」を介護するために事業主に申し出て休業することができる。「対象家族」とは，配偶者（内縁関係にある者を含む），父母および子（厚生労働省令により，同居し，かつ扶養している祖父母，兄弟姉妹，孫を含む），ならびに配偶者の父母をいい（育児・介護休業2条4項），介護休業期間および回数については，平成16（2004）年の改正で，従来，対象家族1人につき1回・最長3カ

月とされていた介護休業について，対象家族1人につき常時介護を必要とする状態に至るごとに1回，期間は通算して93日まで，介護休業ができることになった（なお，平成28〔2016〕年の法改正で，93日を上限に3回までの分割取得が可能となった）。また事業主は，勤務時間の短縮等の措置をとることを義務づけられる。なお，雇用保険法により，介護休業給付金として休業時賃金の67％が支払われる（雇保61条の6第4項）。

(4) 看護休暇

平成16（2004）年の育児介護休業法の改正によって，小学校就学の始期に達するまでの子を養育する労働者は，事業主に申し出ることによって，1年度において5日を限度として子の看護のための休暇を取得することができることになった（育児・介護休業16条の2・16条の3）。他に育児・介護休業法では，育児休業・介護休業の申出をしたこと等を理由とする解雇その他不利益取扱の禁止（育児・介護休業10条・16条・16条の4），小学校就学の始期に達するまでの子を養育する労働者および要介護状態にある対象家族を介護する労働者についての時間外労働の制限（育児・介護休業17条・18条）等が定められている。

6 強制労働・中間搾取の禁止

労基法は，過去にみられた前近代的な労働関係を払拭するためのいくつかの規定をおいている。

① 強制労働の禁止

使用者は，暴行，脅迫，監禁その他精神または身体の自由を不当に拘束する手段によって，労働者の意思に反して労働を強制しては

ならない（労基5条）。この規定は，奴隷的拘束および意に反する苦役を禁止する憲法18条の理念を，労働関係において具体化したものでもある。

暴行，脅迫および監禁は，刑法における構成要件（刑208条・222条・220条）と同義である。その他精神または身体の自由を不当に拘束する手段とは，社会通念上是認しえない程度の手段であって，客観的にみて通常人なら精神または身体の自由を失う程度のものを意味する（昭23・3・2基発381号）。具体的には，たとえば労基法が禁止している損害賠償額の予定（労基16条），前借金の相殺（労基17条），強制貯金（労基18条）の禁止規定に違反する事実が認められれば，たとえ現実に労働がなされていないとしても，5条違反が成立する。パスポートの保管もこれに該当する。

② 中間搾取の禁止

何人も，法律に基づいて許される場合のほか，業として他人の就業に介入して利益を得てはならない（労基6条）。この規定は，労働者の雇入れとその後の労働の提供に関与して，賃金のピンハネ等を行う悪習を排除することを目的としている。職安法に基づいて行われる有料職業紹介（職安30条以下），労働者募集（職安36条・37条），労働者供給事業（職安45条）は（以上，第3編第2章参照），もちろん労基法6条違反にはあたらない。労働者派遣法に基づく労働者派遣についても，自己の雇用する労働者の派遣であり，他人の就業に介入するものではないから，同条違反が成立する余地はない（本編第12章1参照）。

7 公民権行使の保障

① 意　義

　使用者は，労働者が労働時間中に選挙権その他公民としての権利を行使し，または公の職務を執行するために必要な時間を請求したときは，これを拒んではならない（労基7条本文）。ただし，使用者は，権利の行使または公の職務の執行に妨げがないかぎり，請求された時刻を変更することができる（同ただし書）。この時刻の変更には，日にちの変更も含まれる。

　7条の保障する権利を排除する特約，あるいは使用者の承認を公職就任の要件とする旨の特約は，同条違反として無効となる（十和田観光電鉄事件＝最2小判昭38・6・21民集17巻5号754頁）。

② 公民としての権利

　公民としての権利とは，国家または地方公共団体の公務に参加する権利をいう（昭63・3・14基発150号）。選挙権のほかに，被選挙権，最高裁裁判官の国民審査権（憲79条），特別法の住民投票権（憲95条），憲法改正の国民投票権（憲96条），住民の直接請求権（自治74条），住民監査請求権（自治242条）等が含まれる。訴権の行使，すなわち訴訟を提起して訴訟手続にしたがった判断がなされることを請求する権利の行使は，一般的には，公民権の行使とは解されない（昭22・9・13発基17号）。

　なお，被選挙権については，立候補届出の行為のほか，法定期間中の選挙運動も公民権の行使に含まれる。ただし，他の立候補者のための選挙応援活動は，公民権の行使にはあたらない。

③ 公の職務

　労基法7条にいう公の職務とは，法令に基づく公の職務のすべてを含むものではなく，国または地方公共団体の公務の公正妥当な執行を図る職務を意味し，単純な労務の提供を主たる目的とする職務は含まれない。具体的には，国会議員・地方議会議員・裁判員制度に基づく裁判員・労働委員会の委員としての職務，裁判所・労働委員会への証人としての出廷・出頭等は公の職務にあたる。

④ 権利行使と賃金

　公民権の行使または公の職務の執行のために認められた時間に対応する賃金については，労基法7条は有給であることを要求していないから，無給扱いとしても同条違反は成立しない（昭22・11・27基発399号）。もっとも，選挙権行使のための時間については，賃金カットしないことが望ましい旨の行政指導がなされている（昭42・1・20基発59号）。

⑤ 業務支障と解雇・休職

　たとえば国や地方公共団体の議会の議員のように，職務の執行に必要な期間が相当長期にわたる場合，労働者の請求自体を拒否あるいは変更するわけではないが，当該労働者を解雇あるいは休職扱いにすることが許されるか否かが問題となる。これを肯定すると労基法7条の目的を達しえなくなるとして，反対する見解もある。しかし，同条は，公務の執行に必要な時間を与えることを拒否することを禁止するにとどまり，かかる解雇あるいは休職処分をただちに無効とするだけの効力を有しているとは解しえない。他方，かかる職務に就任したというだけで，解雇あるいは休職処分が正当化されるともいえないであろう。結局，当該労働者の公の職務の執行により，

労働契約上の義務の履行が困難になり，会社にとって業務の遂行に支障が生じる場合には，その支障の程度に応じた解雇を含む不利益取扱をなしうると解すべきである（森下製薬事件＝大津地判昭58・7・18労判417号70頁）。また，年間所定労働日数の約4割の欠勤が見込まれる東京都の区議会議員を兼務する従業員についての解雇も同様に，有効とされている（パソナ事件＝東京地判平25・10・11労経速2195号17頁）。

最高裁は，傍論ではあるが，「公職に就任することが会社業務の遂行を著しく阻害する虞のある場合においても，普通解雇に附するは格別，同条項を適用して従業員を懲戒解雇に附することは，許されない」との考え方を示している（前掲十和田観光電鉄事件）。

8　労使協定

① 労使協定の種類

労基法は，三六協定にみられるように従来から，当該事業場に過半数を組織する組合があればその組合，そうした組合がない場合には労働者の過半数代表者との書面による協定に，「原則」に対する「例外」を認めるための免責的効力を認めてきた。労使協定の中には，労使委員会の決議によって代えられることとされているものもある（労基法38条の4第5項）。

② 労使協定の法的効力

上の協定には，計画年休に関する労使協定（労基39条5項）のように，単なる免罰的効果にとどまらず協定それ自体に私法的効力が認められると考えられるものも存在しており，各タイプの労使協定の法的効力の検討が必要になっている。さらに，こうした労使協定

の当事者の選定手続，解約の要件ないし手続等の問題は，従業員代表制の立法論とも関連して重要な検討課題となっている。

　なお，労使協定の当事者である過半数労働者代表の選出方法については施行規則で定められ，①代表者は41条2号の監督または管理の地位にある者でないこと，②選出は投票，挙手等によることとされている（労基則6条の2第1項）。

第3章

労働契約の成立と展開

1 　労働契約法の制定

① 　労働契約法の制定

　平成19（2007）年11月に，懸案であった「労働契約法」が成立し，同年12月に公布された（平成20〔2008〕年3月1日施行）。労働契約法は，労働契約の合意に基づく成立・変更，労働契約の継続・終了（出向・懲戒・解雇）等，労働契約の基本的事項を定めるものであるが，それ自体では全体で19条しかないきわめて小さな法律として制定された。その後の平成24（2012）年の改正により現在は全部で22条となっているが，それでも小さな法律であることには変わりはない。しかし，労契法自体は，本書で取り上げているさまざまな領域に関わるものであり，また，それを全体としてどのように位置づけるかが問題となるため，ここで労契法の簡単な解説を行っておきたい（詳細は，本書のそれぞれの項目を参照されたい）。

② 　労働契約法の内容

　労契法第1章「総則」では，目的（労契1条），「労働者」および「使用者」の定義規定（労契2条）を置いている。労契法22条2項によれば，同法は，使用者が同居の親族のみを使用する場合の労働契約には適用されない。労基法とは異なり，家事使用人の労働契約には適用されることになる（労基116条2項）。同法は，これに続い

て，労働契約の原則として，①労使対等決定による合意の原則，②均衡考慮の原則，③仕事と生活の調和の配慮（ワーク・ライフ・バランス），④信義誠実の原則，⑤権利濫用法理，の5つの原則をあげる（労契3条）。契約について一般的に妥当する原則を労働契約について確認的に規定したものである。また，労契法5条では，労働者の安全に対する必要な配慮が規定されている。これは，表現は抑えた形になっているが，判例で確立した使用者のいわゆる「安全配慮義務」を踏まえたものである。労契法4条は，労働契約内容の理解の促進に関する使用者の努力義務を規定し，さらに労働契約内容（期間の定めのある労働契約に関する事項を含む）について，「できる限り書面により確認するものとする」旨，定めている。労基法の労働条件明示義務（労基15条）を労働契約の側面で補足するものである。

3　労働契約の成立・変更

　第2章「労働契約の成立及び変更」は，労働契約の成立に関わる合意の原則（労契6条）を定めるとともに，労契法7条では，「労働者及び使用者が労働契約を締結する場合において，使用者が合理的な労働条件が定められている就業規則を労働者に周知させていた場合には，労働契約の内容は，その就業規則で定める労働条件によるものとする」として，従来の判例法理を踏まえて（電電公社帯広局事件＝最1小判昭61・3・13労判470号6頁など参照），労働契約と就業規則の関係を整理している。また，労契法8条では，労働契約内容の変更についても合意によらなければならない（合意により，労働契約内容を変更することができる）とするとともに，労契法9条では，使用者は，労働者と合意することなく，就業規則を変更することにより，労働者の不利益に労働条件を変更することはできないとされた。
　その一方で，「使用者が就業規則の変更により労働条件を変更す

る場合において，変更後の就業規則を労働者に周知させ，かつ，就業規則の変更が，労働者の受ける不利益の程度，労働条件の変更の必要性，変更後の就業規則の内容の相当性，労働組合等との交渉の状況その他の就業規則の変更に係る事情に照らして合理的なものであるときは，労働契約の内容である労働条件は，当該変更後の就業規則に定めるところによるものとする」と規定し（労契10条），就業規則による労働条件の不利益変更のルールを明確にした。就業規則の合理的な内容の変更であれば，これに同意しない労働者をも拘束するとしてきた従来の就業規則の不利益変更に関する最高裁判例を，上記の条文の形で明文化したものである（本編第9章**3**・**4**参照）。なお，労働契約において，労働者および使用者が就業規則の変更によって変更されない労働条件として合意していた部分には，上記の変更法理は及ばない（労契10条ただし書）。

さらに，従来，労基法93条に置かれていた就業規則の最低基準効に関する規定が，労働法の制定に伴い，12条に移された。また，法令や労働協約に反する就業規則の規定は，労働契約の内容になることはない（労契13条，労基92条1項）。

④ 労働契約の継続・終了

第3章「労働契約の継続及び終了」では，出向（労契14条），懲戒（労契15条），解雇（労契16条）が，規定されている。16条の解雇に関する規定は，労基法18条の2を労契法の制定に伴い削除するとともに，ここへ移したものである。

⑤ 有期の労働契約

第4章「期間の定めのある労働契約」では，期間の定めのある労働契約の期間途中での解約について，「やむを得ない事由がある場

合でなければ」労働者を解雇できないとして、民法628条に関して議論のあったところを整理している（労契17条1項）。労契法17条2項は、上記の1項の保護を、使用者が「必要以上に短い期間を定めることにより」潜脱することを防止するために置かれた規定である。

さらに、平成24（2012）年の労契法の改正で、無期労働契約への転換のルール（18条）、雇止め法理の法定化（19条）、期間の定めのあることによる不合理な労働条件の禁止（20条）が定められた（本編第11章1⑤参照）。

2 労働契約の成立プロセス

① 労働契約の成立要件

(1) 労働契約の定義

民法623条は、「雇用は、当事者の一方が相手方に対して労働に従事することを約し、相手方がこれに対してその報酬を与えることを約することによって、その効力を生ずる」と規定している。この規定によれば、雇用契約は、労務の提供とこれに対する報酬の支払いが合意されることによって成立する。労基法は、労働契約という用語を用いているが、それは、民法上の労務供給契約のうち労基法の適用を受けるものを労働契約と呼んでいることを意味する。なお、労契法では、「労働契約は、労働者が使用者に使用されて労働し、使用者がこれに対して賃金を支払うことについて、労働者及び使用者が合意することによって成立する」（労契6条）と規定し、労働者の労務の提供を「労働者が使用者に使用されて労働」することという形で表現しているが、内容的には上記の民法623条と同趣旨である。

(2) **諾成・有償の双務契約としての労働契約**

　雇用契約ないし労働契約は，諾成・有償の双務契約であり，申込みと承諾によって成立する。この申込みおよび承諾の意思表示は，書面によるだけでなく，口頭によるものであってもよい。黙示により成立する場合もありうる。

　もっとも，どのような場合に，当事者間で「使用されて労働し」，他方が「賃金を支払う」ことに関する意思の合致があったとみるかが問題となる。会社の管理職が，近く会社の職員または職員待遇の嘱託として採用されることが確実になったとの強い期待を抱かせるような発言をしていたとしても，会社での処遇（地位），職場，給与条件，採用時期等について明確な合意がなかったとして労働契約締結の合意を否定するものがある（東京放送事件＝東京地判昭51・6・2労経速925号11頁）。また，観光バス会社とバス乗務員との定年退職後の嘱託雇用契約の成否に関して，一般に労働契約においては就労の場所，労務の種類，態様，就労時間，賃金が契約の要素であり，賃金以外について合意がなされていないとして契約締結の合意を否定する（日本周遊観光バス事件＝大阪地判昭59・8・10労判436号31頁，同大阪高判昭61・4・24労判479号85頁）。さらに，転職の要請を受け，元の勤務先を退職した者と転職を要請した会社との間で，給与について合意に至らなかった場合には，当事者間で雇用契約が成立したと認められないとするものもある（ユタカ精工事件＝大阪地判平17・9・9労判906号60頁）。

(3) **労働契約の内容決定**

　雇用契約ないし労働契約は，あくまで個人間の契約であるから，その内容については，労使間の個別的な交渉によって定められる性格のものである。ただし，現実には，労務提供の条件と報酬の内容をはじめとして，雇用契約ないし労働契約上の権利・義務は，法律，

就業規則あるいは労働協約によって設定される仕組みとなっており，労使の個別的な交渉によって決定される範囲は，きわめて限定的なものとなっている。もっとも，雇用契約ないし労働契約に本質的ないし付随的な権利および義務が存在するから，これらはとくに交渉の舞台にのせられたか否か，あるいは就業規則等に定められているか否かを問わず，当然に契約内容となる（本章**4**参照）。

(4) **労働契約と無効・取消**

労務の提供と報酬の支払いの合意（雇用契約・労働契約）についても，錯誤による場合は無効であり（民95条），詐欺・強迫による場合は取り消しうる（民96条）。また，その内容が公序良俗に反するものであれば無効とされる（民90条）。未成年者がなした労働契約については，親権者もしくは後見人または行政官庁が，将来に向かってこれを解除することができる（労基58条2項）。

上記の場合，労働契約の成立なくして労務の提供がなされる例が生じるが，これは労働契約なき労働関係成立の例であり，当事者は，その法律関係に基づき，賃金請求権や使用者の安全配慮義務等を主張しうる。なお，労働契約の一部が無効とされる場合もある（労基13条）。

2 **募 集**

労働者の募集についての法的規制は，職安法によってなされている（第3編第2章参照）。現行法のもとでは，原則として労働者募集は企業活動の一環として自由になしうる。しかし，中間搾取や強制労働などを防ぐために，若干の規制をしている。たとえば，報償受領の禁止（職安39条），労働条件の明示義務（職安5条の3・42条），労働争議への不介入（職安20条・42条の2）等である。なお，男女雇用機会均等法は，募集について女性に均等な機会を与える義務を事

業主に負わせている（均等5条）。

　求人広告は，それ自体個別的な雇用契約の申込みとはいえないものであるから，その記載がただちに労働者と使用者との雇用契約の内容になるとはいえない（日新火災海上保険事件＝東京地判平11・1・22労判759号45頁）。もっとも，求人票に雇用期間の定めがなく，定年制なしと記載され，定年制があることを明確にせず採用された場合，定年制のない労働契約が成立したとされた事例がある（福祉事業者A苑事件＝京都地判平29・3・30労判1164号44頁）。

　職業紹介と職業指導については，職安法3条が，「何人も，人種，国籍，信条，性別，社会的身分，門地，従前の職業，労働組合の組合員であること等を理由として，……差別的取扱を受けることがない」としている。

③ 引抜き・転職

　会社の従業員は，使用者に対して雇用契約に付随する信義則上の義務として就業規則を遵守する等，労働契約上の債務を忠実に履行し，使用者の正当な利益を不当に侵害してはならない義務を負い，従業員がその義務に違反した結果，使用者に損害を与えた場合は，その損害を賠償する義務を負うことになる。従業員の引抜き行為のうち，単なる転職の勧誘にとどまるものは違法とはいえないが，退職時期を考慮し，あるいは事前の予告を行う等の会社の正当な利益を侵害しないように配慮をせず，会社に内密に移籍の計画を立て一斉かつ大量に従業員等を引き抜く等，その引抜きが単なる転職の域を超え，社会的相当性を逸脱し，きわめて背信的な方法で行われた場合には，引抜きを実行した会社の幹部従業員は，雇用契約上の誠実義務に違反したものとして，債務不履行あるいは不法行為の責任を免れない（ラクソン事件＝東京地判平3・2・25労判588号74頁）。

また，人材派遣会社の元幹部が，違法な方法で派遣スタッフを引き抜いたとして損害賠償責任を負うとされた事例がある（フレックスジャパン・アドバンテック事件＝大阪地判平14・9・11労判840号62頁）。本件は，特定労働者派遣事業を営む原告X社の従業員であった被告A・被告B・被告C・被告DがX社に在職中および退職後にわたって，被告会社Yと共謀して，違法な方法でX社の派遣スタッフを大量に引き抜いたとして，X社がYら被告に対して，雇用契約上の債務不履行または不法行為に基づき，その引抜行為によって被った損害の賠償を求めたものである。裁判所は，労働市場における転職の自由の点からすると，従業員が他の従業員に対して同業他社への転職のため引抜行為を行ったとしても，これが単なる転職の勧誘にとどまる場合には違法とはいうことはできないとしている。その一方で，企業の正当な利益を考慮することなく，企業に移籍計画を秘して，大量に従業員を引き抜く等，引抜行為が単なる勧誘の範囲を超えて，著しく背信的な方法で行われ，社会的相当性を逸脱した場合には，このような引抜行為を行った従業員は，雇用契約上の義務に違反したものとして，債務不履行責任または不法行為責任を免れないとしている。

④ 採用（雇入れ）の自由と制約

(1) 企業の雇入れの自由

　企業が採用の自由を有するか否かは，一定の理由に基づく採用拒否に対して，①刑罰の適用があるか，②裁判所によって採用を命ぜられるか，③損害賠償あるいはその他の金銭的負担を負うか，という問題に分けて検討する必要がある。合理的な方法および範囲における応募者に対する調査は許されるであろう。なお，国公法27条，地公法13条は，任用についての差別を禁止している。

(2) 労基法3条の規制

　国籍，信条または社会的身分を理由として，労働条件について差別的取扱をした使用者に対しては，労基法3条違反として罰則が適用される（労基119条1号）。採用が労基法3条にいう労働条件にあたると解する考え方も皆無ではないが，かかる解釈は妥当とはいえない。すなわち，採用拒否については労基法3条は適用されない。その他にも採用拒否自体に対して罰則の適用を予定する実定法規は，わが国には存在しない。男女雇用機会均等法における採用についての事業主の義務も，私法上の義務である。したがって，刑罰の適用の有無という観点からは，企業は採用の自由を有している。

(3) 採用と法的規制

　企業は，労働者募集に対してなされた応募を承諾する義務を負わないから，かりに労基法3条所定の理由による採用拒否が同条違反にあたるとしても，採用拒否行為は事実行為であり，特定の者の採用を義務づけられることはない。立法論としては，裁判所に対して，企業による採用を強制する権限を与える方法はありうることである。しかし，わが国には，男女雇用機会均等法をはじめとして，裁判所にかかる権限を与えた実定法規は存在しない。したがって，裁判所によって採用を強制されるか否かという観点からは，企業は採用の自由を保障されている。

　もっとも，組合活動を理由とする採用拒否が不利益取扱としての不当労働行為にあたると解する立場に立てば，企業は，行政機関である労働委員会によって，採用すべきことを命じられる場合がありうる（医療法人財団青山会事件＝東京地判平13・4・12労判805号51頁参照）。しかし，東日本旅客鉄道等事件（東京地判平10・5・28労判739号40頁）は，労働委員会が命ずることができる救済措置は，採用するか否かを判断し直すように命じることが限度であり，採用そのも

のを命じることは裁量権の限界を超えると判断している。

(4) 障害者雇用等雇用差別

障害者雇用促進法は，一般事業主に対し，一定の割合における身体障害者の雇用を義務づけ（障害者雇用43条），雇用率に対応した雇用納付金を徴収することとしている（障害者雇用53条・54条・55条）。この意味においては，企業は採用の自由を制約されている。平成9（1997）年の同法の改正によって，平成10（1998）年7月1日以降は，新たに知的障害者を算定基礎に加えた法定雇用率が設定され，事業主は身体障害者または知的障害者の数が当該法定雇用率以上でなければならないとされた（令和3〔2021〕年3月，0.1％引き上げられ，法定雇用率は，現在，2.3％）。なお，平成17（2005）年の改正で，精神障害者保健福祉手帳の交付を受けている精神障害者も雇用率算定の対象とされることになった（週20時間以上30時間未満の短時間労働の場合には，0.5人とカウント，障害者雇用71条の2・71条の4）。

なお，平成25（2013）年の障害者雇用促進法の改正は，障害者に対する差別の禁止，事業主に対して，障害者が職場で働くにあたっての支障を改善するための措置（いわゆる，合理的配慮の提供義務）を定めている。この障害者雇用促進法の改正を受けて，平成26（2014）年6月6日に，改正障害者雇用促進法の指針策定に関して出された報告書は，募集，採用，賃金，配置，昇進等の項目ごとに禁止される差別を整理し，合理的配慮の内容を具体的に例示していて参考になる。さらに，平成25（2013）年に成立した障害者差別解消法では，行政機関等による不当な差別禁止が定められ（障害者雇用7条1項），行政機関等は，社会的障壁の除去の実施に伴う負担が過重でないかぎり，当該障害者の性別，年齢および障害の状態に応じて，社会的障壁の除去の実施について「必要かつ合理的な配慮」を行うことが求められる（障害者雇用7条2項）。

また，憲法14条1項が定める性別以外の人種，信条，社会的身分または門地を理由とする採用拒否についても，公序に反する違法性を有する行為として，民法709条の不法行為を構成すると解しうる余地がある。かかる解釈に立てば，損害賠償責任を負うという意味で，企業は採用の自由を制約されている。しかし，最高裁は，企業が経済活動の自由（憲22条・29条）を有していることを理由に，特定の思想・信条を有する者をそのゆえに採用しなかったとしても，当然には違法とはいえないという考え方を示している（三菱樹脂事件＝最大判昭48・12・12民集27巻11号1536頁）。

(5) 性差別の禁止

　均等法により，性を理由とする採用差別が禁止規定とされており，企業は，性に関しては採用の自由を制約されている（本編第2章**5③**参照）。

5 採用内定

(1) 採用内定の法的性質

　(a) **採用に関する雇用慣行**　新規学卒者の採用に関するわが国の慣行は，かなり早い時期に採用試験や面接を行い，採用の内々定あるいは内定をしておき，4月1日から出社させるというものである。そこで，採用内定通知という使用者側の行為を，採用に至るまでのプロセス，あるいは労働契約締結の予約と解すれば，その後の採用内定取消に対しては，損害賠償請求が可能となるにとどまる。他方，採用内定通知もしくは学生側からの誓約書の提出をもって，すでに労働契約が成立していると解すれば，内定取消は契約の解除にほかならず，相当の理由が必要とされるから，労働契約上の地位確認の訴えも可能となる。なお，転職を要請され元の会社を退職した者と転職を要請した会社との間に労働契約が成立していなかった

としても，転職を要請した会社には，信義則上，契約締結上の過失が認められることがある（前掲ユタカ精工事件，前掲日新火災海上保険事件）。

(b) 採用内定の法的構成　　採用内定の法的性質をいかに解するかについては，これを一律に論じることはできない。それは，採用内定通知の文言，採用手続に関する定め，従来の取扱，あるいは当該年度における事実関係等を総合的に判断して決定される（大日本印刷事件＝最2小判昭54・7・20民集33巻5号582頁，昭27・5・27基監発15号）。したがって，採用内定通知に労働契約締結の予約であることを明示し，しかもその後において労働契約締結の承認の意思表示とみなされる行為がない場合には，いまだ労働契約が成立しているとはいえない。内々定や口頭による内定といわれるものは，このような性格を有するものが多いであろう。しかし，わが国における一般的な採用手続のプロセス，たとえば採用内定通知の発送，誓約書の提出，その他文書の提出あるいは面接等による接触を図ったことが認められるときは，特別の事情のないかぎり，労働契約が成立していると判断されることになろう。

　上記のように，かりに労働契約が成立していると解しえた場合でも，現実に就労をはじめた以降の労働契約の法的性質と同一視するわけにはいかない。そこで，採用内定中の労働契約は，解約理由が相対的に広く認められる点に着目して，解約権留保付労働契約と解されている。内定期間中に内定者に使用者が各種の報告，研修参加を求めることがあるが，これについても内定者の学業を阻害しないように配慮する信義則上の義務を負う（宣伝会議事件＝東京地判平17・1・28労判890号5頁）。

　なお，採用内定とされる前に「内々定」通知が行われる場合もみられる。この内々定通知について，正式な内定とは明らかに性質を

異にするもので，これによって始期付解約権留保付の労働契約が成立したとはいえないが，内定通知書交付の数日前の内々定の取消は，労働契約締結過程における信義則に反し不法行為を構成するとするものがある（コーセーアールイー〔第2〕事件＝福岡高判平23・3・10労判1020号82頁）。

公務員については，判例は，上の採用内定の法理は妥当しないとする立場に立っている。最高裁は，採用内定通知書を受領した後に内定を取り消されたケースにつき，内定通知は採用発令のための準備手続としての事実上の行為にすぎず，正当な理由なく内定が取り消されても，損害賠償の責任が発生するにとどまるとしている（東京都建設局事件＝最1小判昭57・5・27民集36巻5号777頁）。

(2) 採用内定取消の合理性

採用内定通知により解約権留保付労働契約が成立していると解された場合，はたしてそこで留保された解約権とは，いかなる内容のものかが問題となる。一般には，この留保解約権は，本採用の者に対する解雇の理由よりも，合理性の認められる幅が広いと解されている。しかし，その問題は，結局，採用内定を取り消すことが留保解約権の趣旨，目的に照らして客観的に合理的なものとして是認できるか否かによって判断するしかない。

採用内定の取消事由が合理的であると判断されやすいものを例示すると，①卒業が不能になった場合，②内定後の学業成績が著しく低下した場合，③健康状態の悪化により就労が困難とみなされる場合，④職業的能力が低下した場合，⑤経歴書や身上書に虚偽記載があった場合等がある。

スカウトにより転職しようとした労働者である採用内定者においても，現実には就労していないものの，当該労働契約に拘束され，他に就職することができない地位におかれているのであるから，企

業の経営悪化等を理由に留保解約権の行使（採用内定の取消）をする場合には，いわゆる整理解雇の有効性に関する4つの要素（第11章1⑥参照）を考慮の上，解約権留保の趣旨，目的に照らして客観的に合理的と認められ，社会通念上相当として是認することができるかどうかを判断すべきことになる（インフォミックス事件＝東京地決平9・10・31労判726号37頁）。

(3) 学生からの内定辞退

入社直前での学生（採用内定者）からの内定辞退等を理由とする使用者による損害賠償の請求について，大学を卒業することを停止条件として成立している採用内定の特殊性にかんがみると，入社日までに上記条件成就を不可能ないしは著しく困難にするような事情が発生した場合，学生の側では，信義則上少なくとも，会社に対してその旨を速やかに報告し，然るべき措置を講ずべき義務を負っているものと解されるが，その一方で，労働者は原則として「いつでも」本件労働契約を解約しうる地位が保障されているのであるから（民627条1項），本件内定辞退の申入れが債務不履行または不法行為を構成するには，上記信義則上の義務に著しく違反する態様で行われることが必要であり，本件で，採用内定者が本件就職留年手続きの申請報告を行わず，本件内定辞退の申入れが入社日の直前までずれ込んだことを重くみるのは，社会経験の乏しい内定者にとって酷にすぎ，本件内定辞退の申入れが信義則上の義務に著しく違反する態様で行われたとまではいえないとする裁判例がある（X社事件＝東京地判平24・12・28労経速2175号3頁）。

(4) 内定期間中の法律関係

採用内定通知によって成立した解約権留保付労働契約は，就労の始期のみが条件とされているのか，あるいはその効力自体も就労の時期に発生するのかは，現在のところ必ずしも明確になっていない。

最高裁は，前掲大日本印刷事件では，就労始期付としていたが，その後の電電公社近畿電通局事件（最2小判昭55・5・30民集34巻3号464頁）では，効力始期付労働契約としている。もっとも，後者によっても，信条等を理由とする内定取消は，かりに労基法3条の適用がないとしても，民法90条による公序違反として無効と評価しうること，また内定中の解雇予告（労基20条）についても実際上の意義を見出しがたいから，さほどのちがいは生じない。

なお，採用内定者には，レポート提出あるいは研修参加に応じる義務が発生しているか否か，上記の研修等に対する報酬が労基法上の賃金にあたるか否か，さらには研修・実習中の負傷や疾病を業務上災害と認めうるか否かの問題があるが，ケースごとに判断すべきであろう（入社前研修への不参加等を理由とする採用内定の取消に関して前掲宣伝会議事件参照）。

6 試用期間

(1) 試用契約の法的性質

わが国のほとんどの企業は，確定的な雇用関係（本採用）に入る前に，労働者の職務能力，資質，性格等を判断するために，一定の試用期間を設けている。公務員の場合には，国公法59条，地公法22条が，6カ月間の条件附任（採）用期間をおくことを定めているが，民間企業の労働者についてはとくに法律上の定めはないから，その期間あるいは名称（試用，見習，試採用など）は，企業によりさまざまである。

上記のような試用期間を設けること自体は，法的に許容されるものと考えられる。試用期間の長さも使用者の裁量の範囲に属すると解しうるが，不当に長い場合，あるいは試用期間を何回も更新し，延長する場合には，公序違反ないし信義則違反として無効と評価さ

れる余地がある（ブラザー工業事件＝名古屋地判昭59・3・23労判439号64頁）。

　試用契約の法的性質は，必ずしも一律に論じえない。それは，①就業規則上の規定，②過去における本採用拒否の有無，③本採用に際しての特段の手続の有無，④試用者と本採用者の労働内容，待遇のちがい等を，総合して判断しなければならない。ただし，わが国における試用契約の多くは，正従業員として不適格と判断したときは本採用しないという，解約権（解雇権）を留保した期間の定めのない労働契約としての性質を有しているものと思われる。

　使用者が，労働者を採用するにあたり雇用契約に試用的な雇用の期間を設けた場合，上記期間の満了により上記雇用契約が当然に終了する旨の明確な合意が当事者間に成立している等，特段の事情のないかぎり，上記期間は契約の存続期間ではなく，試用期間であると解される（神戸弘陵学園事件＝最3小判平2・6・5民集44巻4号668頁参照）。なお，有期契約における試用期間については，本編第11章**1**⑤(4)参照のこと。

(2) 本採用拒否と正当性

　試用契約の法的性質が，期間の定めのない解約権留保付労働契約と解しうるときは，試用期間の満了をもって自動的に契約が終了するとみることはできず，使用者による本採用拒否の意思表示は，法的には解雇の意思表示と解されることになる。上の留保解約権の行使は，試用契約における解約権留保の趣旨，目的に照らし，客観的に合理的な理由が存し，社会通念上相当として是認されうる場合にのみ許される（前掲三菱樹脂事件）。ただし，この留保解約権に基づく解雇については，本採用後の解雇よりも相当とされる範囲が広いと解されている。なお，試用期間後に就くべき業務についての適格性不足等を理由とする試用期間中の解雇を適法と認めるものがある

（日本基礎技術事件＝大阪高判平24・2・10労判1045号5頁）。また，高いマネジメント能力を期待して高報酬の即戦力として中途採用された労働者の協調性を欠く言動，履歴書で申告していた経歴にも事実に反する不適切な記載があったこと等を理由とする本採用拒否が，解約権留保の趣旨・目的に照らして適法とされた事例（社会福祉法人どろんこ会事件＝東京地判平31・1・11労判1204号62頁）がある。

3　労働契約の締結と法的規制

1　概　説

　労基法は，労働契約の締結につき，その内容に一定の制約を課し，前近代的な労働関係の排除を目的とした規定をおいている。具体的には，①契約期間の制限，②労働条件の明示，③賠償予定の禁止，④前借金相殺の禁止，⑤強制貯金の禁止である。

2　労働契約の期間

(1)　期間の定めのある労働契約の意義

　労働契約に付款として期間が付いている場合，その契約は期間の途中で解約できないが，他方，期間が満了すれば解約告知を要せず終了することになる。なお，労契法第4章「期間の定めのある労働契約」では，期間の定めのある労働契約の期間途中での解約について，「やむを得ない事由がある場合でなければ」労働者を解雇できないとして，民法628条に関して議論のあったところを整理している（労契17条1項）。さらに，この1項の保護を，使用者が「必要以上に短い期間を定めることにより」潜脱することを防止するための規定が同2項に置かれている。

　従来，労働契約は，期間の定のないものを除き，一定の事業の完

了に必要な期間を定めるもののほかは，1年（労基14条各号のいずれかに該当する労働契約にあっては，3年）を超える期間について締結してはならない，とされてきた（旧労基14条）。長期の契約期間を認めると労働者の退職の自由を奪い，人身を拘束するおそれがあるというのがその理由である。

(2) 労働契約の期間と法的規制

労働契約の期間についての規制は，平成15（2003）年6月の労基法の改正で，多様な働き方を認め，雇用形態の多様化に対応する必要があるとの考え方に基づき，大幅に改められた。すなわち，①上限が1年から3年に延長され，その更新が認められるとともに，②高度の専門的知識，技術，経験を有する者の労働契約および満60歳以上の者との労働契約については，最長5年までの期間を付することが認められることになったのである（労基14条1項）。もっとも，①の場合は，労働契約の期間の初日から1年を経過した日以後は，労働者はいつでも退職することができるから（労基137条），1年を経過した後について契約期間の拘束は，片面的な形で存続することになる（②については，労基137条の適用はない。労基14条1項1号・2号）。

3 労働条件の明示義務

(1) 意 義

「使用者は，労働契約の締結に際し，労働者に対して賃金，労働時間その他の労働条件を明示しなければならない。この場合において，賃金及び労働時間に関する事項その他の厚生労働省令で定める事項については，厚生労働省令で定める方法により明示しなければならない」（労基15条1項）。明示された労働条件が事実と相違するときは，労働者に労働契約の即時解除権が与えられ（同2項），解除

の日から14日以内に帰郷する場合には，旅費が支給される（同3項）。この規定は，労働者が自己の労働条件の具体的内容を知らないで雇われることのないように配慮したものである。また，そのことが労働条件をめぐる労使紛争の予防と解決にも役立っている（パートタイマーの雇入通知書については，本編第12章**2**参照）。

(2) 明示の時期および内容

使用者が労働条件を明示しなければならないのは，労働契約の締結に際してである。新規学卒者の採用内定の場合における明示時期が問題となるが，採用内定通知により，効力始期付ないしは就労始期付解約権留保付労働契約が成立すると認めうるかぎり，内定時における明示が必要となる。しかし，この時点においては必ずしも確定的な労働条件の提示がむずかしい点もあるので，例外的にではあるが，就労開始時点において信義則に反しない限度における労働条件の変更は許容しうると解されている（八洲事件＝東京高判昭58・12・19労判421号33頁）。

使用者が明示しなければならない労働条件は，施行規則5条により定められている。具体的には，①労働契約の期間に関する事項，②期間の定めのある労働契約を更新する場合の基準に関する事項，③就業の場所・従業すべき業務，④始業・終業時刻等，⑤賃金の決定方法等，⑥退職，⑦退職手当・賞与等，⑧食費等，⑨安全・衛生，⑩職業訓練，⑪災害補償等，⑫表彰・制裁，⑬休職に関する事項となっている。

このうち書面によって明示しなければならない事項は，上記の①から⑥までに関する事項である（なお，⑤のなかの昇給に関する事項は除かれる）。

④ 賠償予定の禁止

(1) 違約金・損害賠償予定の禁止

「使用者は，労働契約の不履行について違約金を定め，又は損害賠償額を予定する契約をしてはならない」(労基16条)。

民法においては，債務不履行についての違約金や損害賠償額の予定は，契約自由の範囲内のものとして，立証の問題や紛争の予防という観点から，むしろこれを許容している (民420条)。しかし，労働関係においてこれを認めると，ともすれば労働者の退職の自由を事実上制約するおそれがあるため，労基法16条は，かかる契約を罰則つきで禁止したものである。もっとも，同条は，現実の損害の有無や程度を問わない一定の金額の支払いにつき，あらかじめ労働契約の内容とすることを禁止するものである。したがって，使用者は，現実に生じた損害については，労働者に賠償請求が可能であり，またかかる合意をすることは，同条違反を構成しない。なお，不法行為による損害賠償額の予定も，同条により禁止される。

(2) 留学費用の返還と労基法16条

会社が労働者の研修，訓練あるいは留学のための費用を負担する制度をおいている場合，一定の期間を勤務した者には費用の返済義務を免除するが，その勤務をしなかった者には，勤務の期間により返済義務を課したり返済額を決定したりする方法は，16条にいう違約金または損害賠償額の予定と判断される余地がある (昭23・7・15基収2408号)。しかし，留学終了後の勤務いかんにかかわりなく一般的に費用の返済方法が定められ，一定期間勤務した者に返済を免除する方法は，16条違反とは解されていない。これは，金銭消費貸借契約が締結され，その債務が免除されるものと理論構成されるわけである。実際の制度がいずれに属するかは，結局，契約内容自体によって決まるが，その判断基準は，当該制度が労働関係の継続を

労働者の意思に反して不当に強要するものか否か，という点に求めるべきであろう（河合楽器製作所事件＝静岡地判昭52・12・23労判295号60頁，サロン・ド・リリー事件＝浦和地判昭61・5・30労判489号85頁）。

なお，社員留学制度で留学し帰国後2年5カ月で退職した社員について，留学費用についての消費貸借契約が適法に成立していたとして退職者に対する留学費用の返還請求を認めたケースがある（長谷工コーポレーション事件＝東京地判平9・5・26労判717号14頁，明治生命保険事件＝東京地判平16・1・26労判872号46頁）。他方，海外研修終了後5年以内に退職したときは派遣費用を返済するという合意が労基法16条に違反するとされたケースでは，研修の実態が社員教育の一環であり，派遣費用も業務遂行の費用である点が重視されている（富士重工業事件＝東京地判平10・3・17労判734号15頁）。契約成立時に支給されたサイニングボーナスの返還請求も労基法16条に違反するとされている（日本ポラロイド事件＝東京地判平15・3・31労判849号75頁）。

その他，遅刻や無断欠勤を理由とする減給処分を定める就業規則，また退職金の一部または全部を退職事由（たとえば競業会社への就職）によって支給しない定めは，16条には違反しない（三晃社事件＝最2小判昭52・8・9労経速958号25頁）。

⑤ 前借金相殺の禁止

(1) 前借金と賃金との相殺禁止

「使用者は，前借金その他労働することを条件とする前貸の債権と賃金を相殺してはならない」（労基17条）。前借金相殺の方法は，芸娼妓契約にみられたように，労働者の退職の自由を事実上奪い，身体的拘束を招くことになりがちである。そこで労基法は，金銭貸借関係と労働関係とを切り離すことを目的として，前借金相殺禁止

の規定を設けたものである。

　労基法17条が禁止する相殺は，まず，「労働することを条件とする」前貸の債権であるが，これは，金銭貸借関係と労働関係が密接に関係し，身分的拘束を伴うものをいうと解されている。したがって，労働者が使用者からその人的信用に基づいて受ける金融は，貸付けの期間，金額，金利の有無等を総合的に判断して，労働することが条件となっていないことが明白であるかどうかが基準とされる（昭23・10・23基収3633号）。たとえば，住宅建設資金の貸付けの場合，それが労働者の要求に基づいた労働者の便宜のものであって，融資金額，期間，返済方法が合理的であり，返済前の退職の自由が保障されていれば，17条違反の問題は生じない。

(2) 相殺の意義

　相殺の意味について問題が生じる。相殺とは，おたがいに同種の債権，債務を有しているときに，これを対等額で消滅させることをいい，当事者の一方の意思表示によって効力を生じうる（民505条・506条）。この場合，相殺しようとする者の債権を自働債権といい，相手方の債権を受働債権という。労基法17条が禁止しているのは，使用者の前貸債権を自働債権とし，労働者の賃金債権を受働債権とする相殺である。したがって，労働者の賃金債権を自働債権とし，使用者の前貸債権を受働債権として労働者がなす相殺は，禁止の対象とはされていない。しかし，かかる相殺については，労働者が真の自由意思に基づいて行ったことが要件とされるべきである。

　なお，労働者の同意を得た「相殺」，すなわち相殺予約ないし相殺契約による「相殺」が，17条に違反するか否かが問題となる。民法上の相殺は単独行為であるのに対し，相手方の同意を得なす相殺は契約であるから，同条には違反しないという考え方が成立しうる。しかし，このように解すると，使用者による同意の強制という

可能性が強くなり，同条を設けた目的を達しえない心配が生ずる。そこで現在では，労働することを条件とするかぎり，相殺契約によるものも同条の禁止の対象となるとする考え方が多数である。もっとも，労働することを条件としない債権については，相殺契約は可能である（本編第4章**3**③参照）。

⑥ 強制貯金の禁止

(1) 意　義

「使用者は，労働契約に附随して貯蓄の契約をさせ，又は貯蓄金を管理する契約をしてはならない」（労基18条1項）。わが国では，盗難あるいは浪費の防止という理由により，使用者が労働者に賃金を貯蓄させ，自らが管理するという方法がかなり一般的にみられた。しかし，このような強制による方法は，労働者を拘束する手段となりやすく，また経営状態が悪化してきた場合，預金の払戻しそのものが不可能となってしまう危険性がある。そこで労基法18条は，使用者に対し，強制的な貯蓄金の管理を禁止し，任意貯蓄の形で行われるときでも，一定の要件を満たすことを要求している。

(2) 強制貯金の禁止

まず，「労働契約に附随して貯蓄の契約をさせ」るとは，雇入れの条件として貯蓄契約をすること，また雇入れ後においても，雇用継続の条件として貯蓄契約をすることを意味する。次に，「貯蓄金を管理する」とは，使用者自らが貯蓄金を管理することのほかに，銀行や郵便局に労働者名義で預金し，その通帳や印鑑を保管することも含まれる。

(3) 任意貯金の管理

労働者の貯蓄金をその委託をうけて管理すること，すなわち任意貯蓄制度（社内預金等）を設けることは，次の要件を満たすかぎり

許容される。すなわち，①過半数労組もしくは過半数労働者代表との間における貯蓄金管理についての書面協定の締結と，労働基準監督署への届出（労基18条2項），②貯蓄金管理規程の作成と，労働者への周知（同3項），③貯蓄金に厚生労働省令で定める利率による利子をつけること（同4項，預金利率省令2条），④貯蓄金の返還請求があったときは，遅滞なく返還すること（労基18条5項），預金管理状況を毎年，報告すること（労基則57条3項）である。

(4) 賃金確保法と社内預金

賃金確保法は，社内預金についての保全措置を定めている（本編第4章**6**参照）。

4 　労働契約上の権利・義務

1 意　　義

労使間における具体的な権利・義務の内容は，①個別的交渉，②慣行，③就業規則，④労働協約，⑤法令，⑥信義則等によって定まるものである。したがって，権利・義務の内容は，企業，職種あるいは労働者ごとに異なるものであり，これを一律に論じることはできない。ここで労働契約上の権利・義務といっているのは，労働契約の締結によって生じる基本的な内容，換言すると，労働契約の締結により，黙示的に契約内容になったと解される権利・義務のことを意味している。

2 労務の提供と報酬の支払い

(1) 労働義務

労働契約が締結されることにより，労働者は，労務を提供する義務（労働義務）を負い，使用者は，報酬ないし賃金を支払う義務を

負う。労働の質と量，賃金の額は，先述した就業規則その他によって具体化される。労働者は，これによって与えられた使用者の指揮命令権の範囲内において，自らの労働に専念し，かつ誠実に労働しなければならない。

(2) 就労請求権

使用者が労働者に現実の労働を付与すべき義務を負うのは，その旨の特約の存在あるいは労働者が特別の技能者であることその他特別の事情が認められる場合にかぎられる。労働者の立場からみると，就労請求権の存否という問題であり，この就労請求権を労働権等を根拠に一般的に肯定すべき考え方もないではない。

裁判例では，労働者は，労働契約等に特別の定めがある場合または業務の性質上労働者が労務の提供について特別の合理的な利益を有する場合を除いて，一般的には就労請求権を有しないとしている（読売新聞見習社員事件＝東京高決昭33・8・2労民集9巻5号831頁）。これに対して，原則と例外を逆転させて，労働者が賃金の支払いのみを受ければ足り，就労自体をとくに望んでいないような特別の事情のある場合，もしくは労働者が懲戒処分を受けるなどして使用者に対して就労を請求しえないような場合を除いて，一般に労働者は使用者に対して就労を請求する権利をもつとするものもある（高北農機事件＝津地上野支決昭47・11・10判時698号107頁）。しかし，現行法のもとにおいては，使用者が賃金を支払うかぎり，原則として労働契約上の義務を履行しており，先述のように例外的にのみ労働付与義務が肯定されると解すべきである。

なお，就労請求権が認められる場合でも，裁判所における救済方法として，任意の履行を求めるにとどまるのか，間接強制まで可能かが問題となる。

(3) 職務発明

　労働者の職務発明について，特許権の帰属を争い，また，特許法35条の「相当の対価」を請求する事例で，裁判所は，勤務規則等により職務発明について特許を受ける権利等を使用者に承継させた従業員は，当該勤務規則等に定められた対価の額が同条4項の規定に従って定められる対価の額に満たないときは，同条3項の規定に基づき，その不足する対価の支払いを求めることができるとしている（オリンパス光学工業事件＝最3小判平15・4・22民集57巻4号477頁，日亜化学工業事件＝東京地中間判平14・9・19労判834号14頁，同事件＝東京地終局判平16・1・30労判870号10頁）。なお，上の日亜化学工業事件の終局判決は，職務発明についての「相当の対価」として200億円および遅延損害金の支払請求を認めるものであるが，その間，特許法35条の改正が行われ，職務発明の特許を受ける権利または特許権等の承認の対価については，当事者間における自主的な対価についての定めを原則として尊重するものとされ，対価について当事者間において自主的に定めていない場合，あるいは自主的に定めたところにより対価を支払うことが不合理な場合には，訴訟において「相当の対価」が算定されることになった（平成17〔2005〕年4月1日施行）。「相当の対価」算定の考慮要素として，①その発明により使用者等が受けるべき利益の額，②その発明に関連して使用者等が行う負担，貢献，従業者等の処遇，③その他の事情があげられている（特許35条5項）。

　なお，職務発明の特許権について，企業に属するとしたうえで，職務発明を行った労働者に対する発明報奨を企業に義務づける趣旨の特許法の改正が平成27（2015）年の通常国会で成立した。策定された社内報奨に関するガイドラインでは，報奨として金銭支給だけではなく，昇進，留学，研究資金の付与等も可能とされた。

③ 職場規律の維持

　労働者は，労働契約の締結により，企業運営上欠かすことのできない規律を乱してはならないという義務（企業秩序維持義務ないしは職場規律維持義務）を負う。ただし，この義務は無定量なものではなく，合理的範囲においてのみ認められるものである。具体的には，企業秩序違反としてなされた懲戒処分の効力をめぐって，判断されることになる（本編第10章❷参照）。

④ 誠実義務・配慮義務

　労働契約は，継続的債権関係であり，同時に人的結合関係の強いものであり，当事者間の信頼関係がその契約関係を維持していくうえで，重要な役割を果たす。このことから，使用者は，労働者に対する誠実・配慮義務として，たとえば労働者の生命と健康を維持するよう配慮すべき義務（安全配慮義務ないしは安全保護義務，労契5条）を負う（労災民事損害賠償については本編第8章❷参照）。

　他方，労働者も，誠実義務として，具体的には，企業秘密保持義務，競業避止義務，企業の財産に損害を与えない義務，あるいは企業の名誉・信用を毀損しない義務等を負う（かかる義務違反に対する懲戒処分の効力については本編第10章❷参照）。

⑤ 社会保険被保険者資格の届出義務

　労働者を雇用した使用者は，健康保険法，厚生年金保険法など社会保険各法に基づき，雇用した労働者の被保険者としての届出を行う義務がある。この義務の不履行に関して，裁判例では，使用者は，雇用契約の付随義務として，信義則上，本件被保険者資格の取得を届け出て，労働者が老齢厚生年金等を受給できるように配慮すべき義務を負うものであり，この義務は，単に公法上の義務にとどまる

ものではない，厚生年金保険法，雇用保険法の使用者の被保険者資格取得に関する届出義務違反が債務不履行または不法行為を構成するとしている（大真実業事件＝大阪地判平18・1・26労判912号51頁）。また，社会保険資格取得届出義務に違反した使用者が労働者に損害賠償義務を負うとされた事例があり（豊國工業事件＝奈良地判平18・9・5労判925号53頁），健康保険法，厚生年金保険法が事業主に対して被保険者の資格取得について各保険者への届出を義務づけたのは，社会保険制度への強制加入の原則を実現するためであり，強制加入の原則は，保険制度の財政基盤を強化するにとどまらず，当該事業所で使用される特定の労働者に対して保険給付を受ける権利を具体的に保障する目的をも有するとして，事業主がこのような届出義務を怠ることは，被保険者資格を取得した当該労働者の法益を直接侵害する違法なものであり，労働契約上の債務不履行を構成するとしている。なお，労使当事者の間で合意があってもそれで当然に届出義務の懈怠が正当化されるわけでもないとした。

6 競業避止義務

(1) 競業避止義務の内容・根拠

最近，労働者の中途退職との関連で退職後の競業避止義務の存否あるいはその範囲，競業差止め請求の可否等が問題となるケースが数多く登場してきている（東京学習協力会事件＝東京地判平2・4・17労判581号70頁，東京リーガルマインド事件＝東京地決平7・10・16労判690号75頁等）。

競業避止義務とは，通常，使用者と競業関係に立つ企業に就職したり，競業関係に立つ会社を立ち上げたりしない義務をいう。労働者が在職中に競業避止義務を負うことについてはほとんど異論はないが，退職後にいかなる根拠，範囲で競業避止義務を負うかについ

ては種々の見解がある。

(2) **裁 判 例**

　裁判例では，当該使用者のみが有する特殊な知識について，それを知りうる立場にある者に秘密保持義務を負わせ，その秘密保持義務を実質的に担保するために退職後の一定期間について，競業避止義務を負わせることは適法・有効であるが，競業の制限が合理的範囲を超え，労働者の職業選択の自由を不当に拘束する場合には，公序良俗に反し無効となるとしたうえで，その合理的範囲を確定するにあたっては，制限の範囲，場所的範囲，制限の対象となる職種の範囲，代償の有無等について，企業側の利益（企業秘密の保護），労働者の不利益（就職，転職の不自由），社会的利害（独占集中の惧れ，一般消費者の利害）の3つの視点に立って慎重に検討すべきであるとしている（フォセコ・ジャパン・リミティッド事件＝奈良地判昭45・10・23判時624号78頁）。この点，競業避止義務に関する誓約書の解釈に関して，アートネイチャー事件＝東京地判平成17・2・23（労判902号106頁）は，退職後の競業避止義務に関する合意は，その性質上，十分な協議もなされず，また従業員の有する職業選択の自由等を著しく制約する危険性を常にはらんでいることから，競業避止義務の範囲は，従業員の競業行為を制約する合理性を基礎づける必要最小限度の内容に限定してその効力を認めるべきであるとして合理的限定解釈の手法を採用し，合理性を基礎づける必要最小限度の内容の確定にあたっては，従業員が就業中に実施していた業務の内容，使用者が保有している技術上・営業上の情報の性質，使用者の従業員に対する処遇や代償の程度等諸般の事情を総合して判断すべきであるとしている。

　また，使用者の利益のために行動する義務がある被用者が，自己または競業会社の利益を図る目的で，職務上知り得た販売価格を競

業会社に伝えるとともに，競業会社を顧客に紹介したり，競業会社が使用者の協力会社であるかのように装って競業会社に発注させたり，上司に競業会社がより安い価格で顧客と契約を結ぶ可能性があることを報告しなかった場合，（従業員としての）雇用契約上の忠実義務に違反するとともに，会社社の営業上の利益を侵害する違法な行為であったとして，従業員の損害賠償責任を肯定している（エープライ事件＝東京地判平15・4・25労判853号22頁）。

さらに，基幹社員が在職中に競業会社を設立してその取締役に就任していたこと等を理由に退職金の不支給を適法とするものがある（ピアス事件＝大阪地判平21・3・30労判987号60頁）。

なお，量販店の店長であった労働者が退職に際して作成した誓約書（退職後，最低1年間は同業者・同業種へ転職しないことを誓約する，違反する行為を行った場合は，会社から損害賠償他違約金として退職金を半額に減額するとともに，直近の給与6カ月分に対して法的措置を講じられても異議を申し立てない旨の誓約書）違反を理由とする会社の損害賠償（違約金）請求が，退職金の半額と給与1カ月分相当額の範囲で一部認められた事例がある（ヤマダ電機事件＝東京地判平19・4・24労判942号39頁）。元の従業員が競業会社を立ち上げて顧客を奪った行為につき，元の使用者が損害賠償を請求した事案（競業避止特約はなし）で，本件では，営業秘密の利用や信用をおとしめる等の不当な行為はなく，その他の事情を考慮しても社会通念上自由競争の範囲を逸脱した違法なものとはいえず，また，不法行為にも信義則上の競業避止義務違反にもあたらないとしている（三佳テック事件＝最1小判平22・3・25民集64巻2号562頁）。

(3)　不正競争防止法と「営業秘密」

平成2（1990）年に不正競争防止法が改正され，「営業秘密」（不正競争2条4項）の保護が導入された。したがって，「営業秘密」を

正当な権限なく使用することは，不正競争として禁止されることになった。故意または過失による不正競争によって営業上の利益を侵害された者は損害賠償を請求することができ（不正競争4条），また，不正競争によって営業上の利益を侵害され，または侵害されるおそれがある者に対して差止めを請求することができることになった（不正競争3条1項）。

⑦ 使用者に対する申告義務

コンビニエンスストアのような店で店員として勤務する従業員は，雇用契約上の具体的義務として，客による万引きを防止する等の防犯義務を負担するほか，信義則に基づく誠実義務として，雇用主に経営上の損害を与えないように配慮すべき義務，すなわち，自ら店の商品を盗取するなどの不正行為をしないことはもとより，他の従業員による不正行為を発見したときは，雇用主にこれを申告して被害の回復に努めるべき義務をも負担するのであり，他の従業員による不正行為を発見しながらこれを雇用主に申告しないで被害の発生を放置した場合には，その不作為が前記の誠実義務に違反する債務不履行を構成するだけではなく，その不作為によって他の従業員による不法行為（不正行為）を容易にしたものとして，不法行為に対する幇助が成立する（さえき事件＝福岡地小倉支判平10・9・11労判759号72頁）。

⑧ 労働者のプライバシー保護

(1) 労働関係とプライバシー

使用者は，業務上の合理的理由なしに，労働者の私的領域への干渉を抑止しなければならない。裁判例でも，使用者は，被用者のプライバシーに属することについて，これを侵害することは許されないとして，当該被用者がHIVに感染しているという情報を得た場

合でも，これをみだりに第三者に漏洩することはプライバシーの権利の侵害として違法となるとしている（HIV 感染者解雇事件＝東京地判平 7 ・ 3 ・30労判667号14頁）。HIV 感染に関する情報について，事業遂行上その検査を必要とする場合であっても，検査内容とその必要性を本人にあらかじめ告知したうえで，その同意を得て行うべきであり，その条件を満たさない場合は違法となる（T工業事件＝千葉地判平12・ 6 ・12労判785号10頁）。

(2) **メールの私的使用・利用**

　メールの私的使用に関しても，被用者のプライバシー保護が問題になるケースが少なくないが，裁判例では，社員への誹謗中傷メールが送られてきたきた事件の発信者調査の過程で，送信者として疑いをかけられた社員に対する調査，その調査の過程で発見されたファイルサーバー上の多量の私用メール等の個人情報について，調査の態様等が社会的に許容しうる限度を超えている場合には違法となるが，調査は，業務に必要な情報を保護する目的で会社が所有・管理するファイルサーバー上のデータ調査であり，会社に持ち込まれた私物を保管させるためのロッカー等のスペースとは異なり，業務に関連する情報が保存されていると判断されるものであるから，その調査は，社会的に許容しうる限度を超えて労働者の精神的自由を侵害した違法な行為とはいえないとしている（日経クイック情報事件＝東京地判平14・ 2 ・26労判825号50頁）。

9 **兼職規制**

　多くの企業では，就業規則で兼職（副業）規制をおいている。違反すれば場合により懲戒処分が予定されている（本編第10章**2 4**参照）。就業規則に労働者の兼職について許可制を定めるケースもある。ある裁判例で，労働者は勤務時間以外の時間について事業場の

外で自由に利用することができ，使用者は，労働者が他の会社で就労（兼業）するために勤務時間以外の時間を使うことを原則として許さなければならないが，労働者が兼業することによって，労働者の使用者に対する労務の提供が不能または不完全になるような事態が生じたり，使用者の企業秘密が漏洩する等経営秩序を乱す事態が生じることもありうるから，このような場合にのみ例外的に就業規則をもって兼業を禁止することが許されるとし，使用者が上記の点について合理的判断を行うために，労働者に兼業の許可を申請させ，その内容を具体的に検討するために兼業の許可制を就業規則で定めることも許されるとしたうえで，労働者の申請について，アルバイト兼業による業務（トラック運転）に対する支障の有無を検討し使用者によるアルバイト就労の不許可が違法であるとして損害賠償を認める例がある（マンナ運輸事件＝京都地判平24・7・13労判1058号21頁）。

　しかし，他方，働き方改革で，柔軟な働き方が推奨され，兼業・副業を認める方向が打ち出され，従来の兼職規制も適正な見直しが迫られている。職業選択の自由（憲22条1項）の趣旨からしてもその必要性は高い。

⑩　労働者に対する使用者の損害賠償請求

　民法上の原則からすれば，労働者が職務遂行の過程で違法に使用者に損害を与えた場合には，労働者は使用者に賠償義務を負うことになる。しかし，賃金で生活している労働者にとって使用者からの損害賠償請求は，場合によりきわめて苛酷な負担となる。このため，判例では，このようなケースについて使用者は，その事業の性格・規模，施設の状況，被用者の業務の内容，労働条件，勤務態度，加害行為の態様，加害行為の予防もしくは分散についての使用者配慮

の程度等の事情に照らして，損害の公平な分担という見地から，信義則上相当と認められる範囲・限度でしか労働者に対して損害賠償の請求をすることができないとしている（茨城石炭商事事件＝最1小判昭51・7・8民集30巻7号689頁）。

　いわゆる「逆求償」（被害者に自ら損害賠償を支払った被用者の使用者に対する求償）が問題になった事例もある。Y社の業務執行中の交通事故により加害者に直接，車両賠償を支払った被用者Xが，使用者に対して逆に求償することができるか否か，その範囲が争われた事例（信州フーズ事件＝佐賀地判平27・9・11労判1172号81頁）で，1審（鳥栖簡易裁判所）は，逆求償について，使用者から被用者に対する損害の賠償請求権（または求償の請求）を制限することを肯定する理論構成とパラレルに理解されるべきであると述べて，本件の場合，Xは負担した損害賠償額の7割程度の額を逆求償できるとした。控訴審においても，上記茨城石炭商事事件の最高裁判決を引用した上で，本件については，YがY車両の損傷により直接被った損害のうち，Xに対して賠償を請求できる範囲は，信義則上，その損害額の3割を限度とするのが相当であるとし，1審の判断を是認した（なお，Yの上告について，福岡高裁は，平成28年2月18日，「原審が適法に確定した事実関係のもとでは，原審の判断は正当として是認できる」として，棄却している）。Yは，任意の対物損害賠償保険および車両保険契約を締結しておらず，危険分散の存置を講じていなかったことも指摘されている。

　別の事件で，最高裁も，損害の公平な分担の観点から，逆求償を認め，それを否定した原審を破棄し原審への差戻しを命じている（福山通運事件＝最2小判令2・2・28民集74巻2号106頁）。

5 配転・出向・転籍

① 意　　義

　一般的にわが国の企業においては，配転，出向あるいは転籍は，人事・労務管理上の欠かすことのできない方策となっている。これを労使双方の側からながめてみると，およそ次のような評価が可能である。

　第1に，企業側からみると，配転や出向等による人事政策は，ジョブ・ローテイションによる人事の停滞を防ぎ，個々の労働者の能力を開発して，適材適所への配置を可能にし，また経営全体を鳥瞰できる人物を育成することによって，企業の活性化と成長を図っていく役割を有している。

　第2に，わが国では，配転・出向は，企業の経営不振あるいは経済全体の不況期において，雇用調整の機能を果たしてきた。すなわち解雇を回避するために，弾力性のある人事配置の方策として，配転・出向が用いられてきたわけである。わが国の特色ある雇用慣行といわれる終身雇用（長期雇用システム）の維持にあずかって力が発揮されてきたのである。

　第3に，労働者側からみると，配転・出向のたびにポストが上昇するのが通常であったから，これが大きな魅力でもあるが，他方で，職種，勤務場所あるいは仕事の指揮命令者の変更によって種々の負担が生じてくる。単身赴任がその典型である。使用者の配転命令権あるいは出向命令権の法的根拠とその限界が重要な課題となるのも，労働者にこのマイナス効果が生じるからである。

② 配　転

(1)　配転命令権の法的根拠

(a)　包括的合意説と労働契約説　　現在における裁判例および学説においては，配転命令権の法的根拠を包括的合意説もしくは労働契約説によって説明するというちがいは残るものの，いずれも労働契約に基づき一定範囲の命令権が使用者に存するとの考え方が，ほぼ定着している。

上の包括的合意説とは，労働契約の締結により，労働者は使用者に対して，自らの労働力の処分を委ねるという包括的な合意を与え，使用者はこれに基づき職種や勤務場所を命じることができる，と配転命令権を法的に構成する考え方である。上の配転命令権は形成権であり，それが権利濫用と評価される場合には，配転命令は無効ということになる。もっともこの説も，職種や勤務場所が特約された場合は，それが合意内容となることを認めている。

これに対し労働契約説とは，使用者が配転命令できるのはあくまで当該労働契約によって合意された範囲内のものであり，この範囲外にあるときは「命令」ではなくて契約内容変更の申入れであり，労働者の同意を必要とする，と法的に構成する考え方である。この説は，包括的合意説が，労働者は「原則として」労働力の処分を使用者に包括的に委ねると構成する点に疑念を示すものである。

(b)　両説の異同　　両説の機能が問題となるが，わが国の雇用慣行に照らしてみると，実は両説のちがいはほとんど生じてこないことがわかる。すなわち，大卒等のホワイトカラーの場合には，職種や勤務場所を特定しないのが通常であるから，労働契約説に依ってみても，結果は，包括的合意説と配転命令権の限界は等しくなる。他方，アナウンサー，タイピストあるいはプログラマーという職種を特定して雇用された場合は，いずれの説においても，それぞれの

職種以外への配転「命令」は，契約変更の申入れと解されることになるのである。しかし，今後は，スペシャリスト重視の必要性もあり，職種別採用の例が増加すると予想され，ゼネラリストについての従来のような配転とは異なる問題も生じてこよう。また，職種の変更によって賃金額が増減するような配転命令の効力の問題も検討する必要がある。

　結局，契約法のレベルでは，第1に，労使間で採用にあたって職種や勤務場所が特定されたか，あるいはその後特定されたと認めうる事情があるか否かを判断し，第2に，配転を行う業務上の必要性と，配転によって労働者が蒙る不利益を比較衡量したうえ，権利濫用と評価しうるか否かという視点に基づいて，配転命令権の限界を考えているといえよう。

(2)　配転命令権の限界

　(a)　**労組法7条違反**　　配転命令が労組法7条の禁止する不当労働行為にあたるときは，その命令は許容されない（不当労働行為については第4編第7章**3**参照）。

　(b)　**均等待遇違反**　　配転命令が当該労働者の国籍，信条もしくは社会的身分を理由とするときは，無効もしくは不適法とされる（労基3条。なお，女性であることを理由とする配置の差別的取扱は，均等6条違反となる。本編第2章**5**③参照）。

　(c)　**人事協議条項違反**　　使用者と労働組合との間で配転に関する人事協議に関する協定が存在するときは，協議のいかんによっては，配転命令が無効もしくは不適法と判断される可能性がある。

　(d)　**労働契約による限界**　　労働契約の締結のさいに職種や勤務場所が特定されている場合は，その範囲内においてしか配転を命令することはできない。特定の有無の判断作業においては，契約の文言，採用試験の内容，採用後の訓練内容等が重要な要素となる。他

方，その後の一定期間にわたる同一職種への従事それ自体によっては，それが契約内容になったと判断するのはむずかしいであろう（日産自動車村山工場事件＝最１小判平元・12・７労判554号６頁）。

　勤務場所についても，上の場合と基本的には同一に考えてよいが，とくに主婦やパートタイマー等については，暗黙の了解により勤務場所が特定されていたと解される可能性が大きいであろう。

　なお，総合職として採用された女性を能力，適性等を理由に一般職に配転することについては，契約内容の変更の問題が生じる。また，降格処分として職種変更の配転ができるか否かは，懲戒規定の内容，降格処分の具体的中味いかんに応じて慎重に検討されるべきである（金剛自動車事件＝大阪地決平２・７・16労判595号80頁は，タクシー運転手からバス操車係への懲戒処分としての配転を有効とする）。

　(e)　**権利濫用**　　配転により生じる労働者の不利益と業務上の必要性とを衡量して，前者の程度が通常甘受すべき程度を超えるときは，当該配転命令は権利濫用にあたり，無効あるいは不適法なものと判断される（東亜ペイント事件＝最２小判昭61・７・14労判477号６頁）。上の東亜ペイント事件最高裁判決は，①業務上の必要性が認められない場合，②業務上の必要性が認められても，ⓐ不当な動機・目的による場合，ⓑ労働者に著しい不利益が発生する場合には，権利濫用となるとの判断基準を示している。単なる単身赴任は，著しい不利益とはいえないとの考え方をとっている（帝国臓器製薬事件＝最２小判平11・９・17労判768号16頁）。なお，前掲東亜ペイント事件最高裁判決は，業務上の必要性が存する場合，配転対象者の選定については余人をもって替えがたいという点までは必要ないとしている。

　(f)　**賃金の大幅な減額を伴う配転**　　裁判例では，月額66万円から26万円の賃金減額を伴う配転について，配転によって業務が軽減されるとしても，一方的な賃金減額を正当化する特段の事情はない

として上記減額を無効とするものがある（西東社事件＝東京地決平14・6・21労判835号60頁）。また，職務内容が営業職から営業事務職へ降格配転され，それに伴い賃金が半分以下になったケースで，給与等級の降格については，降格の客観的合理性を厳格に問うべきで，労働者の適性，能力，実績等の労働者の帰責性の有無，およびその程度，降格の動機および目的，使用者側の業務上の必要性の有無およびその程度，降格の運用状況等を総合的に考慮して，従前の賃金からの減少を相当とする客観的合理性がないかぎり，当該降格を無効とすべきであるとするものもある（日本ガイダント事件＝仙台地決平14・11・14労判842号56頁）。

さらに，東亜ペイント事件の最高裁判決（前掲最2小判昭61・7・14）を前提としつつ，大阪営業部から大阪倉庫への大幅な賃金の減額を伴う配転を違法・無効としたものとして新和産業事件＝大阪高判平成25・4・25労判1076号19頁がある。本件では，不当な動機および目的について，被告Y社は原告Xが退職勧奨を拒否したことに対する報復として退職に追い込むため，また合理性に乏しい大幅な賃金減額を正当化するために本件配転命令をしたことが推認されるとして，本件配転命令は，業務上の必要性とは別個の不当な動機および目的によるものであるとしている。また，賃金をこれまでの2分の1以下へと大幅な減額を行うことは，Xに対して，通常甘受すべき程度を著しく超える不利益を負わせるものであるとし，本件配転命令を権利の濫用により無効であるとしている。

(g) **子の養育・介護との関連**　育児・介護休業法は，就業場所の変更を伴う配転に際して，労働者の子の養育または家族の介護の状況を配慮することを義務づけている（育児・介護休業26条）。裁判例においても，こうした点を考慮して，配転の適法性を判断するものがある（ネスレ日本〔配転本訴〕事件＝大阪高判平18・4・14労判915号60頁）。

なお，3歳児を保育園に預けて働いている共働きの女性に対する，東京都目黒区所在の本社から八王子市の事務所への異動命令につき，業務上の必要性があり，不当な動機・目的が認められず，またこれによって同人が負うことになる不利益は必ずしも小さなものではないが，通常甘受すべき程度を著しく超えるまでとはいえないとして，権利の濫用が否定された事例がある（ケンウッド事件＝最3小判平12・1・28労判774号7頁）。

　(h)　**職種限定の合意がある場合**　　損害保険の契約募集等に従事する外勤の正規従業員の労働契約が職種限定の合意を伴うものとされながら，職種限定の合意がある場合，使用者は，原則として労働者の同意がないかぎり，他職種への配転を命じることはできないが，労働契約関係が継続的に展開される過程をみてみると，社会情勢の変動に伴って職種限定の合意のある当該職種を廃止せざるをえなくなるなど，やむなく他職種に配転する必要性が生じるような事態が起こることも否定しがたいのであり，「このような場合に，労働者の個別の同意がない以上，使用者が他職種への配転を命ずることができないとすることは，あまりにも非現実的であり，労働契約を締結した当事者の合理的意思に合致するものとはいえない」とする事例がある（東京海上日動火災保険〔契約係社員〕事件＝東京地判平19・3・26労判941号33頁）。本件では，結論として，他職種への配転によって労働者の被る不利益が大きく，職種変更に正当性は認められないとした。

③　出　　向

(1)　出向命令の法的根拠

　出向とは，労働者が自己の雇用先における従業員としての地位を保持しつつ，他の企業においてその指揮命令に従って労務を提供し，一定期間の経過後，元の地位に復することをいう。したがって，出

向元企業と出向先企業における出向についての合意が前提となる。

　民法625条1項は「使用者は，労働者の承諾を得なければ，その権利を第三者に譲り渡すことができない」と定めており，一般に，出向についてもこの規定の適用があると解されている。したがって，出向命令は労働者の承諾がないかぎり，その効力は認められないこととなる。ただし，問題は，上記の承諾が出向のさいの個別的同意にかぎられるのか，あるいは事前のかつ包括的な同意でも足りるかである。この点，従来の学説は，前者の立場をとるものが多数であった。しかし，最近では，一定の要件のもとで事前の包括的合意があれば，出向を適法に命じることができるとする裁判例や学説が有力である（ゴールド・マリタイム事件＝大阪高判平2・7・26労判572号114頁，新日本製鐵〔日鐵第2運輸〕事件＝最2小判平15・4・18労判847号14頁，昭和60〔1985〕年および平成5〔1993〕年「労働基準法研究会報告書」参照）。ただし，出向の手続や条件を明確にすることが必要である。なお，労契法では，使用者に出向命令権が認められる場合であっても，当該出向命令が「その必要性，対象労働者の選定に係る事情その他の事情に照らして」権利濫用と認められる場合には，無効となる旨規定している（労契14条）。出向命令権の限界を画するものである。

(2)　出向命令権の限界

　出向については，出向時の労働者による個別的同意を必要と解するときは，とくに出向命令権の限界を検討するまでもない。しかし，事前の包括的合意を許容する立場からは，この問題が重要となる。

　第1に，事前の包括的合意は，黙示ではなく明示のものでなければならないであろう。また，一般的には，出向元と出向先の関係が密接であることおよびありうる出向先会社があらかじめ特定されていることが望ましい。この点，甲社およびそれと実質上同一企業

グループを構成する系列会社2社の一括求人申込みに応じて本社採用資格社員として採用され，甲会社の従業員となった者に対する系列会社である乙会社への出向命令につき，甲会社は採用時において本社採用資格社員は将来上記3社間を社内異動と同一の手続で異動を命じられる旨の説明をなし，労働者の承諾を得ていたとして，上記系列会社への出向につき包括的同意を得ていたとされた事例がある（興和事件＝名古屋地判昭55・3・26労民集31巻2号372頁）。

第2に，第1の要件が満たされていたとしても，出向を命ずる業務上の必要性，出向対象者の選定の適正さ，労働者が被る不利益の程度，出向者への説得の努力等を勘案して，出向命令が権利濫用にあたると解される可能性がある。なお，第3に，配転と同様に労組法7条違反，労基法3条，均等法6条違反および人事協議条項による制約が伴う。

(3) 出向中の労働関係

出向労働者は，出向元および出向先の双方との間で労働契約関係を維持する。ただし，出向先において労務提供を行う限度において，出向元の労働義務は免除される。賃金の負担あるいは懲戒権の帰属等については，出向元と出向先における合意による。解雇および懲戒解雇権のような労働契約の根幹にかかわる権利は出向元に留保されるのが通例である（岳南鉄道事件＝静岡地沼津支判昭59・2・29労判436号70頁）。また，同一の非行を理由として，出向元および出向先から同時に懲戒処分を受けることもありうる（勧業不動産・勧業不動産販売事件＝東京地判平4・12・25労判650号87頁）。

出向期間が満了すると，原則として，出向元における地位に復する。出向中，出向元から復帰命令が出されたときは，特別の事情のないかぎり，労働者はそれに従わなければならない（古河電気工業事件＝最2小判昭60・4・5民集39巻3号675頁）。

労基法や労安法の適用対象としての使用者ないし事業主の問題については，具体的事案に即した個別的な判断が必要であり，出向元および出向先の使用者ないし事業主が，出向労働者に対して有している権限と責任に応じて，その適用対象とされる。なお，労災保険の適用に関しては，出向先が使用者（事業主）とされる。

④ 転　籍

転籍は，移籍出向とも呼ばれることがある。自己の雇用主との労働契約関係を終了させて，他の企業（転籍先）の従業員となることをいう。転籍元との関係については，転籍先との労働契約成立が条件とされているとみられる場合がある（生協イーコープ・下馬生協事件＝東京地判平5・6・11労判634号21頁）。また，移籍元企業への復帰を予定した移籍出向も存在する（京都信用金庫事件＝大阪高判平14・10・30労判847号69頁）。

転籍命令の法的根拠とその要件については，出向の場合以上に厳格に解すべきと思われる。ただし，裁判例では，転属先の子会社の実態や，実際上の取扱等に着目して，配転に準じて，事前の合意による転籍命令を許容したものがある（日立精機事件＝千葉地判昭56・5・25労判372号49頁）。

⑤ 会社分割と労働契約承継法

(1) 労働契約制定の意義

平成12（2000）年の商法の改正によって会社がその営業の全部または一部を他の会社に包括的に承継させる会社分割制度が導入され，これによって従来よりスムーズに会社分割を行うことができることになったが，この制度によって，上の会社分割に伴って労働者の地位がどのように影響を受けるかが新たな問題として提起されること

になった。平成12（2000）年に成立した労働契約承継法は、労働者保護の観点から、労働契約の承継等についての特例・ルールを定めたものである。

(2) 労働契約承継のルール

同法では、労働契約の承継についてのルールを次のように定めている。まず、「承継される営業に主として従事する労働者」については、分割計画書等に労働契約が承継される旨の記載があれば、その労働者の個別の同意なしに、その労働契約は設立会社等に承継される（承継3条）。分割によって「承継される営業に主として従事する労働者」が承継されない場合には、当該労働者は当該分割会社に対して書面で異議を申し出ることができ、異議を申し出たときは、その労働契約は設立会社等に承継される（承継4条）。これに対して、「承継される営業に従として従事する労働者」の労働契約が承継される旨の記載が分割計画書等にあれば、この労働者は異議を申し出ることができ、異議を申し出たときは、その労働契約は設立会社等に承継されない（承継5条）。承継される営業に主として従事するか従として従事するかは、場合により判断が難しいことがあり、この点の判断を容易にするために指針が定められている（平成12年労告127号）。なお、会社の分割は、当該分割会社で雇用される労働者全員に何らかの形で影響を与えることになる。この点を考慮して、同法は、当該分割会社に労働者の理解と協力を得るように努めるべき努力義務を課している（承継7条、承継則4条）。この7条措置は、過半数労働組合、労働者代表等との協議を意味する（指針4(2)参照）が、分割会社は、さらに承継される事業に従事する労働者とは事前に協議しなければならない（商法等改正附則5条1項）。なお、最高裁は、上記5条協議が行われた場合であっても、分割会社からの説明や協議が著しく不十分であって、法が5条協議を求めた趣旨に反

することが明らかなような場合には，当該労働者は承継法3条の定めた労働契約承継の効果を争うことができるとしている（日本アイ・ビー・エム事件＝最2小判平22・7・12民集64巻5号1333頁）。

(3) 労働契約承継法と労働協約

　労働協約については，規範的部分（労働者の労働条件・待遇に関する部分）と債務的部分に分けて考えなければならない。規範的部分に関しては，分割会社は当該分割後もなお当該労働協約の当事者たる地位にとどまるが，当該労働組合の組合員に係る労働契約が設立会社等に承継される場合は，当該設立会社等と当該労働組合との間で同一の内容の協約が締結されたものとみなされることになっている（承継6条3項）。労働協約中の債務的部分については，分割計画書等に分割会社と労働組合との間で締結されている労働協約のうち設立会社等が承継する部分（組合事務所の貸与，在籍専従の処遇等に関する規定等）を記載することができ，分割会社と労働組合との間でその記載に従い設立会社等に承継させる旨の合意があったときには，当該合意に係る部分は，当該設立会社等に承継されることになる（承継6条1項・2項）。この場合は，分割前の労働協約の内容から分割計画書等に記載された部分を除いた部分が，分割会社と労働組合との間で残ることになる。これに対して，承継についての合意がない場合は，承継法6条3項の規定に基づき，分割会社は分割後も労働協約の当事者たる地位にとどまるとともに，当該設立会社等と当該労働組合との間で同一の内容の協約が締結されたものとみなされることになる。

6　事業譲渡

　事業譲渡（会社21条～24条・467条～470条）の場合に譲渡人と被用者との間の雇用関係を譲受人が承継するかどうかについては，包括承継が行われる合併等の場合とは異なり，特定承継（合意承継）と

みる考え方が，現在では一般的である（更生会社フットワーク物流ほか事件＝大阪地判平18・9・20労判928号58頁，東京日新学園事件＝東京高判平17・7・13労判899号19頁など，平成14〔2002〕年「企業組織再編に伴う労働関係上の諸問題に関する研究会報告書」参照）。

6 業務命令権・人事権・指揮監督権

① 業務命令権

　業務命令とは，使用者が業務遂行のために労働者に行う指示・命令のことをいう。労務提供に直接かかわる命令，健康診断受診命令のような命令，企業秩序を維持するための不作為命令などが含まれる。その法的根拠は，法律上使用者に認められる権利，あるいは労働者がその労働力の処分を委ねる労働契約に求めることができ（電電公社帯広局事件＝最1小判昭61・3・13労判470号6頁），就業規則における合理的な規定は労働契約の内容となる。使用者は，業務命令として，始末書提出，降格も命じうる（ネッスル事件＝東京高判平2・11・28労民集41巻6号980頁，星電社事件＝神戸地判平3・3・14労判584号61頁）。また，使用者は，業務上の必要性から，自宅待機を命じることも雇用契約上の労務指揮権に基づく業務命令として許されるが，それは，労働関係上要請される信義則に照らして，合理的な制約に服すると解され，業務上の必要性が希薄であるにもかかわらず，自宅待機を命じ，あるいはその期間が不当に長期にわたる等の場合は，自宅待機命令は違法性を有することになる（ネッスル事件＝静岡地判平2・3・23労民集41巻2号347頁）。したがって，この業務命令権の範囲は，労働義務の履行そのものに対する労務指揮権よりも広いが，その行使にあたっては権利濫用法理がはたらく（国鉄鹿児島自動車営業所事件＝最2小判平5・6・11労判632号10頁，医療法人財団東京

厚生会〔大森記念病院事件〕＝東京地判平9・11・18労判728号36頁）。なお，上司の指導監督権は使用者のこれらの権利が移譲されたものと解される（東芝府中工場事件＝東京地八王子支判平2・2・1労判558号68頁）。

② 人事権

人事権とは，採用，配転，出向，昇進，昇格，人事考課，退職，解雇等に関する使用者の権限をいうが，その法的根拠も労働契約（ただし，採用については労働契約を締結する権限をいう），就業規則等に求めることができる。

上記の人事考課は，労働者の保有する労働能力（個々の業務に対する知識，技能，経験），実際の業務の成績（仕事の正確さ，達成度），その他の多種の要素を総合判断するもので，その評価も一義的に定量判断が可能なわけではないため，裁量が大きく働くものである。組合間差別の不当労働行為のように大量観察を行うことにより有意の較差が存在することによって人事考課に違法な点があることを推認できる場合は別として，個々の労働者についてこれを的確に立証するのは著しく困難な面があるが，人事考課にあたり，評価の前提となった事実について誤認があるとか，動機において不当なものがあったとか，重要視すべき事項をことさらに無視し，それほど重要でもない事項を強調する等，社会通念上著しく妥当を欠くと認められないかぎり，これを違法とすることはできない（光洋精工事件＝大阪高判平9・11・25労判729号39頁）。

また，降格を含む人事権の行使は，使用者の裁量判断に属し，社会通念上著しく妥当性を欠き，権利の濫用にあたると認められないかぎり違法とはならないが，使用者に与えられた裁量判断を逸脱しているかどうかは，使用者側における業務上の必要性の有無およびその程度，能力・適性の欠如等の労働者側における帰責性の有無お

よびその程度，労働者の受ける不利益の性質およびその程度，当該企業における昇進・降格の運用状況等の事情を総合考慮して判断される（前掲医療法人財団東京厚生会〔大森記念病院〕事件）。本件では，原告を婦長から平看護婦に2段階の降格をしなければならないほどの業務上の必要性があるとはいえないとして，当該降格をその裁量権を逸脱した無効・違法なものとしている。

　降格ではないが，内部通報に対する報復目的で，麻酔科医を手術の麻酔担当から外したことが違法とされた事例がある（千葉県がんセンター事件＝東京高判平26・5・21労経速2217号3頁，公益通報・内部通報に関しては，本編第11章❶②(2)参照）。

　さらに，使用者は，従業員が職能資格制度のもとでの各級に該当する能力を有するか否かを判断するにつき大幅な裁量権を有しており，労働者の監督職としての能力に疑問を示す評価がなされていること，元取締役に対する個人的思い入れに基づき現在の経営陣に対する人格的非難を行ったこと等から，使用者が，これらの行為につき降格条項に該当するとして降格処分を行ったとしても違法とはいえないとされた事例がある（マナック事件＝広島高判平13・5・23労判811号21頁）。

第4章

賃金・退職金

1 賃金の意義

1 概　説

賃金は労働者にとって生活維持のために不可欠のものであり，法律により賃金についての保護をなすべき必要性はきわめて高い。現行法では賃金に関して，賃金額の決定については，その最低額を最低賃金法によって設定するとともに，原則として，労働契約あるいは労働協約による労使間の自主的決定に委ね，それに基づいて労働者が受け取るべき賃金がより確実に支給されることを保障しようとするものである。

わが国における通常の賃金体系は，毎月支払われる賃金と，臨時に支給される賃金とからなる。後者は，賞与や退職金がその典型例である。これに対し，前者は基本給，能率給あるいは職能給と，各種の手当（役職手当，交替手当，家族手当，住宅手当など）からなる所定内と呼ばれる賃金と，時間外手当，休日手当あるいは深夜手当等の所定外と呼ばれる賃金とからなっている。現在の特徴は，年功序列型の基本給にかわって能率給や職能給の割合が高くなりつつあること，年俸制がとられはじめていること，年間所得において賞与の占める割合がかなり高くなっていることを指摘できる。いずれにせよ，労働の質と成果・業績に対する報酬という視点のもとで，わが国の年功序列型の賃金制度には大きな地殻変動が生じている。

上記のような年俸制は，本来，労働者個人の能力や仕事の成果（実績）に賃金をリンクさせる仕組みであり，労働者の能力や仕事の成果の客観的・公正な評価を前提とする。その意味で，使用者が年俸制を導入する場合，労働者の能力や仕事の成果が客観的・公正に評価できるように従来の人事評価制度を見なおす必要があるといえる。なお，裁判例で，新年度の年俸額について労働者・使用者間で合意が成立しなかった場合，労基法15条・89条の趣旨に照らし，特段の事情がないかぎり，使用者に一方的な決定権はなく，前年度の年俸額を支払うべきであるとするものがある（日本システム開発研究所事件＝東京高判平20・4・9労判959号6頁）。

　なお，年俸額について年度の途中での減額は，原則として認められない。裁判例では，年度の途中での昇格措置によって年俸額が引き上げられることがあったとしても，一旦決定した年俸額について，降格に伴って年度の途中で一方的に減額できる権限が使用者には与えられていなかったとするものがある（新聞輸送事件＝東京地判平22・10・29労判1018号18頁）。

　また，就業規則の不利益変更も，その変更が合理的なものであれば，それに同意しない労働者もその適用を拒むことはできないが（第2編第9章**4**参照），雇用契約で報酬は年俸で支払う旨の合意が存在する場合，使用者が就業規則・賃金規則を変更したとしても，合意された賃金月額を契約期間の途中で一方的に引き下げることは，契約内容の合理性の有無にかかわらず，許されない（シーエーアイ事件＝東京地判平12・2・8労判787号58頁）。

② 労基法上の賃金

(1) 労基法11条

　労基法11条は，「この法律で賃金とは，賃金，給料，手当，賞与

その他名称の如何を問わず，労働の対償として使用者が労働者に支払うすべてのものをいう」と定めている。この規定は，使用者が労働者に対して支払う「報酬」のうち，上の定義に該当するものについては，労基法上の賃金に関する規定が適用されることを明らかにするものである。

(2) 労基法上の賃金

労基法上の賃金は，名称のいかんを問わないから，給与規定において支給が明記されている基本給，精皆勤手当，住宅手当あるいは賞与などがこれに該当することは問題がない。

労基法上の賃金は，労働の対償として支払われるものでなければならないから，使用者が任意的・恩恵的に支払うものは賃金とは解されない。たとえば，結婚祝金，死亡弔慰金等は，一般的にいって労基法上の賃金ではない。ただし，これらの給付も，労働協約あるいは就業規則等による明確な支給条件に基づくものであれば，労基法上の賃金にあたる（昭22・9・13発基17号）。

なお，ストックオプションについては，この制度から得られる利益の発生の時期および額がともに労働者の判断に委ねられていることから賃金ではないとされている（平9・6・1基発412号）。

(3) 使用者が支払うもの

労基法上の賃金は，使用者が労働者に支払うものでなければならない。したがって，旅館や飲食店等において客が手渡すチップは，原則として賃金とは解されない。しかし，レストラン等において客から一定のサービス料を徴収したうえ，これを使用者が労働者に機械的に分配しているときは，この分配金は賃金にあたる（昭39・5・21基収3343号）。

(4) 同一労働同一賃金の原則

政府の働き方改革には長時間労働の規制，高齢労働者の就労促進

等多くのテーマが挙がっているが，その中の重要な課題が「同一労働同一賃金の原則」である。これは，平たく言えば，同じ働きであれば同じ賃金を支払うということであるが，現在の喫緊の課題である，いわゆる正規労働者と非正規労働者の間の非常に大きな格差を是正する重要な方策の切札として登場したともいえる。

しかし，わが国の正規労働者の場合，新規学卒一括採用後，会社内での研修・労働養成，キャリア形成を予定して長期雇用が約束されるとともに，職種・勤務場所は大てい無限定（業務上の都合での配転・出向あり），業務の都合でかなりの残業があることが大きな特徴となっており，給与（賃金）の支払い形態も月給制が一般的であり，それに加えて年に2回ないし3回の賞与（ボーナス）の支給，退職時には退職金の支給の形態が通常である。給与（賃金）は，年功，学歴，世帯構成，職務上の責任，能力等多様な要素によって決定され（職務給ではなく職能給・職能資格給が一般的）であり，非正規労働者のように世間相場，外部労働市場によってシンプルに決まる「時間給制」といわば対置される構成となっている。これが当事者の合意によって決まるとしても，問題は，この両者を比べてみて，非常に大きな格差があることであり，この格差の社会的妥当性が問われているのである。従来は労契法20条，さらに短時間労働者法8条・9条で対応してきたが，働き方改革の一環として，この規制は「短時間・有期雇用労働者法」に一本化された。

なお，政府が出した，「短時間・有期雇用労働者及び派遣労働者に対する不合理な待遇の禁止等に関する指針」（平成30年厚労省告示第430号）は，短時間・有期雇用労働者について，①基本給，②賞与，③手当，④福利厚生，を定めている。

しかし，より重要なのは，非正規の労働者が正社員に転換できる道筋を整備し，キャリア形成における格差是正を図っていくことで

あろう。

③ 賃金請求権の発生と消滅

(1) 賃金請求権の発生

労働者は,「その約した労働を終わった後でなければ,報酬を請求」できず（民624条1項）,「期間によって定めた報酬は,その期間を経過した後に,請求」することができる（同2項）。また,労働者は,債務の本旨に従った労務の提供を申し出なければならないが,申出にもかかわらず,使用者の労務受領拒否等（民413条・493条）により履行不能に陥ったときは,民法の危険負担の法理（本章**4**参照）により賃金請求権の発生の有無が判断される（民536条,争議行為と賃金カットについては第4編第5章**3**参照）。賃金請求権は2年,退職手当請求権は5年の消滅時効にかかる（労基115条）。

片山組事件（最1小判平10・4・9労判736号15頁）は,建設関係の工事現場監督としては就労できないが,内勤労働であれば可能であると申し出た労働者に対し,労務の受領を拒否し,自宅治療を命じた場合に賃金請求権が発生するか否かが争われた事例である。最高裁は,労働者が職種や業務内容を特定せずに労働契約を締結した場合においては,現に就業を命じられた特定の業務について労務の提供が十全にはできないとしても,その能力,経験,地位,当該企業の規模・業種,労働者の配置,異動の実情およびその難易等に照らして当該労働者が配置される現実的可能性があると認められる他の業務について労務の提供をすることができ,かつ,その提供を申し出ているならば,なお債務の本旨に従った履行の提供があると解するのが相当であるとしている。

(2) 賞与とその具体的請求権の発生・支給日在籍要件

判例では,期末勤勉手当（賞与）の請求権は,使用者の決定によ

り初めて具体的権利として発生するとしている（福岡雙葉学園事件＝最3小判平19・12・18労判951号5頁）。同様に，いわゆる業績連動報酬についても，使用者の決定，または労使間の合意または労使慣行がないかぎり，具体的な請求権としては発生しないとしている（クレディ・スイス証券事件＝最1小判平27・3・5判時2265号120頁）。

この他，賞与については，支給日在籍要件，すなわち賞与の査定対象期間には勤務していたが，支給日に退職している者には賞与を支給しないという要件の有効性につき，しばしば争いが生じている。私企業に対しては賞与の支給を法律上義務づけておらず，賞与の支給につきこのような条件をつけることは公序ないしは信義則違反とまでは解しえないから，有効と解される（大和銀行事件＝最1小判昭57・10・7判時1061号118頁）。また，最高裁は，支給日前に嘱託期間満了によって退職した者には慣行により賞与を支給しないという取扱を認めている（京都新聞社事件＝最1小判昭60・11・28労判469号6頁）。ただし，整理解雇の場合には，かかる要件の適用は許容されるべきではなかろう。

なお，賞与支給条件を「出勤率90％以上」とし，産後休業等を欠勤扱いとするのは，公序良俗に反して無効であるが，その一方で，産前産後休業や育児短時間勤務による不就労部分については，規定の定めるところにより欠勤として控除の対象になるとする判例がある（東朋学園事件＝最1小判平15・12・4労判862号14頁）。

④ 平均賃金

労基法12条は，平均賃金の算定方式についての定めをおいている。労基法上，平均賃金は，解雇予告手当（労基20条），休業手当（労基26条），年次有給休暇手当（労基39条7項），災害補償（労基75条～82条），減給の制限額（労基91条）の算定基礎とされている。なお，労

災保険法では，平均賃金をベースに独自の「給付基礎日額」の概念を使用している（労災8条・8条の2・8条の3）。

　平均賃金は，原則として，算定すべき事由の発生した日以前3カ月間に，当該労働者に対し支払われた賃金の総額（臨時に支払われた賃金等は除く）を，その期間の総日数で除すことにより計算される（労基12条1項本文）。ただし，上記の原則的方法によると不都合な結果が生じるケースについて，特別の定めがおかれている（同6項〜8項）。

2　退職金・退職年金

① 退職金

(1)　退職金と賃金

　私企業の労働者については，使用者に退職金の支払いを義務づける法律は存在しない。中小企業退職金共済法は，使用者が中小企業退職金共済事業団に掛金を納付し，事業団から退職金が支給されるものであるが，強制的なものではない。これに対し，国家公務員については国家公務員退職手当法，地方公務員については条例によって，退職金の支給要件や支給基準が定められている。

　使用者が「退職金」と称して，任意的・恩恵的に支給するものは，労基法上の賃金ではない。しかし，退職金の支給基準や支給内容があらかじめ労働協約あるいは就業規則等により明確に定められているときは，労基法上の賃金にあたると解されている（昭22・9・13発基17号，住友化学工業事件＝最3小判昭43・5・28判時519号89頁）。しかし，退職金の性格上，労基法上の賃金に関する規定がすべて適用されるわけではない。たとえば，24条2項の毎月1回以上・定期日払いの原則は適用されない。また，労働者の退職等による場合に7

日以内の金品の返還を定める23条についても，あらかじめ支給時期について特約があれば適用されない。なぜなら，同条は，すでに履行期の到来した賃金債権についてのみ適用されるからである（日本高圧瓦斯工業事件＝大阪高判昭59・11・29労判453号156頁，トヨタ工業事件＝東京地判平6・6・28労判655号17頁等，昭26・12・27基収5483号）。

(2) 退職金の支給条件

退職金の支給条件として，懲戒解雇あるいは同業他社への就職については，退職金の全部または一部を支給しない取扱がみられる。これについては，退職金の賃金後払い的性格，あるいは労基法16条の賠償予定の禁止規定に照らし許されない，との考え方がある。しかし，一般に退職金の支給に一定の条件を付することを直接禁じる実定法上の根拠は存在しないから，その条件をすべて違法とは解しえない。最高裁は，同業他社への就職をした場合は自己都合による退職金の2分の1を不支給とする退職金規定につき，勤務中の功労に対する評価が減殺されて，自己都合による退職の場合の半額の限度においてしか発生しないとする趣旨であり，労基法違反あるいは民法90条違反にはあたらないとしている（三晃社事件＝最2小判昭52・8・9労経速958号25頁）。また，判例上，懲戒解雇による退職金の不支給も違法ではないと解されている。しかし，不支給は，長年の勤続による功労を抹消するような解雇理由に限定することが考えられてよい（前掲日本高圧瓦斯工業事件，前掲トヨタ工業事件など，昭和60〔1985〕年「労働基準法研究会報告書」参照）。電車の中での痴漢行為によって懲戒解雇された電鉄会社の従業員について，懲戒解雇は有効としながら，退職金の全額不支給は違法であるとして3割について支給を認めたものがある（小田急電鉄事件＝東京高判平15・12・11労判867号5頁）。

⑶ 団体定期保険契約

　団体定期保険契約の保険金については，遺族にそれが支払われるべきかどうかが問題となる（肯定するものとして，パリス観光事件＝広島高判平10・12・14労判758号50頁，否定するものとして，住友軽金属工業事件＝最3小判平18・4・11民集60巻4号1387頁）。

② 退職年金

⑴ 退職年金制度

　退職一時金制度は，一度に多額の支給を使用者に迫るものであり，この企業負担を軽減すること，また労働者の老後の安定的な生活の保障という点からも，退職一時金制度にかわって，あるいはそれと併用された退職年金制度がかなり普及するに至っている。この点，従来，社内年金方式のほかに，社外年金方式として法人税法に基づく適格（退職）年金制度（法税83条以下）と，厚生年金保険法に基づく厚生年金基金制度（旧厚年106条以下）が採用されてきた。前者は，使用者が掛金を信託会社もしくは生命保険会社に支払い，労働者は，退職後その基金から退職年金を受取るものであり，後者は，使用者が掛金を厚生年金基金に支払い，労働者は退職後その基金から退職年金を受け取るものである。なお，税制適格年金制度は，平成24（2012）年3月末で廃止され，他の企業年金に移行することとされた。また，後者の厚生年金基金制度も，平成24（2012）年2月のAIJ投資顧問による巨額詐欺事件を契機に，ずさんな運営による「代行割れ」基金（厚生年金保の代行部分の支給に必要な積立金自体も不足する基金）が大きな社会問題となり，平成25（2013）年6月に厚生年金保険法が改正され，財政難の基金の5年以内の解散等が定められた。

(2) 確定給付型と確定拠出型

上記の退職年金制度は，確定給付型であるが，景気の低迷等を反映して掛金の運用益の点で予定していた給付を維持することが相当困難になってきていた。こうした点を考慮して，平成13（2001）年に，加入者が自己責任のもとで年金資産を運用し，その実績によって将来受取る年金額が変わってくる確定拠出年金について定めた確定拠出年金法が制定され，同年10月1日から施行されている。確定拠出年金は，企業型年金と個人型年金（企業年金の対象となっていない企業の従業員を対象としたもの）の2種類に分けられるが，これによって公的年金に上乗せされる年金に新たな選択肢が加えられることになった。また，平成13（2001）年に制定された確定給付企業年金の施行（平成14〔2002〕年4月1日）に伴い，適格年金については，新規の契約は認められず，既存のものも10年間の経過期間の後，他の企業年金制度に移行することとされている。

3 賃金の支払方法と減額

① 通貨払いの原則

賃金は，通貨で支払われなければならない（労基24条1項）。この原則は，価格の不安定性や換金の不便さ等により，労働者に不利益をもたらす危険の大きい現物給与制を禁じたものである。

通貨とは，強制適用力ある貨幣をいい，鋳造貨幣のほか，紙幣および銀行券を含む。小切手あるいは郵便為替による支払いは，通貨による支払いとは認められていない。通貨払いの原則には例外が認められており，法令もしくは労働協約に別段の定めがある場合においては，通貨以外のもので支払うことができる（労基24条1項ただし書）。退職手当については，命令により，銀行振出小切手，銀行支

払保証小切手，郵便為替による支払いが認められている（労基則7条の2第2項）。

　金融機関の預金口座への賃金の振込み制については，①労働者の同意を得ていること，②労働者が指定する本人名義の預金口座に振込むこと，以上を要件として許容されている（労基則7条の2第1項。なお，所定の賃金支払日の午前10時頃までに払出または払戻が可能であることが要求されている，平成13・2・2基発54号）。上の金融機関として，銀行，郵便局，信用金庫，農協，商工中央組合金庫のほか，証券総合口座も認められている。

　なお，労働協約が適用されない管理職（非組合員）に対する現物給与の可否が問題となる。当該労働協約を労基法上の労使協定と解して免罰的効果を認め，本人の合意を条件として許容するのが妥当であろう。

② 直接払いの原則

　賃金は，直接労働者に支払われなければならない（労基24条1項）。この原則は，親方や職業仲介人による賃金の中間搾取，親権者や後見人による年少者の賃金の費消等の弊害を除去することを目的とする。

　賃金受領に関する委任，代理等の法律行為は，本条違反として私法上無効であり（昭63・3・14基発150号），使用者が受任者，代理人に賃金を支払ったときは，罰則の適用がある（労基120条1号）。ただし，当該労働者の単なる手足にすぎない使者に対して賃金を支払うことはさしつかえない。また，国税徴収法に基づく行政官庁の差押処分に従い，賃金からこれを納付すること，および民事執行法に基づき差押命令を受けた場合，使用者が差押債権者に支払っても，直接払いの原則に違反しない。

また，派遣労働者については，その賃金を派遣先の使用者を通じ
て支払うことは，それが派遣元の使用者からの賃金を手渡すことだ
けであれば，許される（昭61・6・6基発333号参照）。

　なお，賃金債権が第三者に譲渡された場合でも，譲受人に賃金を
支払うことは，直接払いの原則に反することとなる（小倉電報局事
件＝最3小判昭43・3・12民集22巻3号562頁）。

③　全額払いの原則

(1)　全額払い原則の意義

　賃金は，その全額が支払われなければならない（労基24条1項）。
この原則は，使用者が賃金の一部の支払いを留保することによって
労働者の足留を図ることの防止を目的としている。

　まず，使用者が労働者に対して有する債権と労働者の賃金債権と
を相殺することは，この全額払いの原則に反する。上の使用者の債
権には，貸付金債権，会社売店での売掛金債権のほか，労働者の債
務不履行あるいは不法行為に基づく損害賠償債権を含む（関西精機
事件＝最2小判昭31・11・2民集10巻11号1413頁，日本勧業経済会事件＝
最大判昭36・5・31民集15巻5号1482頁）。ただし，使用者が労働者の
同意を得て労働者の退職金債権に対してする相殺は，上記同意が労
働者の自由な意思に基づいてされたものであると認めるに足りる合
理的理由が客観的に存在するときは，労基法24条1項に違反しない
（日新製鋼事件＝最2小判平2・11・26民集44巻8号1085頁）。

　上のように，原則として相殺は禁止されると解されているが，あ
る賃金支払期に生じた賃金の過払いを後の支払期において清算する
こと（調整的相殺）は，一定の要件のもとで，例外的に許容されて
いる。上の要件とは，①過払いのあった時期と賃金の清算調整の実
を失わない程度に合理的に接着した時期になされること，②そのこ

とが労働者に予告されていること，③額が多額にわたらない等労働者の経済生活の安定をおびやかすおそれのないこと，以上である。ただし，③については，民事執行法152条の制限に照らし，賃金の4分の1まで認められる（水道機工事件＝東京地判昭53・10・30労判308号73頁）のか，数％程度までしか認めないかの問題が残っている。

(2) 全額払い原則の例外

全額払いの原則については例外が許容されている。すなわち法令に定めがある場合（所税183条，健保167条，厚年84条等），または過半数労働組合もしくは過半数労働者代表との書面協定がある場合には，使用者は賃金の一部を控除しても処罰されることはない（労基24条1項ただし書）。

労使間の書面協定による場合には，控除の対象となる具体的な項目，および控除を行う賃金支払日を定めておく必要がある。使用者が賃金から組合費を控除して労働組合に一括して手渡すチェック・オフについては，学説上は，全額払いの原則の対象外とする主張もあるが，これも賃金の控除であるから，過半数労組もしくは過半数労働者代表との書面協定が存在しないかぎり，全額払いの原則に違反するとされている（済生会中央病院事件＝最2小判平元・12・11民集43巻12号1786頁）。また，この二四協定は免罰的効果を有するのみであり，個々の組合員はいつでもチェック・オフの中止を申し入れることができる（エッソ石油事件＝最1小判平5・3・25労判650号6頁）。

(3) 賃金債権の放棄

賃金の全額払原則との関係で大きな問題となるのは，労働者による賃金債権の放棄である。この点，最高裁は，賃金の全額払原則の趣旨からすれば，既発生の賃金債権を放棄する意思表示の効力を肯定するには，「それが労働者の自由な意思に基づいてされたもので

あることが明確でなければならない」としている（北海道国際航空事件＝最1小判平15・12・18労判866号14頁，退職に際しての退職金の放棄についても，同様な判旨が示されている。シンガー・ソーイング・メシーン事件＝最2小判昭48・1・19民集27巻1号27頁，なお賃金減額については，③・⑥参照）。割増賃金の放棄についても，同様である。

④ 毎月1回以上一定期日払いの原則

　使用者は，賃金を毎月1回以上，一定の期日を定めて支払わなければならない（労基24条2項）。賃金の締切期間は暦月であることを要せず，たとえば支払日を毎月10日とする場合，前月の10日から翌月の9日までを締切期間としてもよい。次に，「一定の期日」とは，暦日の特定を要求するものではないが，その期日に幅を設けたり，「毎月第2土曜日」等期日が変動するような定めをすることは許されない。

　なお，上の原則については例外があり，「臨時に支払われる賃金，賞与その他これに準ずるもので厚生労働省令で定める賃金……については，この限りでない」（労基24条2項ただし書）とされている。1カ月を超える期間による精勤手当，勤続手当あるいは能率手当等がこれに該当する（労基則8条）。

⑤ 賃金の非常時払い

　「使用者は，労働者が出産，疾病，災害その他厚生労働省令で定める非常の場合の費用に充てるために請求する場合においては，支払期日前であつても，既往の労働に対する賃金を支払わなければならない」（労基25条）。「その他厚生労働省令で定める非常の場合」として，結婚・死亡（労基則9条2号），やむをえない事由による1週間以上の帰郷（同3号）がある。上の場合，労働者本人に関するも

のでなくても,「労働者の収入によつて生計を維持する者」に関するものであればよい(労基則9条各号)。

6 賃金の減額

労働契約において賃金は最も重要な労働条件として契約の要素を構成するものであり,業績が悪化したからといって,使用者がこれを労働者の同意を得ることなく一方的に不利益に変更することは許されないことはいうまでもない(チェース・マンハッタン銀行〔賃金切下げ〕事件=東京地判平6・9・14労判656号17頁)。賃金減額を許容する給与規定の定めがある場合でも,その変更を使用者の自由裁量で行うことは許されず,労働者に生じる不利益を正当化するだけの合理的な理由が必要である(コアズ事件=東京地判平24・7・17労判1057号38頁)。

もっとも,合意原則からすれば,使用者は,賃金のような基本的な労働条件についても,労働者の明示ないし黙示の同意を得て変更することができる。しかし,黙示の同意の認定は裁判例で厳しい枠がはめられている(更生会社三井埠頭事件=東京高判平12・12・27労判809号82頁等)。

ある裁判例は,次のように述べている。いったん成立した労働契約について事後的に個別の合意によって賃金を減額しようとする場合においても,使用者は,労働者に対し賃金減額の理由等を十分に説明し,対象となる労働者の理解を得るように努めたうえで,合意された内容をできるかぎり書面化しておくことが望ましい。加えて,就業規則に基づかない賃金減額に対する労働者の承諾の意思表示は,賃金債権の放棄と同視すべきものであることからすれば,労基法24条1項本文に定める賃金全額払いの原則との関係からも,慎重な判断が求められるというべきであり,本件のように賃金減額について

労働者の明示的な承諾がない場合においては，書面等による明示的な承諾の事実がなくとも黙示の承諾があったと認めうるだけの積極的な事情として，使用者が労働者に対して書面等による明示的な承諾を求めなかったことについての合理的な理由の存在等が求められるというべきである（技術翻訳事件＝東京地判平23・5・17労判1033号42頁）。そして，本件では，そうした合理的な理由の存在等はなかったとされ，単に労働者が代表者会から退席しなかったという事実をもって当該労働者との間に賃金減額にかかる確定的な合意が成立したとはいえないとした。

　また，別の裁判例では，労働契約において，賃金は最も基本的な要素であるから，賃金額の引下げについて労使間で合意が成立したといえるためには，労働者が当該不利益変更を真意に基づき受け入れたと認めるに足りる合理的な理由が客観的に存在することが必要である。上記の20％分の給与減額について，反対の声を上げることが困難な状況であり，激変緩和および代替的な措置がとられず，減給について具体的な説明が行われていなかったとして，労働者が，給与減額について真意に基づき受け入れたと認めるに足りる合理的な理由は客観的に存在しないとされ，したがって，労働者との間で黙示の合意が成立していたとはいえないとされている（NEXX 事件＝東京地判平24・2・27労判1048号72頁。また，使用者による年額124万円余の賃金減額の提案について「ああ分かりました」等と応答したことで，労働者が賃金減額に同意したとは認めることはできないとするものとして，ザ・ウィンザー・ホテルズインターナショナル事件＝札幌高判平24・10・19労判1064号37頁がある）。

4 休業手当

1 意　義

　労働者が現実に労務の提供ができなかった事由に着目すると，①労働者の責に帰すべき事由，②使用者の責に帰すべき事由，③労使双方の責に帰すべからざる事由（不可抗力など）に分けることができる。このうち労基法26条は，「使用者の責に帰すべき事由による休業の場合においては，使用者は，休業期間中当該労働者に，その平均賃金の100分の60以上の手当を支払わなければならない」とした。要するに，同条は，使用者の責に帰すべき事由によって労働者が労務の提供ができなかったときは，休業手当の支払いを義務づけ，労働者の最低生活の保障を図ったものである。

2 民法536条 2 項との関係

(1) 労基法26条と民法536条 2 項

　労働者は，上記の労基法26条の規定によらないでも，民法に基づき，労働債務の履行が債権者（ここでは使用者）の責に帰すべき事由によって不可能（履行不能）となった場合には，反対給付（ここでは賃金）を受ける権利が与えられる（民536条 2 項）。そこで，両者の関係が問題となるが，現在では，休業手当（平均賃金の60％）の請求原因である「使用者の責に帰すべき事由」の範囲の方が，反対給付（賃金の100％）の請求原因である「債権者の責に帰すべき事由」の範囲よりも広い，という考え方が定着している。すなわち，「債権者の責に帰すべき事由」とは，故意，過失または信義則上これと同視すべき事由であり，不可抗力あるいはその他の理由による経営障害に伴う労務の不受領はこれに含まれないが，労基法26条の「使用

者の責に帰すべき事由」には，不可抗力による経営障害の場合は含まれないとしても，雇用調整のさいの一時帰休を理由とする経営障害の場合は含まれうる，と解されている。これは，労基法26条が，民法における原則よりも使用者の帰責範囲を広め，そのかわり最低生活保障として平均賃金の60％を支給することにしたと構成するものである（ノースウエスト航空事件＝最2小判昭62・7・17民集41巻5号1283頁参照）。

(2) 解雇無効と休業手当

たとえば確定判決により解雇が無効となった場合，その間の不就労（休業）については両条文の帰責事由に該当するが，使用者が休業手当を支払えばその限度において賃金請求権は減額される。

③ 使用者の責に帰すべき事由

使用者が休業手当を支払わなければならない事由としては，親会社の経営難に伴う下請工場の資材・資金難による休業（昭23・6・11基収1998号），原料不足による休業（昭24・12・3基収3884号）があげられる。これに対して，使用者の帰責事由にあたらないとされている例としては，休電による休業（昭26・10・11基発696号），健康診断の結果に基づく労働時間の短縮（労安66条の5）による休業（昭23・10・21基発1529号），労基法33条2項に基づく代休付与命令による休業（昭23・6・16基収1935号）がある。

なお，労基法26条にいう休業とは，労働者が労務提供の意思と能力を有しているにもかかわらず，その履行が拒否され，または不可能となった場合をいう。また，全日の休業だけではなく，1日の一部についての休業も含まれるし，事業の全部または一部の停止によるだけでなく，特定の労働者に対し個別的に労務提供を拒否する場合も，休業にあたる。

5　賃金額の保障

① 意　義

　賃金は，労働契約の内容として，労使による自主的な交渉によって決せられるのが原則である。しかし，その結果，人たるに値する生活の維持を困難とするような低賃金が契約内容とされがちとなる。そこで，賃金額の決定に際し，契約の自由を制約し，法律によって一定の賃金額を労働者に保障することが図られるに至る。

② 最低賃金法

(1)　最低賃金の法的規制

　労基法は，当初，最低賃金に関する規定（旧労基28条〜31条）をおいていたが，昭和34（1959）年に独立の最低賃金法が制定された。同法は，その後繰り返し改正されてきたが，平成19（2007）年には，次のような内容の大幅な改正が行われた。すなわち，従来，任意的設定に任されていた地域別最低賃金の決定が，各地域ごとに地域別最低賃金を決定しなければならないことになり（必要的設定），また，最低賃金は生活保護基準との整合性を考慮して決定するとして，決定基準が明確化された。

(2)　地域別最低賃金

　最低賃金は，地域別最低賃金（一定の地域ごとの最低賃金）として，全国各地域について決定されることを原則とする（必要的設定，最賃9条1項）。この地域別最低賃金は，地域における労働者の生計費および賃金，ならびに通常の事業の支払能力を考慮して定められる（同2項）。また，前項の労働者の生計費を考慮するにあたっては，労働者が，健康で文化的な最低限度の生活を営むことができるよう

に,「生活保護に係る施策との整合性」に配慮するものとされた（同3項）。従来，地域によっては最低賃金の水準が生活保護基準よりも低いケースが見られ，それが就労に対する意欲を削ぐことに配慮したものである。地域別最低賃金は，厚生労働大臣または都道府県労働局長が，一定の地域ごとに，中央最低賃金審議会または地域最低賃金審議会（「最低賃金審議会」）の調査審議を求め，その意見を聴いて決定しなければならない（最賃10条1項）。派遣中の労働者については，現に指揮命令を行っている派遣先の事業の事業場の所在地を含む地域について決定された地域別最低賃金を適用することとされた（最賃13条）。

なお，産業別最低賃金に関しては，関係労使の申出により決定するとされ（特定最低賃金の任意的設定，最賃15条），労働協約の地域的拡張適用（労組18条）による最低賃金は廃止された。

(3) 最低賃金の決定方式

最低賃金の決定方式として従来，労働協約による地域的最低賃金方式が認められていた。しかし，労使のイニシアチブによる最賃の決定という点で産業別の最賃と同趣旨のものとなることから上記の平成19（2007）年の改正法によって廃止されることになった。

第2は，最低賃金審議会方式であり，これが一般的なものである。これは，厚生労働大臣または都道府県労働局長が，一定の地域について，賃金の低廉な労働者の労働条件の改善を図る必要があると認めるとき，最低賃金審議会の調査・審議を求め，その意見を尊重して最低賃金を決定する方式である（最賃16条）。中央最低賃金審議会が毎年目安額を示し，これに基づいて，通常，都道府県単位の地域包括最低賃金が決められている。なお，中央および都道府県別の最低賃金審議会は，公・労・使の三者構成である。

(4) 最賃法上の使用者の義務と違反に対する制裁

　使用者は，決定された最低賃金以上の賃金を支払う義務を負う（最賃4条1項）。労働契約により最低賃金額に達しない賃金を定めたときは，その部分は無効となり，無効となった部分は最低賃金と同様の定めをしたものとみなされる（同2項）。また，最低賃金の支払義務に違反した者は，50万円以下の罰金に処せられる（最賃40条）。なお，産業別最低賃金については，最低賃金法の罰則は適用しないこととされた。

③ 出来高払制の保障給

　労基法27条は，「出来高払制その他の請負制で使用する労働者については，使用者は，労働時間に応じ一定額の賃金の保障をしなければならない」と定めている。この規定は，出来高払制の場合には，仕上げた製品の不良性を理由に賃金が著しく低くおさえられたり，労働者には労働の意思があるにもかかわらず，実際にその提供ができなかった場合には受け取るべき賃金が著しく低くなってしまうことを防止する目的を有する。保障すべき額についての制限はないが，通常の実収賃金を余りくだらない程度の収入が保障されるように額を定めるべきとされている（昭22・9・13発基17号）。ただし，使用者が保障給について何らの定めをしていないときに，労働者が，労基法27条に基づいて直接一定額の保障給を請求することはできない（第三慈久丸事件＝金沢地判昭36・7・14判時274号30頁）。

　なお，歩合給の場合，いつ支払われるかが問題になるケースがあるが，基本給との関係で賃金体系に影響を有する歩合給については，労働者が契約締結後代金入金前に退職しても，その後に入金された時点でその支払いを請求することができるとするものがある（ホーム企画センター事件＝札幌地判昭51・2・12判時815号33頁）。

4 家内労働法

　家内労働者には労基法の適用がないが，就業条件の最低基準を定め，家内労働者の生活の安定に資することを目的として，昭和45（1970）年に家内労働法が制定されている。家内労働法は，家内労働者の安全衛生，就業時間，最低工賃あるいは工賃の支払方法等を定めている。とくに，労働政策審議会または地方家内労働審議会の調査・審議に基づき，厚生労働大臣または都道府県労働局長が決定する最低工賃についての定めが重要である。

6　賃金債権の確保

(1) 賃金債権の確保に関する法制度

　賃金が確実に労働者の手に渡ることを保障するために，すでにみたように，労基法24条は支払方法についての4原則を定めている。また，民法および商法における賃金の先取特権を認める規定（民306条2号・308条・311条8号），あるいは民事執行法における賃金債権の差押禁止に関する規定（民執152条）も，そのような目的を有している。また，破産法（破98条1項・149条），会社更生法（会社更生127条2号・130条・168条1項など）も，賃金に関する配慮をしている。

(2) 賃金確保法の制定

　不況等の影響により企業が経営不振に陥ったり，現実に倒産に至った場合，とくに法的な手続を経ないで企業の私的整理が行われたときには，上記のような制度だけでは十分な救済がなしえない。そのために昭和51（1976）年に制定されたのが賃金確保法である。同法では，次の4つの方法が定められている。

　　(a) 社内預金および退職手当の保全措置　　第1は，社内預金の保全措置であり，事業主に対し，社内預金の支払いに係る債務を銀行

その他の金融機関において保証することを約する契約の締結等を講じることを要求している（賃払3条）。

第2は，退職手当の保全措置であり，事業主に対し，就業規則その他により退職手当を支払うことを明らかにしたときは，社内預金の場合と同様の措置を講じるよう努めることを要求している（賃払5条）。

(b) **退職労働者の未払賃金の遅延利息**　退職労働者の未払賃金に対する遅延利息をかなりの高率としている。民法上は年3パーセント（民404条2項）であるが，賃金確保法では，年14.6％を超えない範囲で政令で定めることとされ（賃払6条1項），現在，年14.6％とされている（賃払令1条）。ただし，天災地変その他やむをえない事由が存在するときは，上の適用が除外される（賃払6条2項）。「やむを得ない事由」の詳細は，賃金確保法施行規則に具体的に規定されている（6条1号〜5号）。もっとも，同規則4号に定められている「合理的な理由により，裁判所……で争っていること」における「合理的な理由」の意義については，天災地変と同視し得るようなごく例外的な理由でなければならないとして厳格に解する裁判例（医療法人大寿会事件＝大阪地判平22・7・15労判1023号70頁）と緩やかに解する裁判例（レガシーほか1社事件＝東京高判平26・2・27労判1086号5頁）が対立している。なお，ここで問題となる退職労働者の賃金に係る遅延利息の対象となる賃金には，退職金・退職手当は含まれない（賃払6条1項）。

(c) **未払賃金の国の立替払い**　未払賃金についての国の立替払事業である。すなわち，事業主が破産等した場合で，退職労働者に未払賃金があるとき，一定範囲のものを，事業主にかわって政府が立て替えて支払う制度である（賃払7条）。実際の立替払いの額は，退職日の6カ月前における未払賃金総額の8割であり，またこの未

払賃金総額には上限が定められている（賃払令4条）。

　なお，政府は，事業主に対して，立替払相当額を求償できる。

第5章

労働時間・休憩・休日

1 労働時間の歴史と労基法の改正

1 労働時間短縮の推移

　わが国戦後の労働時間の歴史は，昭和35（1960）年をピークに（企業規模30人以上の労働者1人平均年間総実労働時間2432時間），昭和50（1975）年（2064時間）まではかなり大幅な時間短縮が進んだ。その後10年余は足踏み状態をつづけ，2100時間前後を推移していたが，最近では再び短縮傾向が顕著となっている。

　かつて労働時間短縮促進法に基づき政府が策定していた労働時間短縮推進計画は，年間1800時間を重要な目標にしていたが，同法が平成18（2006）年3月31日までに廃止するものとされていたこともあり，また，労働時間の長短二極化という状況の変化，政府の経済計画において年間1800時間の目標が消滅したこと等を踏まえ，平成17（2005）年の改正により同法は，「労働時間等の設定の改善に関する特別措置法」（労働時間等設定改善法）と名称を変更したうえで，労働時間等（労働時間，休憩，年休を含む各種の休暇）の設定の改善に向けた労使の自主的な取組みを促進していくものとされるに至った。

2 労基法の改正

(1) 労基法改正の背景

　労働時間を短縮する方策としては，団体交渉によるものと，法定

労働時間の短縮によるものとが考えられる。わが国は，従来，1日8時間・1週48時間労働制のもとで，団体交渉によって可能なところから法定労働時間を下回る時間短縮を図る方法によってきた。ところが，先述のような短縮テンポの鈍化に直面し，労働時間法制の見直しが現実的な問題として主張され始めた。その論拠として，①労働者の心身両面にわたる健康の確保と生活の質的向上（ゆとりの創造），②経済社会や企業における活力の増進，③国際的な水準への公正な対応，④中長期的にみた雇用の維持と確保（ワーク・シェアリング），⑤余暇の増加による内需拡大，に求められた。

他方，経済のサービス化，ソフト化が進展し，技術革新による産業構造，労働態様さらには就業構造が著しく変化したのに伴い，労働時間管理の弾力化の必要性が強く認識されるに至っていた。

(2) 昭和62（1987）年の労基法改正

昭和62（1987）年，労働時間法制にかかわる労基法の改正がなされたが，それによれば，①年間総実労働時間を，②適切な方策を工夫することにより，③一定程度，短縮するものであった。そのための適切な方策として，第1に，法定労働時間の短縮（1週40時間・1日8時間，ただし経過措置がおかれた），第2に，労働時間規制の弾力化，第3に，年次有給休暇の最低付与日数の引上げと計画年休制度が導入された。

(3) 平成5（1993）年以降の改正

平成5（1993）年に再び労基法が改正され，一部の事業を除く週40時間制の実施，1年以内型変形労働時間制の導入，年休の発生要件の緩和等が図られた。平成9（1997）年4月1日からは週40時間制が完全実施されている。今後，ホワイトカラーの働き方に問題がシフトし，労働時間の長さ（量）にではなく，労働の成果（質）に報酬・賃金を支払うためのシステムの構築に関心が向けられること

になる。具体的な制度としては，年俸制の導入，職能資格制度の精密化と適切な運営が課題になる。さらに，適用除外制度の見直しの場合，アメリカのホワイトカラー・イグゼンプションのような制度が参考とされることになる。

　なお，平成20（2008）年には，月60時間を超える時間外労働についての割増率を50％以上とする等の労基法の改正が行われた。

2　労働時間の規制

① 労働時間規制の意義

　改正により労基法32条は，使用者に対し，労働者に，休憩時間を除き1週間について40時間（労基32条1項），1日について8時間（同2項）を超えて，労働させてはならない，と定めている。この労働時間規制の意義は，一定の要件を満たさないかぎり，第1に，1週40時間，1日8時間を超えて労働させると，使用者に刑罰が科される（労基119条1号）ことにあり，第2に，1週40時間，1日8時間を超えた労働に付して割増賃金を支払わなければならない（労基37条）ことにある。

② 労働時間の法的概念（労基法上の労働時間）

(1) 労基法上の労働時間の意義

　労基法上の労働時間は，休憩時間を含む拘束時間ではなく，休憩時間を除く実労働時間である（労基32条1項・2項）。ただし，とくに坑内労働については，坑口に入った時刻から坑口を出た時刻までの時間を，休憩時間を含め労働時間とみなす旨定められている（労基38条2項）。

　上の実労働時間（以下，労働時間とする）とは，労働者が，使用者

の労務指揮下におかれている時間，および使用者による明示もしく
は黙示の指示により業務に関連した行為をなす時間をいう。した
がって実際に作業をしていない時間，あるいは本来の作業ではない
ことに費やす時間も，場合によっては労基法上の労働時間と解され
る。最近の学説では，職務性と使用者の関与の程度の2要件が満た
されることおよび2要件を相互補充的（相補的）に考慮することに
より労基法上の労働時間を判断する方法も提唱されている。

(2) 若干の具体例

若干の具体例を考えてみよう。

まず，作業と作業の間の待機時間であって，使用者が作業への従
事を命じうることとされている手待時間は，労基法上の労働時間で
ある。仮眠時間のような不活動時間も，労働者が当該不活動仮眠時
間において，労働からの解放が保障されていない等，客観的に使用
者の指揮命令下におかれていたと評価できる場合には，労基法上の
労働時間とされる（大星ビル管理事件＝最1小判平14・2・28民集56巻
2号361頁，日本貨物鉄道事件＝東京地判平10・6・12労判745号16頁）。仮
眠時間の賃金は，労働契約の定めるところによるが，仮眠時間が労
基法上の労働時間にあたると評価される以上，使用者は，労基法13
条，37条に基づいて時間外割増賃金および深夜割増賃金を支払う義
務がある。また就業規則所定の始業・終業の前後であっても，使用
者が作業従事を命じうることとされている時間は，労働時間と解し
うる場合がある（大林ファシリティーズ〔オークビルサービス〕事件＝
最2小判平19・10・19民集61巻7号2555頁）。これに対し，一定の時刻
までの入門を義務づけているとしても，その後の始業までの時間を
自由に利用できることとしている場合には，その時間は労基法上の
労働時間ではない。ただし，労働者がその時刻に遅れても，賃金請
求権には何ら影響を及ぼすものではなく，使用者は遅刻を理由とす

る懲戒処分の対象となしうるにすぎない（住友電工大阪製作所事件＝大阪地判昭56・8・25労判371号35頁）。

次に，本来の業務に関連する行為に費やす時間，たとえば機械の点検・整備，作業の準備，仕事の引継ぎのための時間は，通常，労働時間と解されることになる。また，朝礼や体操への参加時間も，使用者がそれらを制度化して参加させているときは労働時間と解されよう。なお，作業場への歩行に要する時間，作業衣の着替えや入浴のための時間は，原則として労働時間とは解しがたいが，業務との関連のある保護具・保護帽の着脱に要する時間については，労働時間と解すべき場合がある（石川島播磨東二工場事件＝東京高判昭59・10・31労判442号29頁，三菱重工長崎造船所事件＝最1小判平12・3・9民集54巻3号801頁）。

さらに，企業が実施する研修訓練や小集団活動に要する時間についても，業務との関連性と使用者の参加指示の点から，労基法上の労働時間と解しうる場合がある。

なお，出張中の休日および出張のために交通機関の利用に要した時間については，行政解釈は，休日に旅行するときでも，旅行中に物品の監視等別段の指示がある場合のほかは，時間外労働，休日労働として取り扱わない，としている（昭23・3・17基発461号，昭33・2・13基発90号）。

(3) 使用者の労働時間把握義務

働き方改革の一環として，労安法の改正により，使用者にすべての労働者に対する労働時間把握義務が課せられることになった（労安66条の8の3）。同法の改正によるのは，長時間労働を行う労働者に対する医師の面接指導を確実にするためという趣旨であるが，時間外労働に対する割増賃金を支払う等の義務を負っている使用者からすれば，労働契約上の義務として使用者が労働時間把握義務を負

うのは当然というべきである。

(4) 労働時間に関する私法上の訴え

労働時間に関する私法上の訴えとしては，割増賃金請求と労働時間確認請求とがある。前者は，上のような基準によって判断した労働時間が，結果的に，1週または1日の法定労働時間を超えていれば認容される。後者の場合は，それらの労働時間がたとえば1日8時間を超える計算となるのであれば，8時間を超えて労働する義務のないことが認容されよう。もっとも，労働時間が法定時間以内でおさまるときには，上のような時間について賃金の支払対象とするか，あるいは労働契約上の労働時間ではあっても無給として取り扱うかは，労基法の関知しないところであり，労使の自治に委ねられる。

(5) 自動車運転者の労働時間

トラックやタクシー等の自動車運転者の労働時間については，「自動車運転者の労働時間等の改善基準」（平成12・12・25労告120号）により，拘束時間制，休息期間制による監督指導がなされている。

③ 事業場外労働・裁量労働

(1) 事業場外労働

新聞記者や営業パーソンの場合には，その仕事が主として事業場外で行われるため，使用者にとっては労働時間の算定が困難になる。昭和62（1987）年改正前までは旧労基則22条がみなし労働時間制を定めていたが，その規定が労基法38条の2第1項～3項に移されるとともに，内容的にも改正された。

まず，労働者が労働時間の全部または一部について事業場外で業務に従事した場合において，労働時間を算定し難いときは，所定労

働時間労働したものとみなされる（労基38条の2第1項本文）。ただ
し，当該業務を遂行するために，通常上記の所定労働時間を超えて
労働することが必要となるときは，過半数労働組合もしくは過半数
労働者代表との書面協定によって通常必要とされる時間を定めるこ
とができる（同2項）。使用者は，この労使協定を，労働基準監督署
長に届け出なければならない（同3項）。

　上記の労使協定が締結されない場合で，当該業務を遂行するため
に，通常，所定労働時間を超えて労働することが必要となるときは，
当該業務の遂行に通常必要とされる時間労働したものとみなされる
（労基38条の2第1項ただし書）。

　海外旅行添乗員についてこの事業場外のみなし労働時間制が適用
できるかどうかについては，1審の裁判例は対立していたが，高裁
はすべて，これら添乗員について，「労働時間を算定し難い」場合
にはあたらないとして事業場外のみなし制（労基38条の2）の適用
を否定し，上告審でもその判断が維持されている（阪急トラベルサ
ポート〔派遣添乗員・第2〕事件＝最2小判平26・1・24労判1088号5頁
など）。

(2) 裁量労働

　裁量労働についてのみなし労働時間制は，昭和62（1987）年改正
により新たに導入されたものである。また，平成10（1988）年9月
に新裁量労働制が追加され，2種類のものとなっている。

　(a) **専門業務外裁量労働**　　専門業務型裁量労働は，業務の性質
上，その遂行の方法を大幅に当該業務に従事する労働者の裁量に委
ねる必要があるため，当該業務の遂行の時間配分の決定等に関し，
使用者から具体的な指示をすることが困難なものとして命令（労基
則24条の2の2第2項）で定められた業務についてのものである（労
基38条の3第1項）。具体的には，新技術等の研究開発の業務，情報

処理システムの分析等の業務，放送番組の企画，記事の取材・編集の業務，デザイナーの業務，その他厚生労働大臣の指定する業務がこれにあたる。要するに，専門的な知識や技術を必要とする業務に限定されたものである。

　なお，専門業務型裁量労働制の対象となる「情報システムの分析又は設計」とは，①ニーズの把握，ユーザーの業務分析等に基づいた最適な業務処理方法の決定およびその方法に適合する機種の選定，②入出力設計，処理手順の設計等のアプリケーション・システムの設計，機械構成の細部の決定，ソフトウエアの決定等，③システムの稼働後のシステムの評価，問題点の発見，その解決のための改善等の業務をいうと解されており，プログラミングについては，その性質上，裁量性の高い業務ではないので，専門業務型裁量労働制の対象業務に含まれていないとして，労働者について専門業務型裁量労働制の適用が認められないとして，専門業務型裁量労働制の要件を満たしていない以上，時間外労働およびそれについての割増賃金が発生するとした事例がある（エーディーディー事件＝京都地判平23・10・31労判1041号49頁）。

　(b)　**企画業務型裁量労働**　　第2の新裁量労働制（企画業務型裁量労働）も，業務の遂行の手段および時間配分の決定等に関し具体的な指示をすることが困難な業務が対象となる（労基38条の4）。具体的には，①対象業務を適切に遂行するための知識，経験等を有する労働者で（労基38条の4第1項2号），②事業の運営に関する事項についての企画，立案，調査および分析の業務に従事している者が対象となる（同1号）。なお，従来，対象事業場が「事業運営上の重要な決定が行われる事業場」に限定されていたが，この規定は，平成15（2003）年の改正で削除された（対象事業場については，厚生労働大臣告示で明確にされている）。制度導入にあたって労使委員会が行う

決議も全員一致から5分の4に変更され，また，労使委員会の設置についての労働基準監督署への届出も廃止された。その意味で，制度の導入・運用に関する手続は相当に緩和されたといえる。適用については個別労働者の同意が必要であり，同意をしなかったことを理由に不利益な取扱をすることが禁じられている（同6号）。

上の労使委員会については，委員の半数が労働者代表として選出されなければならず（労基38条の4第2項1号），議事録を作成し，労働者に対する周知がなされなければならない（同2号）。

このような裁量労働に従事する労働者の労働時間については，過半数労働組合または過半数労働者代表との書面協定あるいは労使委員会の決議により，その協定あるいは決議で定める時間労働したものとみなすことができる（労基38条の3第1項・38条の4第1項）。使用者は，上の労使協定あるいは労使委員会の決議を，労働基準監督署長に届け出なければならない（労基38条の3第2項・37条の4第1項）。

④ 労働時間の通算

労働時間は，事業場を異にする場合においても，労働時間に関する規定の適用については通算される（労基38条1項）。行政解釈は，事業場を異にする場合とは，同一使用者の場合だけでなく，事業主を異にする場合も含むと解している（昭23・5・14基収769号）が，事業主を異にする後者の場合につき，使用者に労働時間の適正な管理を行わせるのは実際上きわめて難しく，規制の実効性の点で問題がある。

⑤ 交 替 制

交替制労働には，深夜労働を含むものと，含まないものとがある

が，変形労働時間制および変形休日制（本章**8**参照）の利用によってスムースな運営が可能となっている。ただ深夜勤務を含む交替制は，とくに生理機能のリズムを狂わせがちであり，また社会あるいは家族の成員との生活の調和がとれにくいことによる弊害も生じさせている。現行労基法は，とくに交替制労働についての規定を有していないが，指針を示す等して，その改善の可能性が考えられてよい（昭和60〔1985〕年「労働基準法研究会報告書」参照）。

3 労働時間規制の弾力化

1 意　義

労働時間規制の弾力化とは，一定期間の労働時間の総量が一定量のなかに収まっていれば，1週あたりあるいは1日あたりの規制時間を超えるときがあっても，処罰もしくは割増賃金支払いの対象としない，というものである。

昭和62（1987）年改正により，労働時間規制の弾力化方式として，①従来の4週間型変形労働時間制を承継した原則的（1カ月以内型）変形労働時間制，②1年以内型変形労働時間制，③非定型（1週間型）変形労働時間制，④フレックスタイム制が認められることになった。なお，一般職の地方公務員については，上の②，③，④は適用除外とされ（地公58条3項），妊産婦については，本人が請求したときは，①，②，③を適用することはできない（労基66条1項）。

2 原則的（1カ月以内型）変形労働時間制

使用者は，労使協定，または就業規則その他これに準ずるもの（常時10人未満の事業場の場合）により，1カ月以内の一定の期間を平均して，1週間あたりの労働時間が32条1項の労働時間を超えな

い定めをした場合には，その定めにより，特定された週において同項の労働時間または特定された日において32条2項の労働時間（8時間）を超えて労働させることができる（労基32条の2）。労使協定方式は，平成10（1998）年の改正により入れられたものであり，就業規則か労使協定のいずれによってもかまわないとする趣旨である。この労使協定は，監督署長に届け出なければならない。

平均する1週の労働時間は，40時間である。ただし，留意を要するのは，就業規則その他これに準ずるものにより，起算日を明らかにし，あらかじめ各週および各日の労働時間を具体的に特定しておかなければならない点である（岩手第一事件＝仙台高判平13・8・29労判810号11頁）。そのさい，1週および1日についての上限はおかれていない。

なお，使用者は，育児，介護，教育等で特別の配慮を要する者に対しては，その者が必要とする時間を確保できるような配慮をしなければならない（1年以内型，非定型についても同様。労基則12条の6）。

また，変形期間開始後における勤務指定の変更を行うために，就業規則で変更条項をおく例があるが，それが特定した労働時間を変更する場合の具体的な変更事由を何ら明示することのない包括的な内容のものであるような場合は，労基法32条の2の求める「特定」の要件を欠く違法・無効なものとなる（JR東日本〔横浜土木技術センター〕事件＝東京地判平12・4・27労判782号6頁）。

③ 1年以内型変形労働時間制

使用者は，過半数労働組合または過半数労働者の代表との書面協定により，1年以内の一定期間を平均し，1週間あたりの労働時間が40時間を超えない定めをしたときは，特定された週において32条1項の労働時間，特定された日において同条2項の労働時間（8時

間）を超えて労働させることができる（労基32条の4第1項）。この変形労働時間制についても，労使協定（労働基準監督署長への届出）により，起算日を定め，各週および各日の労働時間を具体的に特定しておかなければならない。そのさい，1日の上限は10時間，1週の上限は52時間，および連続して労働させることのできる日数は原則として6日（特定期間においては1週間に1日の休日が確保できる日数）である（労基則12条の4第4項・5項）。

1年以内型変形労働時間制をとる場合，1日および週の労働時間をあらかじめ特定しておかなければならない（労基32条の4第1項），ただし，これを1カ月以上の期間ごとに区分して，その30日前に特定する方法が許されている（同1項・2項）。その場合には，過半数労組または過半数労働者代表の同意を得なければならない（同1項・2項）。なお，変形期間中の途中で入社した者，退職する者にも適用できるが上の変形期間を平均し1週あたり40時間を超えて労働させたときは，その超えた時間については，使用者は，37条の規定に基づき割増賃金を支払わなければならない（労基32条の4の2）。

4 非定型（1週間型）変形労働時間制

労基法は，日ごとの業務に著しい繁閑の差が生ずることが多く，かつ，それを予測したうえで各日の労働時間を具体的に特定しておくことが困難な事業について1週間単位の非定型的な変形労働時間制を認めている。これらの事業では使用者は，平均して週の法定労働時間を超えない範囲で（労基32条，労基則25条の2第1項），過半数労働組合または過半数労働者代表との書面協定により，1日について10時間まで労働させることができる（労基32条の5第1項）。使用者はこの協定を，労働基準監督署長に届け出なければならない（同3項）。

この非定型変形労働時間制の場合は，各日の労働時間をあらかじめ労使協定において具体的に特定しておく必要はなく，起算日を定め，前週末までに労働者に通知すれば足りる（労基32条の5第2項）。また，緊急やむをえない場合には，前日に変更することができる（労基則12条の5第3項）。使用者は各日の労働時間の設定にあたっては，労働者の意思を尊重するように努めなければならない（同5項）。非定型変形労働時間制を採用できる事業は，具体的には，30人未満の小売業，旅館，料理店，飲食店である（同1項・2項）。

⑤　フレックスタイム制

(1)　フレックスタイム制の採用とその方法

　フレックスタイム制は，ヨーロッパにおいて1970年代以降急速に普及した制度である。導入の契機は，通勤対策，アブセンティズム対策あるいは労働力の定着化等さまざまであるが，共通の目標は，労働者による労働時間帯の自己決定にある。フレックスタイム制には，完全フレックス等のいくつかのタイプがある。昭和62（1987）年の労基法改正により，一定の要件のもとで正面からこのフレックスタイム制が認められることになった。

　フレックスタイム制をとるためには，まず使用者は，就業規則その他これに準ずるものにより，労働者に始業および終業の時刻の決定を委ねる旨を定め，次に過半数労働組合または過半数労働者代表との書面協定に以下のことを定めなければならない（労基32条の3）。

　第1に，フレックスタイム制を適用する労働者の範囲（労基32条の3第1号）。

　第2に，清算期間（労基32条の3第2号）。清算期間が1カ月以内の場合と，1カ月超・3カ月以内の場合とで異なる。前者の場合は，1週間当たりの労働時間が法定労働時間（40時間）を超えないこと

であるが，後者の場合，清算期間の開始の日以後1カ月ごとに区分した各期間を平均して1週間当たりの労働時間が50時間を超えないことである（労基32条の3第2項）。

第3に，清算期間における総労働時間（労基32条の3第3号）。許容される総量は，平均して週の法定労働時間を超えないものでなければならない（労基32条・32条の3本文，労基則25条の2第3項）。

第4に，その他命令で定める事項として，コアタイムおよびフレキシブルタイムの開始・終了の時刻，標準労働時間を定めなければならない（労基32条の3第4号，労基則12条の3）。

(2) フレックスタイム制と労働時間の賃借制度

フレックスタイム制をとる場合に，貸借制度が許容されるか否かが問題となる。労働者がある期間に契約労働時間を超えて労働した使用者に対する貸時間を，次の期間に契約労働時間以下労働することによって借時間をつくり，これを相殺する方法については，貸時間分の取扱が労基法37条あるいは24条違反になると考えられるので，許されないことになる。他方，行政解釈は，ある期間における労働者の借時間分につき，使用者が賃金カットすることなく全額を支給すると賃金の過払いが生じることになるが，これを次期において労働者が貸時間をつくって相殺する方法については，それが法定時間内のものであれば，24条違反にあたらないと解している（昭63・1・1基発1号）。

<h1>4   労働時間規制の例外</h1>

労働時間を法律によって規制するかぎり，一律的な適用は妥当ではないから，原則に対する例外を設けることを避けることはできない。労基法も，適用除外，恒常的例外，一時的例外を認めている。

また，昭和62（1987）年改正により，1週40時間・1日8時間労働制とされたが，これについては経過措置が定められていた。

① 経過措置

昭和62（1987）年改正により，労働時間の原則は，1週40時間・1日8時間制となったが，附則により経過措置がおかれ，一定の規模と種類の事業については一定の猶予期間をおくこととされた。

まず，当初は1週46時間から出発し，平成3（1991）年4月1日から週44時間となった（労働時間等に係る暫定措置に関する政令2条）。さらに，平成5（1993）年の改正により一部の事業を除き週40時間とされ，平成9（1997）年4月からは後に示す恒常的例外の場合のほかすべての事業につき週40時間制となった（労基附則131条）。

② 恒常的例外

商業（労基別表第1，8号），郵便・電気通信（同11号），旅館・飲食店（同14号）等の事業で，「公衆の不便を避けるために必要なものその他特殊の必要あるものについては，その必要避くべからざる限度で」，厚生労働省令により，32条から32条の5までの労働時間および34条の休憩時間に関する規定について別段の定めをすることができる（労基40条1項）。ただし，労働者の健康および福祉を害しないものでなければならない（同2項）。

従来，上記の例外規定に基づき，商業，旅館，飲食店の事業等については かつて1日9時間・1週54時間労働制が許容されていた。しかし，現在商業（労基別表第1，8号），演劇（同10号，ただし映画の製作は除く），保健衛生（同13号），接客娯楽（同14号）の事業で10人未満のものについて，1週44時間の恒常的例外が認められているにすぎない（労基則25条の2第1項）。

③ 一時的例外

労基法は，以下の３つの場合につき，労働時間の原則に対する一時的な例外を許容している。ただし，いずれの場合も割増賃金を支払わなければならない（本章**5**参照）。

(1) 災害等による必要

「災害その他避けることのできない事由によつて，臨時の必要がある場合においては，使用者は，行政官庁の許可を受けて，その必要の限度において」，時間外労働および休日労働をさせることができる（労基33条1項）。事態急迫のため許可申請が事後になされたときで（同ただし書），監督署長がこれを不適当と認めるときは，その後にその時間に相当する休憩または休日を命じることができる（労基33条2項）。これを，代休付与命令と呼んでいる。

(2) 公務による必要

「公務のために臨時の必要がある場合においては」，官公署の公務員については，時間外労働および休日労働をさせることができる（労基33条3項）。この規定は，実際上は，非現業地方公務員および国営事業（4現業）の総括管理部門の公務員に適用される。

なお，国公立小中学校の教育職員の時間外労働・休日労働およびその手当については，「国立及び公立の義務教育諸学校等の教育職員の給与等に関する特別措置法」により律せられており，特定の労働内容については，俸給月額の4％の支給を条件に，労基法36条および37条の適用を受けないこととされている。

(3) 労使間協定（三六協定）

使用者は，当該事業場の労働者の過半数を組織する労働組合，またはかかる労働組合が存在しないときは当該事業場の労働者の過半数を代表する者との間で，書面協定（三六協定）をし，これを労働基準監督署長に届け出たときは，時間外労働および休日労働をさせ

ることができる（労基36条本文）。使用者が三六協定を締結しなければならないのは，第1に，32条から32条の5もしくは40条の労働時間を延長する場合，第2に，35条の休日に労働させる場合であるから，いわゆる法内残業および法定外休日労働については，三六協定は必要ではなく，割増賃金を支払わなくてもよい。

「労働者の過半数」であるか否かの計算に際しての労働者は，当該事業場におけるすべての労働者を意味する。したがって，管理監督者や年少者，休職中の労働者も含まれる（昭46・1・18基収6206号）。しかし，「労働者の過半数を代表する者」については，41条2号の監督または管理の地位にある者であってはならない。三六協定の一方の当事者が単なる親睦団体等「労働者の過半数を代表する者」と認められない以上，当該協定は無効であり，労働者には会社の残業命令に従う義務はない（トーコロ事件＝最2小判平13・6・22労判808頁11頁，なお本章**6**参照）。

また，その選出方法は投票，挙手等の手続によるべきである（労基則6条の2第1項参照）。なお，三六協定の届出様式では，代表者の職と選出方法との記載が要求されている。

(4) 三六協定で定めるべき事項

三六協定には，①対象となる労働者の範囲，②対象期間（1年間に限る），③時間外労働または休日労働をさせる必要のある具体的事由，④対象期間における1日，1ヵ月および1年における時間外労働または休日労働日数の上限，⑤その他厚生労働省令で定める事項，を定めておかなければならない（労基36条2項）。

(5) 労働時間延長の限度

働き方改革で，罰則付きで残業の上限規制が設けられた（平成31〔2019〕年4月1日から，中小企業については，令和2〔2020〕年4月1日から1年遅れで施行）。限度時間と特別条項についての規制がある。

まず，36協定で定める「対象期間における時間外・休日労働」の上限について，原則として月45時間，年360時間を超えるものは認められない（限度時間，労基36条3項・4項）。しかし例外的に，臨時的に特別な事情があって労使で合意する場合（特別条項，同5項・6項），次に述べるような条件で残業が可能になる。すなわち，①時間外労働が年720時間以下，②時間外労働が月45時間を超える月は1年に6カ月まで，③時間外労働と休日労働を併せた合計は月100時間未満でなければならず，④時間外労働と休日労働を併せた月が，複数月（2ないし6カ月）で平均80時間以内でなければならない。なお，運輸（自動車運転業務），建設等については一般則施行から5年間猶予される（労基附則139条〜142条）。医師については，当面適用除外であるが，今後規制のあり方を検討することとされている。

　一定の有害業務については，労働時間の延長は，1日について2時間を超えてはならない（労基36条1項ただし書）。施行規則18条は，その業務として，著しく暑熱もしくは寒冷な場所における業務，蒸気もしくはガスにさらされる業務等を定めている。なお，年少者には三六協定に基づく時間外労働・休日労働をさせることができず（労基60条1項），女性には一定の制約がある（本編第7章**3**参照）。

5 　割増賃金

1　割増賃金の割増率

　使用者は，労基法33条（災害，公務）もしくは36条（三六協定）の規定によって，32条から32条の5もしくは40条の労働時間を延長し，あるいは35条の休日に労働させた場合は25〜50％までの命令で定める率（割増賃金政令により，休日労働は35％，時間外労働は25％）以上で

計算した割増賃金，また深夜（原則として午後10時から午前5時までの間）に労働させた場合には，25％以上の率で計算した割増賃金を支払わなければならない（労基37条1項・3項）。ただし，月60時間を超える時間外労働についての割増率を50％以上としなければならない（労基36条2項・37条1項ただし書）。また，「労働時間の延長限度等に関する告示」の改正により，1カ月限度の時間外労働が45時間を超え60時間未満の分について，労使で法定の割増率（25％）を超える割増率に引き上げる努力義務が課せられることになる（労基36条2項）。なお，月60時間を超える時間外労働については，割増賃金に代えて，有給の休暇（最低の単位は半日）を与えることもできる（労基37条3項）。

　時間外労働・休日労働が深夜に及ぶ場合には，合算した率で計算した割増賃金の支払いを要する（労基則20条）。労基法41条2号の管理監督者についても，使用者は，深夜割増賃金の支払い義務は免除されていない（ことぶき事件＝最2小判平21・12・18労判1000号5頁）。

② 割増賃金と定額制

　割増賃金を一律もしくは定額で支払う方法については，それ自体違法とはならないが，かかる支払額が実際の割増賃金額よりも下回ることが立証されたときは，使用者はその差額分の支払いを免れない（昭24・1・10基収68号，関東プレハブ事件＝東京簡判昭40・7・15労民集16巻4号572頁）。また，歩合給制をとるタクシー乗務員の時間外・深夜割増賃金に関連して，歩合給の額が時間外・深夜労働を行っても増額されることはなく，また通常の労働時間の賃金にあたる部分と割増賃金にあたる部分とが判別できないときには，歩合給の支給で割増賃金が支払われたとはいえないとする最高裁判例がある（高知県観光事件＝最2小判平6・6・13労判653号12頁）。

また，年俸制との関連で時間外労働割増賃金の支払い義務が問題となることがあるが，年俸制を採用することによってただちに時間外労働割増賃金を当然支払わなくともよいということにはならない。労基法37条の趣旨は，割増賃金を確実に使用者に支払わせることによって超過労働を制限することにあるから，基本給に含まれる割増賃金部分が結果において法定の額を下回らない場合においては，これを同法に違反するとまでいうことはできないが，割増賃金部分が法定の額を下回っているか否かが具体的に後から計算によって確認できないような方法による賃金の支払方法は，同条に違反するものとして，無効と解される（創栄コンサルタント事件＝大阪地判平14・5・17労判828号14頁）。なお，通達は，年俸制で毎月支払い部分と賞与部分があらかじめ確定している場合の賞与は，割増賃金の基礎となる賃金に算入しない「賞与」（労基則21条5号）には該当しないので，当該賞与部分を含めて，割増賃金を計算しなければならないとする（平12・3・8基収78号）。

　また，月間140時間から180時間までの労働について基本給41万円を支払う旨の合意が，月間180時間以内の労働に含まれる時間外手当の請求権を労働者の自由な意思により放棄したものといえるかどうかが争われた事例で，最高裁は，それを否定し，月間180時間以内の労働時間中の時間外労働についても，雇用契約に基づく基本給とは別に割増賃金時間外手当込みの基本給につき割増賃金の支払い義務があるとしている（テックジャパン事件＝最1小判平24・3・8労判1060号5頁）。

　医師に対する残業代込みの年俸（1700万円）における労基法37条違反の成否が問題になった事例（医療法人社団康心会事件＝最2小判平29・7・7労判1168号49頁）で，最高裁は，割増賃金をあらかじめ基本給等に含めて支払う場合においては，労働契約における基本給等

の定めにつき，通常の労働時間の賃金に当たる部分と割増賃金に当たる部分とを判別することができる必要がある旨判示している。調剤薬局の薬剤師における業務手当（定額残業代）の割増賃金該当性が問題になった事例（日本ケミカル事件＝最1小判平30・7・19労判1186号5頁）も同様な判断を示している。

歩合給の算定方法が，労使間の合意に基づき定められ，労働契約の内容になっていたとされた事例（国際自動車〔第2・歩合給等〕事件＝東京高判平30・1・18労判1177号75頁）がある。同様の国際自動車事件（最3小判平29・2・28労判1152号5頁）で，最高裁は，基法37条等の規定は，同条等で定められた方法により算出された額を下回らない額の割増賃金の支払いを義務づけるにとどまり，使用者に対して，労働契約における割増賃金の定めを労基法37条等に定められた算定方法と同一のものとし，これに基づいて割増賃金を支払うことを義務づけるものとは解されない等と述べて，原判決を破棄して原審に差し戻していた。差戻審（東京高判平30・2・15）でも，本件規定の歩合給の算出方法は，労働時間に応じた労働効率性を歩合給の金額に反映させるための仕組みとして合理性を是認することができるとしてタクシー乗務員側が敗訴していた。歩合給を出来高賃金の一種として，労働時間ではなく，労働の成果に応じて変動する賃金であると捉えると，「労働の成果」の評価方法として，残業手当等その他の経費に相当する金額を控除する方法を採用して歩合給を算出するような方式をとったからといって違法ではないとしたものである。

しかし，国際自動車（第2次上告審）事件＝最1小判令2・3・30（民集74巻3号549頁）では，本件割増金によって労基法37条所定の割増賃金が支払われたということはできないと，第1次上告審の判断を実質的に否定するような判断を行っている。

③ 割増賃金の基礎となる賃金

　割増賃金の基礎となる賃金は，当該労働者に対して支払われる「通常の労働時間又は労働日の賃金」である（労基37条1項）。ただし，上の賃金には，家族手当，通勤手当その他命令で定める賃金は算入されない（同5項）。命令で定める賃金として，①別居手当，②子女教育手当，③住宅手当，④臨時に支払われた賃金，⑤1カ月を超える期間ごとに支払われる賃金がある（労基則21条）。⑤により賞与（ボーナス）は，通常，割増賃金の算定対象とはならないが年俸制で毎月の支払部分と賞与部分を合算してあらかじめ年俸額が確定している場合の賞与は，上記の賞与（ボーナス）には当らないから，それを含めて割増賃金を算定しなければならない（平成12・3・8基収78号）。割増賃金の算定にあたって除外される住宅手当は，具体的な住宅事情に応じて支払われる住宅手当にかぎられる。

6 　時間外・休日労働義務

① 三六協定の法的効力

　使用者は，三六協定それ自体に基づいて，労働者に時間外・休日労働を命じる権限を与えられるわけではない。すなわち，三六協定は，法定労働時間を超えて，あるいは法定休日に労働させたとしても，労基法による処罰を免れるという効果（免罰的ないし公法的効果）をもつが，労働者に時間外・休日労働を命じうる効果を有しないわけである。ただし，三六協定は，労使間における協定範囲内の時間外・休日労働に関する合意を無効にしないという効果は存在する。そこで，労働者に時間外・休日労働義務が発生するというためには，三六協定にプラスするアルファが必要となるが，このアルファをめぐっていくつかの考え方が対立している。

② 時間外・休日労働義務の法的根拠

　この点に関する考え方については，大別して2つに分けることができる。第1は，労働協約，就業規則あるいは労働契約における時間外・休日労働を命じる旨の規定に，時間外・休日労働義務の根拠を求めうるとするものである。ただし，この立場にあっても①就業規則の定めにより義務が発生するとするもの，②労働協約における定めが必要とするもの，さらに各々において，③きわめて具体的な定めを要求するもの，④抽象的な定めでも足りるとするもの等に細分される。これに対して第2は，労働協約，就業規則あるいは労働契約における事前の規定では足りず，労働者の個別的な同意が必要とする考え方である。この立場も①その都度の合意を必要とするもの（明治乳業事件＝東京地判昭44・5・31判タ236号195頁など），②一定期間（たとえば1カ月）を定めた同意でも可能，とする説に分かれる。最高裁は現業国家公務員について，個別的合意は必要としないとしていた（静内郵便局事件＝最3小判昭59・3・27労判430号69頁）が，民間企業に関しても，上の第1の考え方に立つことを明確にし（日立製作所武蔵工場事件＝最1小判平3・11・28民集45巻8号1270頁），この問題に結着をつけた。

　もっとも，上記の第1の考え方によっても，業務上の必要性がないときあるいは労働者に正当な理由があるときには，時間外・休日労働命令の拒否に対する不利益取扱は，使用者側における権利濫用と評価されることになる。また，第2の考え方によっても，三六協定によって枠が設定されており，就業規則等による事前の規定によって「抽象的」な義務は発生していると解されるから，時間外・休日労働の命令拒否の理由いかんによっては，信義則違反の法理が適用可能であろう。したがって，時間外・休日労働拒否を理由とする不利益処分の効力に関しては，結論的には2つの考え方に大きな

ちがいは生じないともいえる。そうすると，時間外労働の上限が厳格に規制されるようになれば，第1の考え方がより説得力をもつことも予想され，拒否理由の正当性が重要な論点となってくる。

③ 法内超勤・法定外休日労働

法内超勤または法定外休日労働の義務についても，上と同様の見解の対立がある。裁判例にも，労働者の法内超勤拒否の自由を広く認めたものがある（毎日新聞社事件＝東京地決昭43・3・22判時520号79頁）。しかし，この問題についても，上記の第2の見解によるのはむずかしい。なぜなら，現行労基法のもとにおいては，法内超勤または法定外休日労働については，契約自由の範囲に委ねていると解するしかないためである。したがって，結局は労働協約，就業規則あるいは労働契約における規定の意思解釈に従うしかないであろう。

7 休　憩

① 休憩時間の長さ

「使用者は，労働時間が6時間を超える場合においては少くとも45分，8時間を超える場合においては少くとも1時間の休憩時間を労働時間の途中に与えなければならない」（労基34条1項）。労働が一定の時間継続すると，労働者には心身の疲労が蓄積し，注意力の散漫をきたし，労働能率を低下させ，あるいは労働災害発生の誘因ともなる。そこで，労基法は，適当な長さの休憩時間を労働時間の途中で与えることにしたものである。

休憩時間とは，労働者が労働時間の途中で労働義務から完全に解放される時間をいう。したがって，本来の作業に従事していない時間であっても，たとえば電話の収受，物品もしくは作業進行等の監

視を義務づけられている時間は，休憩時間とは解されない。なお，休憩時間の位置や分割付与については，労基法は，これを労使自治に委ねている。

労基法41条1号から3号に該当する者，および施行規則で定める者，たとえば屋内勤務者30人未満の郵便局の郵便電話業務に従事している者等（労基則32条1項）に対しては，休憩時間を与えないことができる。

② 一せい休憩の原則

使用者は休憩時間を一せいに与えなければならない（労基34条2項本文）。一せいに休憩を与えなければならない範囲は，作業場単位ではなく事業場単位であり，作業場単位にするときは，行政官庁の許可が必要である（昭22・9・13発基17号）。この一せい休憩の原則が定められた趣旨は，休憩時間を実効あるものとし，また監督上の便宜を図ったものとされている。

ただし，次の場合には休憩を一せいに与えなくてもよい。第1に，公衆の不便を避けるためその他特殊の必要あるものとして（労基40条1項，労基則31条），労基法別表第1の定める事業のうち，4号，8号〜11号，13号，14号の事業については，一せい休憩の原則は適用されない。

第2に，過半数労組または過半数代表者との間の労使協定があるときは，一せい休憩の原則は適用されない（労基34条2項ただし書）。従来は，行政官庁の許可が要件となっていたが，平成10（1998）年の改正により，労使協定方式とされた。

③ 自由利用の原則

(1) 休憩時間の自由利用と外出許可制

労働者は、休憩時間中は労働義務から解放されるが、使用者は、この休憩時間を自由に利用させなければならない（労基34条3項）。したがって、労働者は、休憩時間中に何らかの作為を命ぜられることはなく、かかる命令を拒否しても何らの義務違反も生じない。

しかし、休憩時間は労働時間の途中で与えられるものであり、また企業施設内で過ごすのが通常であるから、労働者は、一定の不作為を命令されることにより、何らかの制約下におかれることも否定しえない。この点、行政解釈は、「休憩時間の利用について事業場の規律保持上必要な制限を加へることは休憩の目的を害さない限り差し支へない」（昭22・9・13発基17号）とし、また、休憩時間中の外出許可制について、「事業場内において自由に休息し得る場合には必ずしも違法にはならない」（昭23・10・30基発1575号）としている。

(2) 休憩時間中の政治活動

休憩時間の自由利用の原則をめぐってしばしば争いの生じる休憩時間中の政治的ビラの配布について、次にとりあげてみよう。

最高裁は、目黒電報電話局事件（最3小判昭52・12・13民集31巻7号974頁）において、局所内において政治的ビラの配布を行うことは、休憩時間中であっても、局所の施設の管理を妨げるおそれがあり、さらに、他の職員の休憩時間の自由利用を妨げ、ひいてはその後の作業能率を低下させるおそれがあって、その内容いかんによっては企業の運営に支障をきたし企業秩序を乱すおそれがあるから、これを局所管理者の許可にかからせることは、合理的な制約といえるとの判断を示している。この事件は公社施設に関するものであるが、最高裁はその後、民間企業における事件について同様の考えを維持

している（明治乳業事件＝最3小判昭58・11・1労判417号21頁）。

　学説上は，現実かつ具体的に企業秩序が乱される場合にかぎって許可違反の責任を問いうるとの考え方（具体的危険説）がかなり強く主張されているが，上の最高裁判決は，企業秩序が乱されるおそれがあれば足りるとの立場（抽象的危険説）を示したことになる。しかし，最高裁も，ビラ配布が局所内の秩序風紀を乱すおそれのない特別の事情が認められるときは，許可制を定める規定には違反しないとしている。実際にも，前掲明治乳業事件では，昼休み休憩時間中の工場食堂内において政党の選挙ビラを平穏に配布したことにつき，ビラ配布の態様，経緯および目的ならびにビラの内容からみて，上の特別の事情にあたるとして，許可を得ないでしたビラ配布を理由とする懲戒処分を無効としている。

(3)　自由利用の適用除外

　警察官・消防団員，および養護施設等児童のための福祉施設の職員で児童と起居をともにする者については，自由利用の原則は，適用除外とされている（労基則33条）。

8　休　日

1　週休制

　「使用者は，労働者に対して，毎週少くとも1回の休日を与えなければならない」（労基35条1項）。ただし，上の規定は，「4週間を通じ4日以上の休日を与える使用者については適用しない」（同2項）。労基法は，6日間の継続労働による心身の疲労を，丸1日の労働義務からの解放によって回復させることを目的とする。ただし，例外的に4週4日の変形週休制を許容している。

② 週休の付与

1回の休日とは，継続24時間を意味するのではなく，原則として暦日，すなわち午前零時から午後12時までを意味する（昭23・4・5基発535号）。ただし，8時間3交替制がとられているときは，番方編成に不都合が生じるとして，例外的に継続24時間制が許容されている（昭63・3・14基発150号）。毎週のとり方については，特別の定めのないかぎり暦週とされるが，就業規則等により自由に定めることができる。

③ 休日の振替・代休

(1) 休日の振替

労基法は，休日を特定すべきことを要求していないが，いったん特定した法定休日を他の日に振替ることができるかどうかが問題となる。4週4日の範囲で休日が与えられていれば労基法35条違反が成立する余地はないから，上の問題は，結局，労働者には休日の振替に応じるべき義務が発生するか否かということを意味する。一般には，就業規則等において休日の振替がありうることを定めておき，1週1日もしくは4週4日の範囲内において振替える休日の日を特定し，振替の実施日以前に労働者に予告することにより，労働者には振替に応じるべき義務が発生すると解されている（三菱重工業横浜造船所事件＝横浜地判昭55・3・28労判339号20頁）。上のような定めがない場合には，個々の労働者の同意が必要であり，この同意があれば休日を振替えることができる（鹿屋市立小学校事件＝鹿児島地判昭48・2・8判時718号104頁）。

上記のような休日の振替の効果として，使用者は，特定されていた休日に勤務をさせても，三六協定を締結する必要はなく，休日労働割増賃金の支払いを要せず，特定されていた休日に労働させるこ

とができる。上の点を考慮すると，労使は，できるだけ振替のできる事由を特定し，早めに予告される等の要件を定めるよう努めるべきであろう。

(2) 代　　休

あらかじめ休日の振替を告げることなく特定した休日に労働させ，後に休日を与える場合があるが，これは振替とは認められず，代休と呼んで区別している。この休日労働には割増賃金の支払いが必要であるが，代休の日を有給にするか否かは労使の自治による。

なお，時間外労働が一定の時間（たとえば8時間）に達した場合，時間外割増賃金の支給にかえて休日を与える制度がみられるが，この場合も，残業の事実自体は残り，この部分についての割増賃金の支払いは必要となる（上の休日につき8時間分の時間単価を控除することは可能である）。

4　変形労働時間制と振替

1年以内型変形労働時間制が採用された場合の休日の振替については，第1に，同一週内に振替えられるものであること，第2に，就業規則において，できるかぎり，休日振替の具体的事由と振替えるべき日を規定すること，以上を要件として認められる（平6・5・31基発330号）。なお，同一週内にかぎって認められている休日振替について，現在では，1週1日の休日が確保されていれば，他の休日は同一週内にかぎらず別の週への振替も可能とされている。

5　労働時間制の適用除外

特定の事業ないし職種に従事する以下の3つのタイプの労働者に対しては，労基法上の労働時間，休憩，休日に関する規定は，全面的に適用除外される。しかし，これらの者に対しても，年次有給休

暇（労基39条）および深夜業の割増賃金（労基37条）の規定は適用がある（昭22・9・13発基17号，前掲ことぶき事件）。

(1) **農・水産業**

自然的条件に左右される事業，すなわち農業（労基別表第1，6号），畜産・水産（同7号）の事業に従事する者には，労基法上の前述の規定は適用されない（労基41条1号）。なお，林業については，平成5（1993）年の改正により，適用されることとなった。

(2) **管理監督者・機密事務取扱者**

「事業の種類にかかわらず監督若しくは管理の地位にある者又は機密の事務を取り扱う者」にも，労基法上の前述の規定は適用されない（労基41条2号）。「管理監督者」の解釈については，係長等の中間管理職への適用がとくに問題になる。その判断は，①労働条件の決定その他労務管理について経営者と一体的な立場にある者で，②出社退社等について厳格な制限を受けない者という基準（昭22・9・13発基17号，静岡銀行事件＝静岡地判昭53・3・28労判297号39頁）に加えて，③その地位にふさわしい管理職手当あるいは役職手当が支給されているか否かも考慮して決定される（昭63・3・14基発150号，育英舎事件＝札幌地判平14・4・18労判839号58頁，東建ジオテック事件＝東京地判平14・3・28労判827号74頁，日本マクドナルド事件＝東京地判平20・1・28労判953号10頁）。最近では，いわゆるスタッフ職に従事する者が増加しているが，これらの者も，経営上の重要事項に関する企画立案等に携わり，ライン職の管理者と同等の地位が与えられているのであれば，本号にいう管理監督者にあたる（昭63・3・14基発150号）。

なお，裁判例では，管理監督者として取り扱われてきた不動産事業部の部長（デンタルリサーチ事件＝東京地判平22・9・7労判1020号66頁），ソフトウエア会社のシステムエンジニアたる課長代理（東和シ

ステム事件＝東京地判平21・3・9労判981号21頁）は，業務の態様，与えられていた権限，待遇等からいずれも労基法41条2号の管理監督者性が否定されている。

　次に，「機密事務取扱者」とは，単に機密書類に接する機会のある者という意味ではなく，管理監督者についての判断基準に準じて決定される（昭和22・9・13発基17号）。

(3)　**監視・断続労働者**

　「監視又は断続的労働に従事する者で，使用者が行政官庁の許可を受けたもの」にも，労基法上の前述の規定は適用されない（労基41条3号）。典型的には，守衛，団地管理人などであるが，次のような基準によって許可される。すなわち，監視労働者とは，監視が本来の業務であり，常態として身体または精神的緊張の少ない労働に従事する者をいう（昭22・9・13発基17号）。また，断続労働者とは，休憩時間は少ないが手待時間が多い者で，作業時間と手待時間の比率が折半程度のものをいう（昭22・9・13発基17号，昭23・4・5発基535号）。

　なお，他に本務をもつ労働者が断続的労働である宿直・日直に従事する場合，その許可要件として，①定時的巡視，電話の収受等の目的にかぎること，②日直については月1回，宿直については週1回を基準とすること，③1回の宿日直手当は，宿日直を本務とする労働者の賃金の1人1日平均額の3分の1以下でないこと（昭63・3・14基発150号）とされている。

(4)　**労基法41条3号に基づく宿日直勤務の許可基準を満たしていない申請に対する許可の違法性**

　なお，看護師等の宿日直の時間帯における勤務の態様が，労基法41条3号，労基法施行規則23条に基づく宿日直勤務の許可基準として定められた通達の基準を満たしていなかったとして，許可が違法とされた事例がある（中央労基署長〔大島町診療所〕事件＝東京地判平

15・2・21労判847号45頁)。また，県立病院勤務の産婦人科の医師の宿日直勤務についてこの基準をあてはめて，労基法41条3号の断続的業務該当性を否定して，割増賃金の支払い義務を認めるものがある（奈良県事件＝大阪高判平22・11・16労判1026号144頁）。

⑥ 高度プロフェッショナル制度

　働き方改革に関連する労基法の改正で設けられたのが，高度プロフェッショナル制度である（労基41条の2）。労基法41条の適用除外とは異なり，深夜業の割増賃金の規制も適用除外となる。対象となる業務は，金融商品開発，金融商品のディーリング，アナリスト，コンサルタント等，高度にプロフェッショナルな業務でなければならない（労基41条の2第1項1号，労基則34条の2第3項）。また労働者1人当たりの給与の3倍の額を相当程度上回る高い給料が支払われる者でなければならず（労基41条の2第1項2号ロ），現在その額は，年収1075万円以上とされる（労基則34条の2第6項）。この制度の導入のためには，労使委員会を設けて委員の5分の4以上の多数による決議が必要である（労基41条の2第1項）。

　なお一定の健康確保措置が要求されている（労基41条の2第1項4号・5号）。使用者としては，①勤務間インターバル制度を置き，かつ深夜労働を1か月に4回以内とすること，②健康管理時間の上限措置，③年1回以上の連続2週間の休日の付与，④臨時の健康診断，の4つの措置のうちいずれかを講じる必要がある。

　ここで勤務間インターバルとは，始業から翌日の始業までの間に一定時間（労基則34条の2第9項では11時間）の継続した休息時間を確保する制度をいう。この制度自体は，高度プロフェッショナル制度とは別の一般的制度として，現在，労働時間等設定改善法に基づく使用者の努力義務とされている（「労働時間等設定改善指針」参照）。

第6章

年次有給休暇

1 総　説

　年次有給休暇の本来の趣旨は，まとまった休暇の付与により労働者の心身のリフレッシュを図り，また労働者の能力啓発の機会を確保することに求められる。1970年の ILO 第132号条約は，年休日数を１年につき最低３労働週とし（３条３項），そのうち２労働週は継続して与えるべきこと（８条１項・２項）を定めている。わが国では，年休の継続取得の慣行はいまだ十分には定着していない。なお，昭和62（1987）年の改正により，①最低付与日数の引上げ，②労働時間が短く，労働日数が少ない者への比例付与制の導入，③計画年休制度の導入，④年休取得を理由とする不利益取扱の回避の定めがなされた。また，平成５（1993）年に，年休の発生要件等についての改正がなされた。

2 年休権の内容

1 年休権の成立

(1) 年休権の成立要件

　労基法39条は，使用者に対し，６カ月間継続勤務し全労働日の８割以上出勤した労働者に，継続し，または分割した10労働日の有給休暇を与えること（労基39条１項），１年６カ月以上継続勤務した労

働者に，その後の継続勤務年数１年について１労働日を加算（２年
６カ月まで）し，また，３年６カ月以降は継続勤務期間が１年増す
ごとに２日ずつを加算され，最高20日までの有給休暇を与えること
（同２項）を義務づけている。平成10（1998）年の改正前は，継続勤
務１年につき１日ずつの加算とされていたが，改正により，20日に
到達する年数が短縮されることになった。

　なお，タクシー会社の労働者が解雇され，後に解雇無効として勝
訴しその判決が確定したため職場に復帰し就労しているが，労働者
は，労基法39条１項・２項に基づく年休の成立要件として，全労働
日にかかる出勤率の算定に関して解雇期間中の不就労期間も全労働
日に含めて，かつ出勤したものとして５日間の年休を請求したが，
使用者は，請求の前年度において１日も就労がなかったため労基法
39条２項所定の年休の成立要件が満たされていないとして労働者が
年休を請求して就労しなかった５日間について賃金を支払わなかっ
たケースがある。これにつき，最高裁は，39条１項および２項の趣
旨に照らすと，前年度の総暦日の中で，就業規則や労働協約等に定
められた休日以外の不就労日のうち，労働者の責めに帰すべき事由
によるとはいえないものは，不可抗力や使用者側に起因する経営，
管理上の障害による休業日等のように当事者間の衡平等の観点から
出勤日数に算入するのが相当でなく全労働日から除かれるべきもの
は別として，上記出勤率の算定にあたっては，出勤日数に算入すべ
きものとして全労働日に含まれるものと解するのが相当であり，無
効な解雇の場合のように労働者が使用者から正当な理由なく就労を
拒まれていたため就労することができなかった日は，労働者の責め
に帰すべき事由によるとはいえない不就労日であり，労基法39条の
年休請求に関して出勤日数に算入すべきものとして全労働日に含ま
れるとしている（八千代交通〔年休権〕事件＝最１判平25・6・6民集

67巻5号1187頁）。この最高裁の判決を受けて，通達が改められている（平25・7・10基発0710第3号）。なお，同通達によっても，①不可抗力による休業日，②使用者側に起因する経営，管理上の障害による休業日，③正当な同盟罷業その他正当な争議行為により労務の提供がまったくなされなかった日は，当事者間の衡平等の観点から出勤日数に算入するのが相当でなく全労働日から除かれるとしている。

　本体としての年休権の成立自体に関しては，使用者の許可あるいは承認という観念が入り込む余地はない。8割以上出勤の要件が満たされたか否かが，問題になるのみである。

　なお，日本の外国語専門学校で英語の授業を担当していた外国人講師（前期・後期に分かれ契約期間が存在しない期間がある）の講師契約の更新が労基法39条1項の年休付与の判断に係る「継続勤務」の要件を満たすか否かが争われた事例（学校法人文際学園事件＝東京地判平30・11・2労判1201号55頁）では，講師契約存続中に，事実上，次学期の講師契約の締結に向けた素地が整備されているものと評価し，現に原告らは，最初の講師契約以降，途切れることなく毎学期講師契約を締結してきており，同種の業務を継続的に担当しているものと評価できるのであり，学校側が指摘するとおり，前期と後期との間には約半月，後期と次年度の前期との間には約2カ月の期間があるものの，これは日本外国語専門学校が専門学校であることから，各学期間に授業が行われない期間が存在し，講師契約の性質上，この間も契約関係を存続させておく実益が乏しいことによるものであり，本件において，「継続勤務」の要件は満たされているとされている。一定期間，継続的に勤務した者に一定の有給の休暇を認めるという労基法の年次有給休暇制度の趣旨からして，妥当な判断である。

(2) 年休の時季指定と時季変更権

年休権が発生した時点においては，それを当該年度のどの時季に行使するかは定まっていないから，労働者はあらためてこの時季を特定しなければならない。これが労働者の時季指定（請求）権であり（労基39条5項本文），これに対応するものとして使用者に時季変更権が与えられている（同ただし書）。すなわち，労働者による年休の時季指定の効果は，使用者による適法な時季変更権の行使を解除条件として発生するわけである。

上記のように，労働者の側からみれば，年次有給休暇は，本体としての年休権および時季指定権という二重構造から成っている（二分説）。かかる理論構成は現在では学説上もほぼ一致しており，裁判実務上も，昭和48（1973）年の最高裁判決（白石営林署事件＝最2小判昭48・3・2民集27巻2号191頁，国鉄郡山工場事件＝最2小判昭48・3・2民集27巻2号210頁）以降，定着したものとなっている。

出勤率の計算にあたっては，業務上の負傷または疾病による休業，産前産後の休業および育児・介護休業については，これを出勤したものとみなされる（労基39条8項）。有給という意味は，①平均賃金，②通常の賃金，③標準報酬日額（健保99条1項）のいずれかを支払うことをいう（同6項）。

(3) 使用者による年休の時季指定

働き方改革の一環として，使用者による年休の時季指定の制度が導入されている（労基39条7項・8項）。それによれば，使用者は，10日間以上の年休権を有する労働者については，その労働者が自ら時季指定をして，あるいは計画年休制度により取得した年休が5日に満たない場合，基準日（年休権が発生した日）から1年以内に，自らの指定により年休を付与しなければならない。なお，この制度に基づき使用者が自らの指定により年休を付与するに当たっては，与

えるべき時季について当該労働者の意見を聴かなければならず，その意見を尊重するように努めなければならない（労基則24条の6第1項・第2項）。

② 年休の比例付与

従来，パートタイマーに対しては，週5日以上労働する者については，通常の労働者と年休について同一の取扱をすることを要するが，4日以下の者については，年休を与えるのが望ましいとされてきた（本編第12章**2**参照）。この点，昭和62（1987）年の改正により労働時間が短い者で労働日数が少ない者に対して，比例して年休を与えるべきものとされた（労基39条3項）。

まず，週の労働時間が30時間以上の者，週所定労働日数が5日以上の者および年間所定労働日数が217日以上の者については，通常の労働者に対するのと同様に取り扱わなければならない（労基則24条の3）。

次に，週の労働時間が30時間未満の者で，①週所定労働日数が4日以下の者，②年間所定労働日数が216日以下の者には，通常の労働者の所定労働日数（労基則24条の3第2項により5.2日）と比例した日数の年休が与えられなければならない。年休の発生要件が6カ月継続勤務とされたことについては，パートタイマーにも適用される。具体的な付与日数は，巻末の**表3**を参照されたい。

③ 年休の利用目的

(1) 年休の自由利用

労基法39条は，年休の利用目的を制約する規定をおいていない。それゆえ前掲の昭和48（1973）年の最高裁判決も，一斉休暇闘争は別として，「年次休暇の利用目的は労基法の関知しないところであ

り，休暇をどのように利用するかは，使用者の干渉を許さない労働者の自由である」としている（電電公社近畿電通局事件＝最1小判昭62・7・2労判504号10頁）。上の考え方によれば，使用者は年休の利用目的自体によって時季変更権を適法に行使しえないわけであり，また利用目的によって年休権行使の権利濫用にあたるとも解しえないわけである。

しかし，時季変更権行使の要件が満たされているときに，それでもなお使用者がこの権利を行使するか否かの判断材料として利用目的を問い，その目的によって時季変更権行使を決定するのはさしつかえないであろう（電電公社此花局事件＝最1小判昭57・3・18民集36巻3号366頁）。またある裁判例は，公社職員による社会的な違法行為に参加（いわゆる成田闘争への参加）するための年休指定に対し，時季変更権行使の要件が満たされており，公社の公共性を重視し，使用者は代替労働者を募って勤務割を変更する義務を負わないとする（弘前電報電話局事件＝仙台高判昭59・3・16労判427号29頁）。ただし，最高裁は，この高裁判決の考え方を否定した（同事件＝最2小判昭62・7・10民集41巻5号1229頁）。

(2) 年休と一斉休暇闘争

法律により争議行為を禁止されている公務員らが，一斉休暇闘争と称し，年休の取得時期を組織的に指定することにより，ストライキ類似の効果をねらった方法を採用することがある。前掲最高裁判決（白石営林署事件）は，一斉休暇闘争につき，業務の正常な運営の阻害を目的として，全員一斉に休暇届を提出して職場を放棄・離脱するものであれば，その実質は年次有給休暇に名をかりた同盟罷業（ストライキ）にほかならないとして，適法な年休権の行使とはいえないと判断している。その後の裁判例においても，この考え方が維持されている。ただし，他の事業場における争議行為等に休暇中

の労働者が参加することは，年次有給休暇の成立に影響しないと解されている（道立夕張南高校事件＝最1小判昭61・12・18労判487号14頁）。

④ 時季指定権

(1) 時季指定の意義

労基法39条4項の文言は「時季」の指定（請求）となっているが，日の指定でもさしつかえない（時季指定権の法的性質については，請求権説，形成権説，時季指定権説，種類債権説，選択債権説がある）。夏または冬という指定がなされたときは，年休取得日の始期と終期の特定を労使による調整に委ねたものと解しうる。その際，労働日でない日は就労義務を負わない日であるから，この日に年休を取得するという考え方は成立しない。したがって，病気休職中や組合専従休職中の日を年休日として指定できない。

(2) 年休取得の単位

年休取得の単位は，原則として1日単位でなければならないが，使用者が認めるのであれば半日単位の取得も許される（昭63・1・1基発150号，学校法人高宮学園事件＝東京地判平7・6・19労判678号18頁）。なお，平成20（2008）年の労基法の改正によって，労使協定で定めれば，年休（5日以内にかぎる）の時間単位での取得が可能となった（労基39条4項）。

(3) 年休時季指定の手続

年休の時季指定をいつまでになすべきかは，労基法にはとくに定めがないから，当日であってもさしつかえない。しかし，一般に，就業規則その他により，年休日の一定日数前に指定すべきこととされている例が多い。かかる規定自体を39条違反とは評価しえないが，規定の日を過ぎて年休を指定した労働者に対し，時季変更権行使の要件が満たされていないにもかかわらず年休取得を認めなかった場

合に，39条違反が成立するか否かが問題となる。就業規則その他による規定を訓示規定と解するときは，同条違反が成立することになるが，これを効力規定と解するときは，原則として，その成立は否定される。裁判例では，年休の時季指定を，希望する日の前日の正午までに行わなければならない旨の定めは，年休の時季指定権の行使時期，方法の制限として合理的とする（東京中央郵便局事件＝東京地判平5・1・27労判628号71頁）。

⑤ 時季変更権

(1) 使用者の時季変更権の意義

使用者は，労働者の請求する時季に有給休暇を与えることが，事業の正常な運営を妨げる場合は，他の時季に休暇を与えることができる（労基39条5項ただし書）。ここでいう事業とは，労基法9条にいう事業あるいは事務所を意味するものと解される。換言すれば，事業とは，企業全体でもなく，逆に，部や課でもないわけである。すなわち，事務所もしくは事業場が場所的に独立していれば，一応それらが各々事業としてとらえられることになり，他方，同一場所にあっても，業務の内容が独立したものであれば，各々が事業として扱われることになる。ただし，部や課における業務への影響が「事業の正常な運営を妨げる場合」にあたると解されることはありうる。

(2) 「事業の正常な運営を妨げる場合」

事業の正常な運営を妨げられるとは，単なる繁忙あるいは人員不足というだけでは足りず，事業の内容，年休指定者の作業内容，代行者の配置の難易等の諸般の事情を考慮し，ケース・バイ・ケースに判断すべきである。その際，代替者を募ったりして，事業の正常な運営を妨げられないよう使用者が配慮すべきことを，適法な時季

変更権行使の要件とみるのか，あるいは時季変更権行使の要件とは別に，上の点を配慮しないことを時季変更権の濫用評価の要素としてとらえるのかが問題となる。この点，この配慮は判断要素の1つであり，その程度も打診程度にとどまると解されている（電電公社関東電気通信局事件＝最3小判平元・7・4民集43巻7号767頁参照）。労働者が使用者との調整を経ることなく長期かつ連続の休暇の指定をしたときは，その期間について修正変更すべきある程度の裁量的判断の余地を使用者に認めざるをえないであろう（時事通信社事件＝最3小判平4・6・23民集46巻4号306頁）。

研修期間中の年休取得については，当該年休の取得によって訓練の目的達成が困難になるかどうかが問われることになる（NTT〔年休〕事件＝最2小判平12・3・31民集54巻3号1255頁）。

6 計画年休

(1) 計画年休制度の意義

年休の本来の趣旨である継続取得を制度的に可能にし，また平均50〜60％を推移している年休の取得率を高めるためには，労働者の希望する年休取得時期と，企業運営上のスケジュールとを調節した計画年休あるいは一斉休暇制度の普及と定着が必要となる。昭和62（1987）年の改正により，法定年休日数を増加させるとともに，次のように，一定の日数については労使協定による計画年休制度が導入されることになった。

使用者は，過半数労働組合または過半数労働者代表との書面協定により，年次休暇の日数のうち5日を超える部分については，協定の定めるところにより年次休暇を与えることができるようになった（労基39条6項）。要するに，上のような労使協定が締結されたときは，労働者は年次休暇のうち5日については，従来通りの時季指定

権（好きな理由で，好きな時に年次休暇日を指定し，事業の正常な運営を妨げることを理由に使用者が時季変更権の行使をしないかぎり，労働義務免除の法的効果が発生するという権利）が与えられるが，残りの日数については，かかる時季指定権を行使することができず，協定によって設定された日に年次休暇を取得しなければならないわけである（三菱重工業事件＝長崎地判平4・3・26労判619号78頁）。他方，労働者としては，設定された日に年休を取得しうることを意味する。したがって，この労使協定は，かかる意味における私法上の効力を有するとも解しうる。

(2) 計画年休の付与方法

このような計画年休制度は，たとえば，①事業場全体の休業による一斉付与方式，②班別の交替制付与方式，③年次有給休暇付与計画表による個人別付与方式等，さまざまの方式で利用できる。個々の労働者の取得時期の希望を可能なかぎり聴いたうえ，年次有給休暇カレンダーが作成されるのが望ましい。

労使協定で定めた年休の計画付与日に労働者が出勤してきたときは，使用者は，その就労を拒否し，当日，当該労働者が年休を取得したものとして扱うことができる。また，労働者が，労使協定で定めた年休付与日を無視して他の日にその分の年休を請求し，就労しなかったときは，使用者は欠勤扱いすることができる。他方，使用者としても，事業場全体を休業して一斉付与方式をとる場合，年休日数を有しない者や年休日数の少ない者に対しては，法定外の年休を付与するような配慮が求められることになる。かりに法定外年休を付与しないで，しかも就労させなかったときは，労基法26条に基づく休業手当の支払いが必要となろう。

なお，計画年休制度によって，いったん設定された取得日の変更の問題については，当該労使協定において定めておくのが望ましい。

⑦　年休権の行使と不利益取扱

　労働者が年次休暇を取得した日数を欠勤したものとして取り扱い，賞与・一時金あるいは昇給・昇格等のマイナス査定要素としたり，精皆勤手当の減額ないし不支給理由として取り扱うと，労働者の年次休暇取得の気持をディスカレッジさせることになる。この問題については，かかる不利益取扱を労基法39条違反として処罰の対象とすることは，同条がこれを直接禁止していないから不可能であるとされてきた。もっとも，不利益取扱の内容と程度によっては，私法上は不適法ないし違法と評価される場合がある，と解されてきた（昭53・6・23基発355号，日本シェーリング事件＝最1小判平元・12・14民集43巻12号1895頁）。

　昭和62（1987）年改正にあたっても，この課題をいかに処理するかが懸案事項となっていたが，旧附則134条（平成10〔1998〕年改正労基法136条）において，「使用者は，第39条第1項から第4項までの規定による有給休暇を取得した労働者に対して，賃金の減額その他不利益な取扱いをしないようにしなければならない」と定められた。この附則には罰則規定はおかれていない。私法上の効力が問題となるが，「不利益な取扱いをしないようにしなければならない」という文言の意味は，強行規定あるいは私法上の請求権の根拠法規となるものではなく，努力義務ないし訓示規定と解されている。

　なお，私法上の取扱については，従来どおり，精皆勤手当や賞与の減額等の程度によっては，公序良俗に反するものとして民事上無効とされる場合がある（昭63・1・1基発1号）との立場が維持されている（沼津交通事件＝最2小判平5・6・25民集47巻6号4585頁，東豊商事事件＝東京地判平26・4・16労経速2218号3頁）。

8 年休権の消滅

(1) 年休の買上げ

労働者が消化しきれなかった年休日数に応じて賃金相当分の対価を支払うという買上げの特約，あるいはあらかじめかかる対価を与えることによって年休権を放棄させる特約は，労基法39条違反を構成する（昭30・11・30基収4718号）。しかし，結果として消化できなかった年休に一定の対価を支払うことは必ずしも違法とはいえない。

(2) 年休の繰越し

年休の繰越しについては，学説上は，年休権および時季指定（請求）権の法的性質に関する把握の方法（請求権説，形成権説，時季指定権説，種類債権説，選択債権説）ともかかわって，理論上の対立がなお存続している。裁判例においては，年休の繰越しを明確に否定したものがある（国鉄浜松機関区事件＝静岡地判昭48・3・23判時711号133頁）。しかし，行政解釈は，年休権には労基法115条の適用があり，2年間の消滅時効にかかるとしている（昭22・12・15基発501号）から，翌年度への繰越しが肯定されている。実際上は，行政解釈に基づく取扱が定着している。

なお，消滅時効にかかる年休を積立てる方式が普及しているが，法的に許容される制度である。

(3) 労働契約の終了と年休

解雇，退職あるいは事業の廃止等により労働契約が終了する場合には，各々の効力が発生するまでの間に年休を消化しないかぎり，残余の年休権は消滅する（昭23・4・26基発651号）。したがって，普通解雇の場合には解雇予告期間中に，任意退職の場合には解約告知期間中（民627条）に，事業の廃止の場合には清算事務終了期間中に，労働者は年休権を行使すべきこととなる。

なお，年度途中の退職者の年休日数を月割りにして定める方法は，

労基法39条に違反する（沖縄米軍基地事件＝福岡高那覇支判昭53・12・19労判311号26頁）。

(4) 年休の振替

労働者が病気等で欠勤した場合に，事後的に年休を取得したものと取り扱ってもらう例があり，これを年休の振替あるいは事後請求と呼んでいる。しかし，労働者にかかる権利が与えられるわけではなく，使用者がその裁量に基づきかかる取扱をしても法違反の責任を問われない，というにすぎない（東京貯金事務センター事件＝東京地判平5・3・4労判626号56頁）。

9 法定外年休

労働協約や就業規則により，労基法39条所定の日数を超えて，あるいはその要件を緩和して付与される年休（法定外年休）については，その発生要件，法的効果あるいは取得条件等は，労使の自治に委ねられる。ただし，それらが明文により定められていない場合には，慣行その他の特別の事情のないかぎり，39条にいう年休権の内容と等しいものとして合意されたと解される（エス・ウント・エー事件＝最3小判平4・2・18労判609号12頁参照）。

第 7 章

年少者および女性労働者の保護

1　総　説

　周知のように労働者保護法の歴史は，年少労働者，女性労働者の保護から始まり，その規制を次第に男性労働者に及ぼすという形で発展してきた。年少者の場合，そのような低劣な条件下での労働は，その身体・健康を破壊するだけでなく健全な精神・人格の発達を阻害することになり，また女性労働者の場合には，母体を損傷し，妊娠・出産・育児に重大な障害を与えることになるからである。労基法は，これらの点を配慮して第6章に「女子及び年少者」の規定をおいたのである。

　その後男女雇用機会均等法の成立により労基法の女性保護規定が男女平等の観点から全面的に改正されることになり，上の第6章「女子及び年少者」は，第6章「年少者」と第6章の2「女子」に分離され，従来の女性の時間外労働の制限，深夜業の禁止，産前産後の休暇，生理休暇，危険有害業務の就労制限については大幅な変更がなされた。ついで，平成9（1997）年の均等法の改正と同時に行われた労基法の改正で従来の女性の時間外・休日労働，深夜業の制限は廃止されることになり，ここで男女平等と女性保護規定の両者の調整に関する議論はひとまず一段落することになった（もっとも，フリーターの増加等に伴い，年少者の労働条件規制の改正の動きがある）。

2 年少者保護

① 未成年者の労働契約

(1) 未成年者と労働契約の締結

　民法の原則によれば，未成年者は意思能力がある場合に，親権者等法定代理人の同意を得て労働契約を締結でき（民5条1項），また親権者・未成年後見人は未成年者の法定代理人として，未成年者の同意を得たうえで労働契約を締結できる（民824条・859条）。このような規制は，本来，取引について十分な判断力をもたない未成年者を保護することを目的として設けられたものであった。しかしわが国においては，親が借金の返済，生活費，遊興費にあてるため使用者から前借金を受け取り，未成年の子女を徒弟，女工として働かせる悪弊があり，親権者・後見人が子を代理して労働契約を締結しうるといった民法の規定は，上のような悪弊をむしろ助長する機能を果たしていた。この点を考慮して労基法は，親権者等から未成年者を保護するために，「親権者又は後見人は，未成年者に代つて労働契約を締結してはならない」（労基58条1項）として，たとえ未成年者の同意があっても，未成年者に代って労働契約を締結することを禁止した。結局，未成年者が労働契約を締結するにあたっては，民法5条により親権者・後見人の同意を得たうえで自らが締結することになる。

　未成年者が親権者・後見人の同意を得ずに労働契約を締結した場合，民法の一般規定により取消の対象となる（民5条2項・120条）が，労基法は未成年者の保護を徹底させて，「労働契約が未成年者に不利であると認める場合」は，親権者・後見人および行政官庁は，いつでもこれを解除しうるとしている（労基58条2項）。

なお場合によっては，本条に基づく親権者の解除権の行使が権利の濫用と認められることがある（倉敷紡績安城事件＝名古屋地判昭37・2・12労民集13巻1号76頁）。

(2) **未成年労働者と賃金受領**

わが国では，使用者が賃金を未成年労働者に直接支払わずにこれを親に送金し，親がこれを勝手に費消することが少なくなかった。このような弊害を除くために労基法59条は，未成年者は独立して賃金を請求しうること，親権者等は未成年者の賃金を受領してはならない旨定めている。

ただし労基法が未成年者自身に賃金請求・受領権限を与えたことが未成年者の訴訟能力を認めたことになるのかどうか，すなわちこれを民事訴訟法31条ただし書にいう「未成年者が独立して法律行為をすることができる場合」にあたるといえるかどうかについては学説上対立がある。裁判例においても肯定するもの（滝上工業事件＝名古屋高判昭38・6・19判時343号2頁）と否定するもの（茶清染色事件＝名古屋高判昭38・7・30労民集14巻4号968頁）に分かれている。

2 最低年齢

労基法は，労働者として使用しうる者の最低年齢を定め，児童が満15歳に達した日以後最初の3月31日が終了するまで労働者として使用することを禁止している（労基56条1項）。ただしこの原則には2つの例外がある。すなわち，①満13歳以上の児童を非工業的事業（別表第1，6号〜15号）において使用しうる場合（労基56条2項前段）と，②映画の製作または演劇の事業において満13歳未満の者を使用しうる場合（同後段），の2つである。しかし両者とも行政官庁の許可が必要であり，また労働時間等について一定の条件が付されている。なお，使用者は18歳未満の年少者を使用する場合，その年

齢を証明する戸籍証明書を事業場に備えつけなければならない（労基57条1項）。

③ 年少者の労働時間・危険有害業務への就労制限

18歳未満の労働者には，原則として，変形労働時間制およびフレックスタイム制を許す32条の2から32条の5は適用されず，また，労使協定により時間外・休日労働を認める36条も，さらに命令によって労働時間，休憩の特例を定めうるとする40条も適用されない（労基60条1項）。このように年少労働者については，8時間労働制の厳守が基本になっている。ただし若干の例外が認められている（同3項）。

また年少者については，身体上の発達過程にあり，衛生学的に抵抗力が弱く，また判断力が未熟なため危険を十分に注意深く認識しえないことを考慮して，一定の危険有害業務への就業を禁止している（労基62条）。同様の観点から18歳未満の者の深夜労働および坑内労働も禁止されている（労基61条・63条）。

3 女性労働者に対する保護

① 女性保護から母性保護へ

労基法は，女性労働者について男性労働者と異なる労働時間規制，危険有害業務への就労制限を規定するとともに，月経（生理），妊娠，出産，育児等女性特有の生理的負担ないし母性機能に着目して生理休暇，産前産後の休暇，育児時間等特別の保護休暇制度を設けている。これらの保護休暇制度は，女性にとってしばしば大きな負担となる月経，妊娠，出産，哺育等の重要な時期に女性労働者に就労を免除することによりその保護を図り，あわせて胎児・乳児の健

康確保をねらったものである。他方，男女の雇用平等の促進・具体化の観点から女性労働者に対する現行の保護制度を再検討していこうとの動きも次第に顕著になってきていたが，昭和60（1985）年の男女雇用機会均等法の制定に伴う労基法の改正では，新たに第6章の2が設けられ，母性保護の観点から産前産後休暇を若干手厚くするとともに，従来の労働時間制限，深夜業・坑内労働の禁止，危険有害業務の就労制限等をかなり緩和していた。

　上の改正後10年余りが経過し，平成9（1997）年6月に均等法の改正とともに労基法上の女性労働者に対する時間外・休日労働，深夜業の規制撤廃という画期的な改正がなされた。これは，雇用の分野における男女の均等な取扱の一層の促進と，女性の職域拡大をねらったものである。もっとも，このような改正については，なお強い異論も存在したが，女性雇用者数の増加，勤続年数の伸長，職域の拡大，女性の就業に関する意識や企業の取組に大きな変化がみられ，他方で，週40時間制の完全実施，育児，介護休業法による職業生活と家庭生活との両立を可能とする条件整備等の努力もなされており，結局，上のような大きな決断がなされるところとなった。

② 労働時間・休日の規制

　すでに述べたように，平成11（1999）年4月1日からは，女性労働者に対する規制が解消され，男女共通の法的枠組みのもとにおかれることになった。また，急激な変化に伴うデメリットを回避するために，平成10（1998）年9月の労基法改正により，育児あるいは家族介護を必要とする女性については，3年間にかぎり，年間の時間外労働を150時間以内とする激変緩和措置がなされた（労基附則133条）。平成14（2002）年4月以降，この激変緩和措置は，小学校就学の始期に達するまでの子を養育する労働者，要介護状態にある

対象家族を介護する労働者の時間外労働の制限という形で、平成13（2001）年に改正された育児・介護休業法で規制されることになった（第2章**5**⑤参照）。

　なお現在、労基法第6章の2の表題は、「妊産婦等」に変えられている（平成18〔2006〕年改正）。

③　深夜業

　従来の深夜業（原則として午後10時から午前5時までの労働）の禁止規定は、平成11（1999）年4月1日からは撤廃された。もっとも、①妊産婦は請求により深夜業を免除してもらえるし（労基66条3項）、②育児・介護を行う必要のある一定の労働者もその請求により深夜業の免除を使用者に求めることができる（育児・介護休業19条・20条）。

　深夜業禁止規定の撤廃に伴い、就業規則や労働協約で女性にのみ深夜業を制限する規定については、労基法に違反するといえないものの、均等法違反の評価を受けることになろう。ただし、労働者の健康や家庭責任により、合理的理由があるときは、個別的な契約により一定の労働者に深夜業を免除することは均等法違反とはいえない。

　なお、女性に対する深夜業の規制解消に伴い、厚生労働大臣による「深夜業に従事する女性労働者の就業環境等の整備に関する指針」（平成9・9・25労告105号、平成19・3・30厚労告94号）が出されている。同指針は、深夜業における防犯面での安全の確保、あるいは男女別の仮眠室・便所・休養室の整備などを促している。

④　坑内労働の禁止

　従来労基法は、満18歳以上の女性の坑内労働を原則として禁止し、一定のケースについてその例外を認めるという方式をとってきた。

しかし，この原則と例外が，平成18（2006）年の通常国会で，均等法の改正が行われることに付随して，労基法が改正されたため，逆転した。したがって現在，妊産婦が行う坑内業務および一部の業務（作業員の業務等）が禁止されているにすぎない（労基64条の2，女性則1条）。

⑤　危険有害業務の就業制限

　かつては，女性一般について，運転中の機械・動力伝導装置の危険な部分の掃除，注油，検査，重量物取扱業務等，「危険有害業務」への就業が一切制限されていた。昭和60（1985）年改正法は，妊娠中の女性および産後1年を経過しない女性（以下，「妊産婦」という）を重量物を取り扱う業務，有害ガスを発散する場所における業務その他妊産婦の妊娠，出産，哺育等に有害な業務に就かせてはならない（労基64条の3）として，女性労働者に対する危険有害業務の就業制限を上の「妊産婦」に原則として限定し，一般の女性については上の業務のうち女性の妊娠，出産機能に有害な業務についてこれを準用するという形をとっている（同2項）。

⑥　産前産後の休暇

(1)　意　　義

　女性労働者には，産前6週間（多胎妊娠の場合にあっては14週間），産後8週間の休暇が認められる（労基65条）。このうち産前の休暇は，当該労働者の請求が要件になっており，休暇をとるか否かは本人の選択にまかされている。これに対し産後の休暇は，労働者の請求いかんにかかわらず与えなければならないことになっている。ただし産後6週間を経過した女性が就業を請求した場合に，その者について医師が支障なしと認めた業務に就かせることは許される。ここで

出産とは，行政解釈によれば，妊娠4カ月以上（85日以上）の者の分娩をいい，生産のみならず死産をも含むものと解されている（昭23・12・23基発1885号）。

(2) 産前産後の休暇と所得保障

産前産後休暇中の賃金に関しては，労基法は何ら規定していないため，労働協約，就業規則等によって定められることになる。ただし，健康保険法の被保険者が分娩した場合については，分娩の日以前42日（多胎妊娠の場合は98日），分娩の日以後56日以内において労務に服さなかった期間，出産手当金として1日につき標準報酬日額の3分の2に相当する金額が支給されることになっている（健保102条）。なお出産育児一時金はこれとは別に支給される（健保101条，現在42万円）。妊産婦が請求した場合においては，時間外労働，休日労働，深夜業が禁止されることになっている（労基66条）。

7 育児時間

使用者は生後1年に達しない生児を育てる女性から請求があった場合，労基法34条の休憩時間のほか，1日2回おのおの少なくとも30分の育児時間を与えなければならない（労基67条）。1日のどの時間帯に与えるかについては，休憩時間のように「労働時間の途中に」与える必要はなく，原則として本人の請求した時間帯に与えられることになる。

8 生理日の休暇

(1) 意 義

生理休暇については，妊娠・出産という女性特有の負担に対する配慮からの保護措置であり，母性保護の一環として位置づけるべきであるとしてその意義を高く評価する見解が存在する。しかし，他

方，①他国にあまり例がない，②女性に対して不当な保護を与える
ものであって男女平等に反する，③不当に生理休暇をとる例がみら
れる，など批判も少なくなかった。昭和60（1985）年改正法は，従
来の，生理に有害な業務に従事する女性についての生理休暇の規定
を廃止し，条文から「生理休暇」の用語を削除するとともに，使用
者は，生理日の就業が著しく困難な女性が休暇を請求したときは，
その者を生理日に就業させてはならない，として従来の制度の実質
を残している（労基68条）。なお，行政解釈は，原則として特別の証
明がなくても女性労働者の請求があった場合には休暇を与えること
とし，とくに証明を求める必要がある場合でも医師の証明書のよう
な厳格な証明を求めることなく，同僚の証言程度の簡単な証明によ
らせることが妥当であるとしている（昭23・5・5基発682号）。

(2) **生理日の休暇と賃金**

生理日の休暇をとった労働者は，労働契約等に別段の定めのない
かぎり賃金請求権を有しない。この点と関連して問題になるのは，
生理休暇取得を不利益に扱うこと，たとえば生理休暇の取得日を欠
勤として計算し精皆勤手当を支給しないことが許されるかどうかで
ある。学説上対立があるが，最高裁は，使用者が労働協約または労
働者との合意により，精皆勤手当の算定にあたり生理休暇取得日を
欠勤扱いとする制度を設けたとしても，「このような措置ないし制
度は，その趣旨，目的，労働者が失う経済的利益の程度，生理休暇
の取得に対する事実上の抑止力の強弱等諸般の事情を総合して，生
理休暇の取得を著しく困難とし同法（労基法）が女子労働者の保護
を目的として生理休暇について特に規定を設けた趣旨を失わせるも
のと認められるのでない限り」，これを労基法に違反するとはいえ
ないとし，精皆勤手当の算定にあたり生理休暇取得日を欠勤扱いと
しても正当としている（エヌ・ビー・シー工業事件＝最3小判昭60・

7・16民集39巻5号1023頁)。

⑨　妊産婦の時間外・休日・深夜・変形労働
　妊産婦が請求したときは，時間外労働・休日労働をさせること（労基66条2項），深夜労働をさせること（同3項）はできず，また，変形労働時間制を適用できない（同1項）。ただし，フレックスタイム制の適用は可能である。

第**8**章

安全衛生・災害補償

1 安全衛生

1 安全衛生の意義

　労働者の職場には，日常の生活領域とは比較にならないほど多くの重大な危険が存在する。運転中の機械との接触，重量物の取扱等は労働者をつねに災害の危険にさらし，また職場に発生するガス・粉じんは，労働者の健康に有害な作用を及ぼすことになる。ベンジジン，ベータ・ナフチルアミン等の化学物質が重篤ながんを引きおこすことはよく知られている。また最近の技術革新・合理化は新しい型の労働災害・職業病を発生させている。化学産業における有機溶剤中毒，職業性がん，石綿（アスベスト）の曝露による中皮腫，林業労働者の白ろう病，事務労働者の頸肩腕症候群等はその顕著な例である。しかし，従来からとかく生産第一主義が強調され，人間の生命・健康の価値が軽視されがちであった。これらの危険ないし有害環境から労働者の生命，健康を守るのが労安法の課題である。

2 安全衛生に関する法制度の推移

　従来，企業における労災・職業病の防止に関しては労基法第5章「安全及び衛生」がその基本原則を定め，それを中心に労働安全衛生規則等多くの命令が出されていた。しかし昭和40年代以降の技術革新・合理化の進展は，労災・職業病の態様を著しく変化させた。

また重層下請，ジョイント・ベンチャー，建設機械のリース業等の発達は，原則として直接的な雇用関係を前提とする労基法によって規制することが困難な事態を発生させた。このような新しい状況に対応するために，昭和47（1972）年，労基法第5章「安全及び衛生」に代って新たに制定されたのが労安法である。

③ 労働安全衛生法の特色

(1) 労安法制定の意義

労安法はいくつかの点で大きな特色を有しているが，重要なものとしては，①同法の目的として職場における安全と健康の確保とともに「快適な作業環境の形成」をかかげていること，②労働災害の防止にはラインの責任を明確化することが不可欠であるという観点から一定規模以上の事業場につき，事業者（労安2条3号）に総括安全衛生管理者の選任義務を課したこと，③重層下請関係やジョイント・ベンチャー等の特殊な企業形態に関する規制がつけ加えられたこと，④危険な機械，有害物の製造・流通段階での規制が大幅に取り入れられたこと，⑤健康管理手帳制度の創設等，有害業務従事者の離職後の健康管理等の措置が取り入れられたことをあげることができる。さらに，⑥従来，労働安全衛生規則に定められていた安全，衛生委員会制度を労安法のなかで明文化したこと，⑦安全衛生教育を強化充実させたこと，中小企業における安全衛生対策を強化するために国による技術上，財政上の援助について規定したこと，⑧労働災害発生の急迫した危険があるとき，事業者は労働者を退避させるなど必要な措置をとる義務がある旨を明文で定めたこと（労安25条）も重要である。

(2) その後の労安法の改正

労安法の制定後，労働災害は全般的にかなり減少したが，職業病

についてはなお相当数の職業性疾病の発生がみられた。このため昭和52（1977）年には，がん原生物質（発がん物質）およびその因子による重篤な職業性疾病の防止対策の強化・充実のために改正がなされ，その後も種々の改正がなされている。とくに平成8（1996）年には健康診断の実施後の措置に関して重要な改正が行われ，平成11（1999）年には深夜業に従事する労働者の健康管理の充実，化学物質対策の強化のための改正が行われている。また，平成17（2005）年の改正で，長時間労働による過労死等の予防を目的として，1カ月100時間を超える時間外労働を行った労働者に対して，その申出に基づき医師による面接指導を行う制度が導入された。事業者は，必要がある場合，当該労働者の実情を考慮して，就業場所の変更，作業の転換，労働時間の短縮等の措置を講じることとされた（労安66条の8）。

　さらに，平成26（2014）年に成立した同法の改正は，化学物質による健康被害が問題となった胆管がんの事案，過重な業務によるうつ病など精神障害の増加等最近の労働災害の状況を踏まえて，①化学物質の管理のあり方を見直す，②労働者の心理的な負担の程度等を把握するために医師，保健師等による検査（ストレスチェック）の実施を事業者に義務づける，③受動喫煙禁止策を推進する，④重大な労働災害を繰り返す企業への対応として改善計画の作成等を義務づける仕組みを創設する等が定められた。

　上記のストレスチェック制度は，職場における労働者の心理的な負担の程度を労働者自らが把握するために，医師，保健師，一定の研修を受けた看護師，精神保健福祉士による検査（ストレスチェック）の実施を，常時50人以上の従業員を使用する事業者に，毎年1回，義務づけるものである（従業員数50人未満の事業場については，当分の間，努力義務とされている）。ストレスチェックの結果は，直接労

働者本人に通知されるが，高ストレス者として面接指導が必要とされた労働者から申出があった場合，事業者は，医師による面接指導を実施しなければならない。事業者は，面接指導の結果に基づき，必要な場合には，医師の意見を聴いたうえで，作業の転換，労働時間の短縮その他適切な措置を講じなければならないことになっている。面接指導の申出，さらには面接指導の結果を理由として，事業者は，労働者に対して解雇，雇止め，退職勧奨等の不利益取扱いを行ってはならない。これに加えて，職場における一定規模の集団（部，課等）について，そこでのストレス状況を分析し，その結果を踏まえて職場環境の改善に役立てるための集団分析の手法も取り入れられている（10人未満の集団の場合，ストレス状況の集計・分析はすべての労働者の同意を得て行う必要がある）。

(3) 労安法の適用

労安法は，労基法の適用される事業または事業場に適用されるのであるが，家内労働者およびその補助者の安全衛生に関しては家内労働法（昭45法60）が規定し，また，じん肺の適正な予防と健康管理のためにじん肺法（昭35法30）が制定されている。

(4) 労安法における個人情報保護

平成15（2003）年5月に「個人情報の保護に関する法律」（個人情報保護法）が制定されたが（平成15〔2003〕年4月1日施行），事業者が行った健康診断の結果，労災保険法27条に基づき労働者から提出された2次健康診断の結果等労働者の健康情報は，同法の保護対象たる個人情報であり，その適正な取扱・管理が求められる（なお，平16・7・1厚労告259号「雇用管理に関する個人情報の適正な取扱いを確保するために事業者が講ずべき措置に関する指針」およびそれに基づく「雇用管理に関する個人情報のうち健康情報を取り扱うに当たっての留意事項」参照）。

2 災害補償

1 労災補償に関する法制度の発展

(1) 制度の沿革

労働災害の被災者・遺族に対して一定の補償を与える制度を一般的に労災補償と呼ぶが、昭和22（1947）年に制定された労基法による災害補償、同時に制定された労災保険法がそれにあたる。

(2) 労基法上の災害補償の特色

労基法上の災害補償の特色としては、次の点が指摘できる。まず第1に、それが業務上の災害ないし疾病に対する使用者の無過失責任であることである。補償が与えられるためには、災害ないし疾病が「業務上」のものであればよく、使用者の過失はまったく問題とならないのである。第2に、補償が、実際に被災者が蒙った全損害の賠償ではなく、平均賃金を基礎に算定される定率補償であることである（ただし療養補償は除く）。

(3) 労災保険法の展開

(a) 使用者の責任保険としての労災保険　労災保険法が制定された当初、それは使用者の災害補償責任の責任保険と考えられていた。というのも労災保険の補償給付は労基法上の補償と同一であり、また労災保険法に基づく給付は、使用者の補償責任を免責する効果をもっていた（労基84条1項）からである。しかし他方、労災保険は、使用者にではなく被災者に直接補償給付を与え、さらに労基法上使用者に義務づけられていない労働者の福祉に必要な施設（いわゆる保険施設）を設ける等、厳密な意味での責任保険とは異なる点をも有していた。この労災保険法の独自性が本格的に明らかになってくるのは、とくに昭和35（1960）年以降の同法の改正によって労災保

198　（第2編）第8章　安全衛生・災害補償

険法の給付が著しく拡充され，多くの点で労基法上の災害補償をうわまわるようになってからである。

　(b)　**労災保険の発展**　　労災保険法改正によってもたらされた重要な措置としては，遺族補償・障害補償（1級ないし7級）の年金化，傷病補償年金の導入，通勤災害保護制度の創設，一人親方等「労使関係にない者」への適用拡大，国庫負担の導入等がある。また昭和61（1986）年の法改正によって年金給付基礎日額に年齢階層別の最低限度額と最高限度額が導入された。上にあげた一連の改正措置によって労災保険はすでに「社会保障化」したとする見解も有力になってきている。しかし，労災保険が健康保険，厚生年金等他の社会保障と給付内容，費用負担の点で異なっていることも否定しえない。なお平成12（2000）年の法改正で，脳・心臓疾患の発生を予防するための「2次健康診断等給付」が創設され，平成18（2006）年にはアスベスト被害の拡大が社会的問題となったことを契機に，「石綿による健康被害の救済に関する法律」が制定されている。

　以下では，主として労災保険法に焦点をあてて説明することにしたい。

② 業務上・外の認定

(1)　業務上・外の認定基準

　労基法上の災害補償ないし労災保険法の補償給付は，労働者に生じた負傷・疾病・障害・死亡（以下，傷病あるいは単に災害と略す）が「業務上」と認められたときに与えられる。しかし，業務上の概念について法律はその意味を明らかにしていないので，法解釈によってその内容を確定しなければならない。この点で，裁判例，裁決例（労働保険審査会），行政解釈が大きな役割を果たしてきた。行政解釈によれば，傷病が業務上のものと認められるためには，それが業

務遂行中に，かつ，業務に起因して発生したものであることを要するとされている。ここで業務遂行性とは，当該労働者が労働契約を基礎として形成される使用者の支配下にあることをいい，また，業務起因性とは，業務と傷病（災害）との間に経験法則に照らして認められるところの客観的な因果関係（相当因果関係）が存在することをいう。換言すれば，業務に内在ないし付随する危険が業務に際して具体化したと考えられる場合に，相当因果関係が認められるということである。

ここでこの両者の関係が問題になるが，通常，業務遂行性は業務起因性の第1次の判断基準をなすと考えられている。したがって，業務遂行性がなければ業務起因性は成立しないが，業務遂行性があってもそれだけではただちに業務起因性が成立するわけではなく，その成立については独自の検討が必要になる。しかし業務に従事している際の災害については，とくに業務起因性についての反証のないかぎり，一般に業務上の災害と認められる。業務起因性に対する反証として通常あげられるのは，業務逸脱行為，恣意的行為，私的行為等である。

(2) **若干の具体的事例**

(a) **業務従事中の災害**　　まず，業務に従事中に生じた災害は，特別の事由（私的行為等）のないかぎり業務上と認められる。また就業中の労働者が飲水・用便等のために一時的に作業を中断している場合の災害も，業務付随行為の際の災害として，業務起因性を否定する特別の事情のないかぎり業務上と認められる。作業に伴う準備行為，後始末中の災害についても同様である。

(b) **就業時間外の災害**　　就業時間外（たとえば休憩時間中）においても労働者が使用者の施設管理下にあるかぎり，なお使用者の支配下にあるものとして業務遂行性が認められる。しかしこの間労働

者は業務を行っていないのであるから，発生した災害は原則として業務外とされる。ただしその災害が作業環境ないし事業場施設の不備・欠陥に起因する場合は業務上と認められる。同僚労働者の夜食を購入するために外出し弁当を買って工場へ戻る途中の事故についても業務遂行性を認めるものがある（岐阜労基署長事件＝岐阜地判平20・2・14労判968号196頁）。

　(c)　**出張中の災害**　　出張のように労働者が用務について包括的に使用者に対し責任を負っていると考えられる場合は，特別の事情のないかぎり出張過程の全般について使用者の支配下にあるものとして業務遂行性が認められる。そして労働者が合理的な順路，方法による出張途上にある場合には，それ自体として私的な行為（飲食等）に際して生じた災害についても，それが出張に通常伴う範囲内のものであるかぎり，一般に業務起因性が認められる（大分労基署長〔大分放送〕事件＝福岡高判平5・4・28労判648号82頁）。

　(d)　**会社行事への参加中の災害等**　　宴会，事業場の運動会その他の行事・催物への参加・出席については，使用者の業務命令がある等特別の事情があれば業務遂行性が認められる。会社の歓送迎会参加後の交通事故による死亡につき，本件歓送迎会は，研修の目的を達成するために本件会社において企画された行事の一環である等と評価して，業務遂行性および業務起因性を認めるものがある（国・行橋労基署長事件＝最2小判平28・7・8労判1145号6頁）。また天災地変等自然現象による災害も，その災害を蒙りやすい業務上の事情があって被災した場合には，業務に伴う危険が具体化したものとして業務起因性が認められる。

　(e)　**他人の暴行による災害**　　他人の暴行による災害は，他人の怨みや反発を買いやすい種類の業務に従事し，そのことに起因して暴行事件が発生したときは業務上と認められる。なお，競馬場の

マークレディが同じ職場で勤務する警備員に刺殺されたケースで，原審とは逆に，業務起因性を認めるものがある（国・尼崎労基署長（園田競馬場）事件＝大阪高判平24・12・25労判1079号98頁）。

(3) **業務上疾病**

(a) **労基法施行規則別表による列挙の意義**　業務に起因して生ずる疾病は，発生の状態またはその性質から災害性疾病と災害によらない職業性疾病の２つに大別しうる。前者は，業務と疾病との間に災害が介在するため，その発症を時間的・場所的に確定することにとくに困難はない。これに対して後者は，業務に内在ないし付随する有害作用その他の性質から必然的に罹患するおそれのある疾病をいい，有害作用の長期間の蓄積により徐々に発生することが少なくない。職業性疾病については具体的に労働者がその業務起因性を立証することにはしばしば困難が伴うが，このような困難を軽減すべく労基法は，業務上の疾病の範囲を厚生労働省令で定めることとし（労基75条２項），それを受けて労基法施行規則は，業務の内容，職場環境，取扱物質等に起因して医学経験上現れる蓋然性の高い疾病を，物理的因子による疾病，作業態様に起因する疾病，化学物質等による疾病，細菌・ウィルス等による疾病というように主として有害因子ごとに業務上とされる疾病を列挙している（労基則35条・別表１の２）。なお脳・心臓疾患の業務上認定（いわゆる「過労死」）については，発症に近接した加重負荷のほか長期間にわたる疲労の蓄積を考慮した通達が出されている（平13・12・12基発1063号）。

平成22（2010）年には，いわゆる過労死に関わる脳・心疾患（8号），過重な業務による精神障害（9号）が新たに加えられた。また，平成23（2011）年には，精神障害等に関する新たな認定基準が策定されている（平23・12・26基発1226号第１号）。平成26（2014）年には過労死防止に関して国が積極的な対応をとるべきであるとする過労

死等防止推進法も成立した。同法によって，遺族，労働者，使用者，公益（専門家）を代表するものからなる「過労死等防止推進協議会」が厚生労働省に設けられることになった。

　なお，後述するように，複数の事業主から受けている賃金の合算が認められるようになったが，労働者の被る労働時間等による負荷（ストレス）も総合的に評価されることになり，それぞれの勤務先ごとに負荷（労働時間，ストレス）を個別に評価して労災認定できないときには，すべての勤務先の負荷（労働時間，ストレス）を総合的に評価して労災認定できるか否かを判断することになった（「複数業務要因災害」労災 7 条 1 項 2 号）。

　(b)　パワーハラスメント（パワハラ）　令和元（2019）年 5 月の「労働施策総合推進法」の改正に基づき，事業主にはパワハラ防止をとるべき措置義務が課せられることになった（30 条の 2 第 1 項，令和 2〔2020〕年 6 月 1 日施行，中小事業主には令和 4〔2022〕年 4 月 1 日から義務化，それ以前は努力義務）が，同法によれば，職場におけるパワハラとは，①職場における優越的な関係を背景にした言動で，②業務上必要かつ相当な範囲を超えたもので，かつ③労働者の就業環境が害されるものをいう。上記パワハラ対策の法制化を踏まえて，労災認定基準も見なおされることになった。もっとも，従来もパワハラの労災認定がまったくなされてこなかったわけではなく，認定基準の業務による心理的負荷評価表⑥「対人関係」の中の具体的出来事「（ひどい）嫌がらせ，いじめ，又は暴行を受けた」を使って行われてきた経緯がある。しかし，今般，上記法律に基づき，事業主のパワハラ防止措置義務が明確化したことに伴い，パワハラを心理的負荷評価表に明記するとともに，これに伴って必要となる心理的負荷評価表の改訂が行われた。

　なお，上司のパワハラによる精神障害の発症，その後の自殺が業

務災害と認められた事例（国・神戸西労基署長〔阪神高速パトロール〕事件＝大阪高判平29・9・29労判1174号43頁）がある。

(c) 「**その他業務に起因することの明らかな疾病**」　　上記の業務上疾病の列挙は，列挙の仕方から明らかなように，いうまでもなく限定列挙ではなく例示列挙にすぎない。したがってここで列挙されていない疾病でも，労働者側が業務と疾病との間の因果関係を自ら立証した場合には，業務上疾病として補償されることになる（「その他業務に起因することの明らかな疾病」）。また，海外出張中の十二指腸潰瘍の発症のような労働者が有していた基礎疾患等の悪化による疾病についても，上海外出張を行ったことが客観的にみてとくに過重な業務であったと認められるような場合には業務起因性が肯定されることになる（神戸東労基署長〔ゴールドリングジャパン〕事件＝最3小判平16・9・7労判880号42頁）。

③　通勤途上の災害

(1)　制度の沿革

従来行政解釈・判例は，若干の例外的場合（緊急的業務による休日出勤・早出出勤の災害など）を除いて通勤途上の災害を業務上の災害とは認めなかった。その理由は，通勤には業務遂行性がない，すなわち通勤は使用者の支配下にある行為とは考えられないという点にあった。これに対して労働組合等を中心に通勤途上災害を業務上災害として保護すべきであるとの主張が強く打ち出されていたが，このような社会的要請に対応して昭和48（1973）年には通勤災害保護制度が創設され，同年12月から実施された。

(2)　通勤災害の範囲

(a) 「**通勤による**」**災害の範囲**　　通勤災害とは「労働者の通勤による」傷病をいう（労災7条1項2号）が，ここで「通勤による」と

は，通勤に通常伴う危険が現実化したと認められる場合をいう。典型的には交通事故がその例としてあげられるが，駅の階段から転落した場合，ビルの建設現場から落下してきた物体により負傷した場合，労働者が仕事でおそくなり暗い夜道を帰宅する途中で強盗におそわれたり，痴漢に出くわして負傷したような場合も，通勤による災害と認められる。これに対して帰宅途上の労働者が「通り魔」におそわれたケースでは，たまたま通勤の途上において発生したものにすぎないとして通勤災害の成立が否定されている（昭50・6・4基収753号）。

(b) 「通勤」の範囲　「通勤」の範囲について労災保険法は，通勤概念をめぐる争いをなくすため「労働者が，就業に関し，次に掲げる移動を，合理的な経路及び方法により行うことをいい，業務の性質を有するものを除く」と定義し（労災7条2項），上でいう移動を，①住居と就業の場所との間の往復，②厚生労働省令で定める就業の場所から他の就業の場所への移動，③①でいう往復に先行し，または後続する住居間の移動（厚生労働省令で定める要件に該当するものにかぎる）として明示している（同1号～3号）。さらに「労働者が，前項に掲げる移動の経路を逸脱し，又は同項各号に掲げる移動を中断した場合においては，当該逸脱又は中断の間及びその後の同項各号に掲げる移動は，第1項第2号の通勤としない。ただし，当該逸脱又は中断が，日常生活上必要な行為であつて厚生労働省令で定めるものをやむを得ない事由により行うための最小限度のものである場合は，当該逸脱又は中断の間を除き，この限りでない」（労災7条3項）とやや詳細な規定をおいている。

(c) 通勤災害の具体的認定　通勤災害の具体的認定は，労働者の通勤に伴う生活行動を考慮しつつ上記の規定に基づいて行われることになる。裁判例で，義父宅での介護による通勤経路の逸脱に関

連して通勤災害の成否が争われた事件に関して，①被災労働者が勤務終了後，身体障害者である義父を介護するために勤務先の事業場から義父宅へ移動した行為は，業務の終了により事業場からから当該労働者の住居へ最終的に向かうために行われたものであり，労災保険法7条2項にいう「就業に関し」の要件を充たす，②被災労働者が退勤途中に，妻や義兄が介護できない時間帯に身体障害者である義父を在宅介護する行為は，「労働者本人又はその家族の衣，食，保健，衛生など家庭生活を営むうえでで必要な行為」であり，労災保険法施行規則8条1号の「日用品の購入その他これに準ずる行為」にはこのような行為も含まれるとするものがある（羽曳野労基署長事件＝大阪高判平19・4・18労判937号14頁）。この後，労災則8条が改正され，第5号が追加され，このような介護にも通勤災害の保護が認められることになった。

　なお，平成17（2005）年の法改正によって，単身赴任者の赴任先住居と帰省先住居（家族の住居）との間の移動および兼職をしている労働者のA社からB社への直接の移動が，一定の要件を満たす場合には，通勤災害の対象に含まれることになった（高山労基署長事件＝岐阜地判平17・4・21労判894号5頁参照）。

④ 労災保険の給付の種類とその内容

　業務災害に関する保険給付は，療養補償給付，休業補償給付，障害補償給付，遺族補償給付，葬祭料，傷病補償年金，介護補償給付の7種類である。他方，通勤災害の場合も業務災害の場合に準じた保護が与えられるが，業務災害に対する給付と実質的な差はないので，ここでは業務災害に関する保険給付を中心にみていくことにする。

(1) 給付基礎日額

　労災保険において，休業補償給付，障害補償給付，遺族補償給付

等の金銭給付にかかる保険給付の額の算定にあたっては，「給付基礎日額」という概念が用いられている。給付基礎日額は，原則として労基法12条の「平均賃金に相当する額」とされている（労災8条1項）。なお，労働者が二重の雇用関係があって複数の使用者から賃金を得ている場合でも，給付基礎日額は，当該業務災害ないし通勤災害にかかる使用者から支払われた賃金のみを基礎とする平均賃金によって算定されてきた（王子労基署長〔凸版城北印刷〕事件＝最3小判昭61・12・16労判489号6頁）。これは，労災保険を含めて労災補償が個々の使用者の補償責任に基づく制度であり，業務起因性のある業務を行った企業で支払われた平均賃金を起訴として算定するべきであるとされることを根拠にしている。なお，給付基礎日額の算定に兼業会社での賃金が加えられる可能性を肯定する事例もある（新宿労働基準監督署長事件＝東京地判平24・1・19労経速2142号21頁）。

　しかしこのような解釈では，複数の事業主から受けている賃金で生活している労働者にとってはきわめて不十分な結果となる。この点を考慮して，労災保険法の改正で，労働災害あるいは通勤災害を被った労働者・遺族については複数の事業主（使用者）から受けている賃金が合算されることになった（改正法施行日・令和2〔2020〕年9月1日以降の労働災害あるいは通勤災害が対象となる）。

(2) **療養補償給付**

　労働者が業務上負傷しまたは疾病にかかった場合に，その傷病について行われる。この給付には療養の給付と療養費の支給の2種類があるが，療養の給付として行われるのが原則である。療養の範囲は，診察，薬剤または治療材料の支給，処置・手術その他の治療，病院または診療所への収容，看護，移送で「政府が必要と認めるもの」である。

(3) 休業補償給付

労働者が業務上の傷病による療養のため労働することができないために賃金を受けえない場合に，休業の4日目から支給される。支給される額は1日につき給付基礎日額の60％に相当する額である。休業補償給付が支給されない最初の3日間については，使用者は労基法上の休業補償を行わなければならない（通勤災害の被災者にはこの部分の補償はない）。なお現在，休業4日目から1日につき給付基礎日額の20％にあたる休業特別支給金が支給されることになっている。

(4) 障害補償給付

業務上の傷病がなおったとき，身体に障害が残った場合には，障害の程度に応じて障害補償給付が支給される。ここで「なおったとき」とは，症状が固定してそれ以上の治療効果が期待できなくなった場合をいう。労災保険法では障害等級表1級ないし7級までの障害については障害補償年金が支給されることになっている。

(5) 遺族補償給付

業務上で労働者が死亡した場合には遺族補償給付が支給される。これには遺族補償年金と遺族補償一時金の2種類がある。遺族補償年金を受給できる遺族（受給資格者）は，労働者の死亡当時その収入によって生計を維持していた配偶者（内縁の者を含む），子，父母，孫，祖父母，兄弟姉妹であるが，妻以外の遺族にあっては，労働者死亡の当時一定の年齢にあることまたは一定の障害の状態にあることが要件になっている。

遺族補償年金は，上の受給資格者全員に与えられるのではなく，その最先順位者にのみ与えられる。年金額は，年金額の算定の基礎たる遺族の数に応じて決められている（労災別表第1）。労働者の死亡当時遺族補償年金を受給すべき遺族がいない等の場合には，遺族

に遺族補償一時金が支給される。その額は最高で給付基礎日額の1000日分である。

(6) 葬祭料

業務上死亡した者の葬祭を行う者に対しては葬祭料が支給される。「葬祭を行う者」とは，社会通念上葬祭を行うべき遺族をいい，会社が好意的に社葬を行っても会社に葬祭料が支給されるわけではない。

(7) 傷病補償年金

療養補償給付を受けている労働者の傷病が，療養開始後1年6カ月たっても治らず，かつ，その傷病の程度が一定の障害の状態にある者に対して支給される。年金額は傷病等級に応じて1級から3級までに区分されている（労災別表第1）。この給付が支給される者には，休業補償給付は行われなくなる。なお傷病補償年金を受けることになった場合，療養の開始後3年を経過した日，または同日後に傷病補償年金を受けることになった日において，労基法81条にいう打切り補償が支払われたとみなされる。したがって労基法19条による解雇制限もなくなる。それゆえ傷病補償年金への移行には慎重な考慮が必要といえる。

(8) 介護補償給付

障害補償年金，傷病補償年金の受給権を有する労働者が常時または随時介護を要する状態にあり，かつ，常時または随時介護を受けているときには当該労働者に対して，介護補償給付が支給される。その額は，介護に通常要する費用を考慮して厚生労働大臣が定める。

(9) 社会復帰促進事業等

労災保険の保険給付ではないが，被災者にとって重要な意味をもつのが社会復帰促進事業であり，これまで労働福祉事業と呼ばれていたものである。とくに被災者の円滑な社会復帰を促進するための事業（リハビリテーション施設の設置），労災保険特別支給金の支給は，

労災保険の給付を補完する重要な役割を果たしている。

(10)　複数業務要因災害に関する保険給付

　上で述べたように，複数業務要因災害について労災認定が行われるようになったが，これは，労基法の個別使用者の補償責任とは別であるということで，労災保険法により，複数事業労働者療養給付・複数事業労働者休業給付等7種類の，特別の保険給付が行われることになっている（労災20条の2〜20条の9）。

5　特別加入

　労災保険は，労働者災害補償保険の名が示すように，労働者の業務災害または通勤災害に対して給付を行う制度であり，労働者でない事業主，自営業者等は労災保険の保護の対象にならない。しかし，業務の実態，災害の発生状況等からみて，これらの者にも労災保険の仕組みを利用して保護を与えることが妥当な場合がないわけではない。このような趣旨で設けられたのが特別加入制度である。中小事業主，その事業に従事する家族従業者，個人タクシー，大工等いわゆる一人親方等が，特別加入者となることができる（労災33条）。

　特別加入者については，業務または作業内容が他人の指揮命令で決まるわけではなく，いわば自分が決定するため，どこまでを業務災害とするかをめぐって難しい問題が生じる。そのため厚生労働省労働基準局長の定める基準によって業務災害または通勤災害の認定を行うことにしている（労災則46条の26）。なお，特別加入者である建設の事業を行う中小事業主が工事の予定地の下見に赴く途中で被った事故について，当該事業主は，個々の建設等の現場における建築工事等の業務活動について保険関係が成立していたもので，営業等の事業にかかる業務に起因する事業主またはその代表者の死亡等に関し，その遺族等は労災保険法に基づく保険給付を受けること

はできないとしている（国・広島中央労基署長〔Ａ工業〕事件＝最２小判平24・2・24民集66巻3号1185頁）。

　7年以上の海外勤務者（死亡した時点で特別加入なし）について，亡Ａ（死亡者）は単に労働の場が海外にあったにすぎず，国内の事業場に所属し，当該事業場の使用者の指揮命令に従い勤務する海外出張者に当たるとして労災保険法が適用されるとした事例がある（国・中央労基署長〔日本運搬社〕事件＝東京高判平28・4・27労判1146号46頁）。海外勤務がかなり長期間であったことを考えると，やや無理がある判断であると思われる。長期の海外勤務者については，やはり特別加入をしておくべきであろう。

　なお，労災保険法施行規則の改正で，フリーランス等で働く芸能従事者，アニメーション制作従事者，柔道整復師について特別加入制度に追加され，さらに宅配代行サービスの配達員，ITエンジニアの加入も予定されている。

6 労災民事訴訟および協約による上積み補償

(1) 労災民事訴訟の増大

　労働者が労働災害を蒙った場合，被災者・遺族は4で述べたような補償を労災保険法，労基法に基づいて請求することができる。しかしその補償は被災者が労働災害によって被った損害のすべてをカバーするものとはなっていない（たとえば補償金額は定率的に定められ，また精神的苦痛に対する慰謝料は補償の対象とされていない）。労災補償によってカバーされない損害の塡補については使用者あるいは親会社に対する損害賠償請求（労災民事訴訟）が重要な役割を果たすことになる。また労使間で締結される労災補償に関する特別協定は，労災保険法の法定補償に上積みされるべき特別補償（上積み補償）を定め，被災者の被った損害をカバーするうえで重要な役割

を果たしている。

(2) 労災民事訴訟の法理——使用者の安全配慮義務

(a) **安全配慮義務の内容**　使用者に対する損害賠償の請求は，従来，使用者の不法行為責任を問うという形で行われてきたが，最近では使用者の雇用契約ないし労働契約上の安全配慮（保護，保証）義務の違反を問う裁判例が数多くみられるようになってきている。とくに最高裁が，陸上自衛隊事件（最3小判昭50・2・25民集29巻2号143頁）において，「国は，公務員に対し，国が公務遂行のために設置すべき場所，施設もしくは器具等の設置管理又は公務員が国もしくは上司の指示のもとに遂行する公務の管理にあたつて，公務員の生命及び健康等を危険から保護するよう配慮すべき義務」（安全配慮義務）を負っている，として国（使用者）の公務員（労働者）に対する安全配慮義務を認める判断を示して以来，その傾向が顕著である。

過失相殺に関しては，労働者が過重な長時間労働によりうつ病にかかり自殺したケースについて最高裁は，使用者の損害賠償責任を認めたうえで，本人のうつ親和的性格，両親との同居を理由とする過失相殺を否定している（電通事件＝最2小判平12・3・24民集54巻3号1155頁）。また，判例では，精神的健康（いわゆるメンタルヘルス）に関する情報は労働者のプライバシーに属する重要な情報であり，それを使用者に申告しなかったことで過失相殺を行うことは許されないとしている（東芝事件＝最2小判平26・3・24労判1094号22頁）。

(b) **安全配慮義務主張のメリット**　使用者の安全配慮義務違反（債務不履行）を理由として損害賠償を請求する場合，労働者側は，使用者の安全配慮義務違反による労働災害発生の事実とそれと相当因果関係にある損害額を立証すればよく，使用者側は，使用者が安全配慮義務を尽したこと，すなわち災害が不可抗力あるいはもっぱ

ら労働者側の過失によって生じたこと等を立証しなければ損害賠償の責任を免れないことになる。この立証責任の転換が，使用者の労災責任を契約責任として構成することのひとつのメリットである。

　また消滅時効が不法行為の3年（旧民724条）と比べて10年（旧民167条1項）とかなり長くなることもそのメリットとしてあげられた。この点に関連して最高裁は，安全配慮義務違反によりじん肺に罹患したことを理由とする損害賠償請求権の消滅時効は，最終の行政上の決定を受けたときから進行を開始するとしている（日鉄鉱業〔長崎じん肺〕第一・第二事件＝最3小判平6・2・22民集48巻2号441頁）。

　もっとも死亡事故の場合，不法行為責任について認められる父母等の固有の慰謝料請求が，契約責任的構成をとる場合には否定されることが多く（鹿島建設・大石塗装事件＝最1小判昭55・12・18民集34巻7号888頁参照），また，重層的な請負関係にある元請企業が下請・孫請企業の従業員に対して安全配慮義務を負うかどうか，負うとする場合いかなる法的構成が可能か等，安全配慮義務について検討しなければならない課題も少なくない。

⑦　労災補償と損害賠償

(1)　序

　使用者あるいは使用者以外の第三者が故意・過失により労働災害あるいは通勤災害をひきおこした場合，被災者は労災補償の請求権と使用者あるいは第三者に対する損害賠償請求権の両方を取得する。このようにわが国では労災補償の給付と損害賠償請求権の併存を認めているため，この点の調整をどのように行うかが問題となる。

(2)　第三者行為災害

　　(a)　労災法12条の4による調整　　使用者以外の第三者（昭30・11・22基災発301号）が故意・過失によって労働災害をひきおこした

とき，使用者の労災補償責任と第三者の損害賠償責任との関係が問題になる。同じことが政府に対する労災保険の給付請求権と第三者に対する損害賠償請求権との間にも生じるが，この点，労災保険法12条の4は，保険給付の原因である事故が第三者の行為によって生じた場合において，政府が保険給付をしたときはその給付の価額の限度で受給権者が第三者に対して有する損害賠償請求権を取得し，また受給権者が加害者たる第三者から同一の事由について損害賠償を受けたときは，政府はその価額の限度で保険給付をしないことができる旨規定している。その趣旨は，被災者が両方の給付を重畳的に取得することから生じる二重利得を禁止し，他方，有責第三者の責任免脱を防止することにある。

　なお上にいう「同一の事由」とは，労災補償の対象となる損害と民法上の損害賠償の対象となる損害が同質同一であることをいう（大阪小型自動車事件＝大阪高判昭29・9・29判時43号15頁）。たとえば遺族補償と死亡労働者の逸失利益は，同質同一のものとして「同一の事由」にあたる。しかし労災補償は労働者・遺族の蒙った財産的損害の塡補を目的とするものであるから，労災補償を受領した場合でも，遺族はなお別に加害者に対して精神的損害についての賠償（慰藉料）を請求することができる（山崎鉱業所事件＝最1小判昭37・4・26民集16巻4号975頁）。

　(b)　**第三者行為災害と示談**　　問題になるのは，被災者と加害者（第三者）との間で損害賠償請求権の一部または全部を放棄する旨の示談がなされた場合，この示談が政府の求償権にどのような影響を及ぼすか，である。この点につき最高裁は，「被災労働者ら自らが，第三者の自己に対する損害賠償債務の全部又は一部を免除し，その限度において損害賠償請求権を喪失した場合においても，政府は，その限度において保険給付をする義務を免れる」としている

（小野運送事件＝最3小判昭38・6・4民集17巻5号716頁）。

(3) 労災保険の給付と使用者の損害賠償責任

(a) **労基法84条2項の類推適用**　労基法上の災害補償と使用者の損害賠償責任が労基法84条2項にしたがって調整されることについてはとくに問題はない。問題になるのは労災保険法に基づいて保険給付がなされた場合，使用者の損害賠償責任がどうなるかである。この点について従来，学説・裁判例は労基法84条2項の類推適用を認めることにより解決を図ってきた。すなわち政府が労災保険法に基づく給付を行った場合，使用者はその給付と同一の事由については，その価額の限度で損害賠償の責任を免れる，と。

(b) **将来給付分の控除の可否**　年金給付の場合，その将来の給付額（の元価）を損害賠償額から控除しうるか否かが問題となるが，最高裁は，損害賠償額からの控除は現実に行われた保険給付にかぎられ，将来の年金給付はたとえその支給が確定されていても控除することを要しないとした（三共自動車事件＝最3小判昭52・10・25民集31巻6号836頁）。この考え方によれば，被災者は使用者に対してすでに受給した保険給付によってカバーされた部分を除くすべての損害について使用者に賠償請求をなしうることになり，使用者から，労災保険への加入の意義をかなり減殺してしまうことになる，との批判があった。

　この点を考慮して昭和55（1980）年の労災保険法の改正によって設けられたのが，使用者（事業者）による損害賠償の履行猶予制度である（労災64条1項）。これは，労働者または遺族が障害補償年金，遺族補償年金等の年金給付を受けるべき場合に，その前払一時金の最高限度額まで，使用者に損害賠償の履行猶予を認めるものである（履行猶予が認められている間に，年金給付が行われることになる）。

　これに対して，労働者またはその遺族が，当該労働者の使用者か

ら損害賠償を受けた場合には，政府は，厚生労働大臣の定める支給調整に関する基準（昭56・6・12発基60号，改正平5・3・26発基29号）により，その価額の限度で保険給付をしないことができる（労災64条2項）。

(4) 損益相殺的な調整

被害者が不法行為によって死亡した場合において，その損害賠償請求権を取得した相続人が遺族補償年金の支給を受け，または支給を受けることが確定したときは，損害賠償額を算定するに当たり，遺族補償年金につき，その填補の対象となる被扶養利益の喪失による損害と同性質であり，かつ，相互補完性を有する逸失利益等の消極損害の元本との間で，損益相殺的な調整を行うべきであるとされた事例（フォーカスシステムズ事件＝最大判平27・3・4民集69巻2号178頁）がある。遺族補償年金は，制度の趣旨に沿った支給がなされる限り，その支給分については，当該遺族に被扶養利益の喪失が生じなかったとみることが相当であり，不法行為により死亡した被害者の相続人が遺族補償年金の支給を受け，または支給を受けることが確定することにより，上記相続人が喪失した被扶養利益が填補されたこととなる場合には，その限度で，被害者の逸失利益等の消極損害は現実にないものと評価できると。

したがって，遺族補償年金が支給される場合には，特段の事情がない限り，その填補の対象となる損害は不法行為のときに填補されたものと法的に評価して損益相殺的な調整を行うべきであり，遺族補償年金等がその支払時における損害金の元本および遅延損害金の全部を消滅させるに足りないときは，遅延損害金の支払債務にまず充当されるとした平成16年12月20日の最高裁判決（判時1886号46頁）は，上記判断と抵触する限度で変更されるべきであるとされた。損益相殺的な調整を行う場合の，重要な判決である。

第9章

就業規則

1　就業規則の意義と労基法の法規制

① 就業規則の意義

(1) 就業規則の従来の役割

　近代的な企業がその目的実現のために多数の労働者を集め，組織的に秩序正しく使用するためには，労働者を規律する一定のルールを設け，また，始業・終業の時刻，休憩時間，休日，賃金支払日等基本的な労働条件について画一的に定めることが必要になってくる。就業規則は，元来このような必要に基づいて労働者が就労するにあたって守るべき一定の服務規律とその違反に対する制裁，さらには統一的な労働条件基準を，使用者が一方的に定めたものであった。したがって，服務規律とその違反に対する制裁（懲戒）は労働者にとって苛酷で容赦のないものであることが少なくなかった。また，労働条件に関しても就業規則により使用者が一方的に決定した契約条件に労働者は事実上従わなければならず，本来労使の自由な合意により形成されるべき労働契約の附合契約化を招いた。このように就業規則は，個々の労働者の意思いかんにかかわらずその労働諸条件を規律したという意味で，企業ないし事業場という部分社会における規範としての機能を果たしてきたといえる。

(2) 就業規則に対する法的規制とその利用

　就業規則は，国家が労働者保護のために労使関係に積極的な介入

を行うに至ると，当然その規制の対象となった。しかし他方，国家が就業規則を労働者保護実施の重要な手段として利用するに至る。すなわち労働者保護立法は，就業規則の作成，それの行政官庁への届出，さらに労働者への周知を使用者に義務づけることによって，労働者がいかなる労働条件，いかなる規律のもとで就業しているかを自ら明確に知りうるようにするとともに，行政官庁がその内容をチェックし労働監督行政を容易にしているのである。わが国では大正15（1926）年施行の工場法施行令によって就業規則に関する規定が初めて設けられ，常時50人以上の職工を使用する工場の工場主に，労働時間，休憩，休日，賃金の支払方法・支払時期，制裁，解雇等につき就業規則の作成義務，地方長官への届出義務が課せられ，また，地方長官の変更命令権が規定された（27条の4）。また同時に施行された工場法施行規則は就業規則の周知義務を規定した（12条）。

② 労基法による法規制

　労基法は，基本的に戦前の就業規則法制の骨子を引きつぎながら，いくつかの点でその内容を拡充するとともに，労組法の規定する協約法制との調整を図った。労基法制定におけるその概略をみると，まず第1に，就業規則の作成義務が常時10人以上の労働者を使用する使用者に拡大され，その行政官庁への届出義務が規定されている（労基89条）。第2に，就業規則の作成・変更にあたっては労働者代表の意見聴取義務が新たに設けられ，作成手続の民主化が図られた（労基90条）。第3に，一定の方法による周知義務（労基106条），さらに就業規則の法令，協約との関係が規定され，行政官庁は，法令，労働協約に抵触する就業規則の変更を命ずることができるとされた（労基92条）。第4に労基法93条では，就業規則のいわゆる規範的効力が規定され，就業規則で定める基準に達しない労働条件を定める

労働契約は、その部分について無効とされ、無効となった部分は就業規則で定める基準によることとされた。

　しかし、依然として就業規則は使用者が一方的に作成しうるものとされていること、労働者の意見聴取義務も作成手続への労働者の関与という点ではそれほど実効性をもつものでないこと等、現行就業規則法制に問題がないわけではない。また、小規模事業場、とくに就業規則の作成義務を負わない10人未満の事業場に対する行政指導等が課題となろう。

③　労契法の制定と就業規則

　労契法の制定に伴い就業規則の民事上の効力に関する規定は、労契法に移された。すなわち、従来、労基法93条におかれていた就業規則の最低基準効に関する規定が、労契法12条に移された。また、法令や労働協約に反する就業規則の効力に関する労基法92条の規定は、就業規則が法令や労働協約に反する場合には、当該反する部分については、労働契約の内容になることはない旨の規定として労契法にも規定された（労契13条）。

　かつて最も大きな論点のひとつとなっていた、労働契約と就業規則の関係について、労契法7条では、「労働者及び使用者が労働契約を締結する場合において、使用者が合理的な労働条件が定められている就業規則を労働者に周知させていた場合には、労働契約の内容は、その就業規則で定める労働条件によるものとする」として、従来の判例法理を踏まえて（電電公社帯広局事件＝最1小判昭61・3・13労判470号6頁など参照）、明文化されている。なお、裁判例で、労働者の服装や髪型等の身だしなみについての服務規律も、事業遂行上の必要性が認められ、その具体的な制限の内容が労働者の利益や自由を過度に侵害しない合理的な内容の限度で拘束力をもつとする

ものがある（郵便事業事件＝神戸地判平22・3・26労判1006号49頁）。

　また，労契法は，個別の合意による労働条件の変更のルール（労契8条）および就業規則の変更による労働条件の不利益変更のルール（労契10条本文）を整備している（本章**4**参照）。

2 　就業規則の作成義務と記載事項

1　作成義務

（1）就業規則の作成義務

　労基法89条によれば，常時10人以上の労働者を使用する使用者は，法所定の事項を記載した就業規則を作成し，変更したときは，所轄の労働基準監督署長に届け出なければならない。使用者が10人以上の労働者を使用しているかどうかは，企業単位ではなく個々の事業単位でみるというのが行政解釈の立場である。

　なお，どのような場合に就業規則が作成されたことになるのかが問題となることがある（単なる就業規則の草案・ドラフトの段階では，就業規則が作成されていたとはいえない）。就業規則たる複数の退職金規程が存在する場合に，ある退職金規程について施行期日に関する付則がないこと等によりそれが否定された事例がある（PSD事件＝東京地判平20・3・28労判965号43頁）。

（2）就業規則の記載事項

　就業規則に記載すべき事項には次の種類がある。第1に絶対的に記載しなければならない事項であって，①始業・終業の時刻，休憩時間，休日，年次有給休暇，交替制を採用する場合の就業時転換に関する事項，②賃金の決定・計算・支払いの方法，賃金の締切りおよび支払いの時期ならびに昇給に関する事項，③任意退職，解雇，定年制等労働者の従業員としての身分の喪失に関する事項がこれに

属する（絶対的必要記載事項，労基89条1号〜3号）。第2は，いわゆる任意的必要記載事項に関するもので，たとえば使用者が安全衛生，災害補償，退職手当等について独自な制度を実施しようとする場合には，これらに関する事項を，また表彰および懲戒について使用者が定めをおく場合には，その種類および程度に関する事項を，必ず就業規則に記載しておかなければならない（労基89条3号の2〜10号）。なお昭和62（1987）年の労基法改正により退職手当に関する記載事項が詳細なものとされた。

② 意見聴取義務

　使用者は，就業規則の作成または変更について，当該事業場に労働者の過半数で組織する労働組合がある場合はその労働組合，そのような組合がない場合には労働者の過半数を代表する者の意見を聴かなければならない（労基90条）。問題になるのは，労働者の過半数代表等の意見聴取を行わずに作成された就業規則の効力であるが，学説では，手続における正義に反するものとして，あるいは就業規則に効力を認めるための必要不可欠の要件であるとして意見聴取手続を欠く就業規則を無効とするものと，労基法90条を単に取締規定にすぎないものとしてそれを有効とするものが対立している。裁判例も，それが問題となった文脈をみる必要があるが，有効とみるもの（塚本商事機械事件＝大阪高判昭28・6・22労民集4巻4号353頁）と，その効力を否定するもの（東洋精機事件＝神戸地尼崎支決昭28・8・10労民集4巻4号361頁）が対立しているが，数の上では前者が多い。

　もっとも，就業規則の効力といっても，労契法12条（旧労基法93条）に規定される効力（いわゆる最低基準効，本章3③参照）と就業規則によって契約内容を規律する効力（契約内容規律効，労契7条本文）を区別して論じる必要があろう。前者の効力については，届出ある

いは何らかの形での周知が行われている就業規則について意見聴取がなされていないことを理由にその効力を否定することは妥当でないからである（同様に，何らかの形での周知が行われていれば，届出がなされていなくても最低基準効はあるといえる）。

③ 届出義務

使用者は，所定の手続を踏んで作成・変更した就業規則を労働基準監督署長に届け出なければならない（労基89条本文）。届出をなすにあたっては，意見聴取の結果得た労働者代表の意見を記した書面を添付しなければならない（労基90条2項）。上記の書面には労働者の過半数を代表する者等の署名または記名押印がなければならない（労基則49条2項）。就業規則の届出先は，当該事業場を管轄する所轄の労働基準監督署長である（労基則49条）。なお，複数の事業場を有する企業等が，同一の就業規則を適用する場合においては，本社の所轄の労働基準監督署長に一括で届出を行うこともできる（平15・2・15発基0215001）。その場合，本社を含め事業場の数に対応した必要部数の就業規則を提出しなければならない。

就業規則の届出義務は，労働基準監督署が就業規則についての監督業務を有効に行うための前提となるものであるが，届出を欠く就業規則の効力に関しては，学説・裁判例上対立がある。学説・裁判例の多くは，就業規則の届出義務規定は監督を容易ならしめるための取締規定であって，効力発生要件ではなく，使用者が届出を怠った場合には罰則が適用されるにすぎないとしている（コクヨ事件＝大阪高判昭41・1・20労民集17巻1号27頁など）。

なお，CD-ROM等電子媒体による届出も許される（平11・3・18基発125号）。

4 周知義務

　使用者は，就業規則を常時，作業場の見やすい場所に掲示し，または備え付ける等の方法によって労働者に周知させなければならない（労基106条1項）。

　問題は，使用者による周知の措置が講じられていない就業規則の効力いかんであるが，この点は，先に述べたように，労契法12条（旧労基93条）に規定される，就業規則に定める基準に達しない労働条件は就業規則で定めるところによるという効力（いわゆる最低基準効，本章**3**❸参照）と就業規則によって労働契約内容を規律する効力（契約内容規律効，労契7条本文）を区別して論じる必要があり，前者については，就業規則の内容を労働者が実際上知っておればそれで足りるということができる。後者については，少なくとも実質的な意味での周知の措置がとられていたことがその効力を認めるためには必要であろう。なお，最高裁も，懲戒規定の効力に関連して，就業規則が法的規範としての性質を有するものとして労働者に対する拘束力を生じるためには，適用を受ける事業場の労働者にその内容を周知させる手続がとられていることが必要であるとしている（フジ興産事件＝最2小判平15・10・10労判861号5頁）。

3　就業規則の法的性質

1 就業規則の法的性質をめぐる学説

　現在でも就業規則の多くは，労働者が就労するにあたって守るべき一定の職場規律とその違反に対する制裁，さらに統一的な労働条件基準を使用者が一方的に定めたものである。これらの事項は，元来，労使間の契約によって規律されるべき事項である。しかし現実に多くの企業においては，個々の労働契約ではなく就業規則が労働

契約関係を規律する作用を営んでおり，労働者は就業規則に法的に拘束されている。それはあたかも法規範に拘束されているかのようである。そして労基法も就業規則の法規範的効力を承認するかのごとき規定をおいていた（旧労基93条）。しかし就業規則は，使用者が一方的に作成しうるものであり，それに法規範としての効力を認めることは，使用者が単独で法規範を設定しうることを承認することになるが，はたしてこうした考え方を承認しうるであろうか。

問題は，結局，就業規則が労働者を法的に拘束する理論的根拠いかんにかかわってくる。しかしこの点は，近代法の基本原則，法規範と契約という基本的概念の理解の仕方等にかかわるだけに対立の根は深い。実務的にも就業規則に関する労基法の規定の解釈，なかんずく就業規則の不利益変更の問題に重大な影響を与えることになる。学説はさまざまな見解に分かれていたが，大別すれば，契約説，法規説，根拠二分説，さらに集団的合意説等に分かれる。

(1) 契 約 説

使用者の一方的作成にかかる就業規則を法規とみることは近代的法概念に矛盾するとの考え方に立って，就業規則は労働契約の締結の際に労働者がこれに同意することによって契約の内容となり，労働契約関係を規律するものとなる，と主張する。この説によれば，就業規則それ自体は，使用者が望む契約諸条件を羅列した契約のヒナ型にすぎない。なお事実たる慣習説は，一般的な労使関係において労働契約の内容については「就業規則による」という事実たる慣習（民92条）があり，これを媒介として就業規則が法的に各個の労働契約の内容となる，と説く。

(2) 法 規 説

就業規則を端的に労働契約関係を規律する法規範であると考える法規説は，その法的根拠を何に見出すかによって，企業所有権・経

営権説，慣習法・社会自主法説，保護法授権説等に分かれる。このうち企業所有権ないし経営権に就業規則の法規範たる効力の根拠を求める説は今日ほとんど意義を失い，また旧法例2条（現在の法適用3条）を媒介として就業規則に慣習法的効力を承認する慣習法説に対しては，契約説から，使用者が一方的に定立・強行する就業規則を労働者の法的確信に支えられた法規範と認めることは困難であるとの批判がなされる。これに対し保護法授権説は，就業規則それ自体は法規範性を承認されうる法的契機を欠くとしながら，旧労基法93条（現在の労契12条）は労働者保護という立法目的からそのものとしては法規範性を欠く就業規則に対してとくに法的効力を法認している，と主張した。

(3) **根拠二分説**

就業規則の法的拘束力の関係を二分してとらえ，賃金や労働時間等，狭義の労働条件を定める就業規則の規定は労使の合意に根拠があり，何らかの形での合意が成立しなければ法的効果は与えられないが，就業にあたっての行為の準則を定める部分は，使用者が労働契約上有する指揮命令権に根拠があり，上記指揮命令権に基づいて労働者に周知（告知）されることによって効力を生じる，と主張した。

(4) **集団的合意説**

この説は，労働者の集団的意思を媒介にした労使の合意に就業規則の労働条件条項の法的拘束力の根拠を求める説であり，固有の労働契約内容とされる労働条件に関するかぎり使用者はその工場・事業場の労働者の集団的意思の同意を得て就業規則を作成しなければならず，上記同意を得て成立した就業規則は法規範的効力をもつと主張する。この説に対しては，現行労基法が就業規則の作成・変更に労働者の同意を要件としていないこと（労基90条）と矛盾し，団

体交渉による労働条件の決定という労組法上の制度とも整合性を欠くとの批判がなされている。

(5) 約 款 説

　最近注目を集めているのが，保険契約約款や運送契約約款等，普通契約約款に関する法理論を用いて就業規則の法的性質およびその一方的変更の効力を説明する約款説である。約款が契約者の知・不知に関係なく契約者を拘束する法的根拠については学説・裁判例において対立があるが，通説は，特別の事情のないかぎり当事者は約款で定めるところを契約内容として契約を締結するという慣行が事実たる慣習（民92条）となっていると説明している。この約款説によれば，就業規則の法規範性を法律行為の意思解釈に関する民法92条によって根拠づけた秋北バス事件に関する最高裁判決は，上記の普通契約約款の理論を適用したものであると説明されることになる。

2 判　　例

　かつて最高裁は，「就業規則は本来使用者の経営権の作用としてその一方的に定めうるところ」として経営権説の立場をとっていた（三井造船玉野分会事件＝最2小決昭27・7・4民集6巻7号635頁）が，秋北バス事件（最大判昭43・12・25民集22巻13号3459頁）でこれを改め，独自の法的性質論をとるに至った。すなわち，「労働条件を定型的に定めた就業規則は，一種の社会的規範としての性質を有するだけでなく，それが合理的な労働条件を定めているものであるかぎり，経営主体と労働者との間の労働条件は，その就業規則によるという事実たる慣習が成立しているものとして，その法的規範性が認められるに至っている（民法92条参照）ものということができる」。かくて，「当該事業場の労働者は，就業規則の存在および内容を現実に知っていると否とにかかわらず，また，これに対して個別的に同意

を与えたかどうかを問わず，当然に，その適用を受ける」と。

　この最高裁の見解は，一種の法規範説に立つものと理解されているが，就業規則の法規範性を法律行為の意思解釈に関する民法92条で根拠づけることは妥当ではないとの批判も強い。他方，最高裁の上記判旨は，保険契約約款や運送契約約款等，普通契約約款に関する法理論をとり入れて就業規則の法的拘束力を説明したものであり，契約説の一種ともいうべき「定型契約説」に立つものとしてとくに整合性を欠くわけではないとの理解もある。

③ 就業規則の法的効力

　就業規則の効力は，従来，労基法92条・93条で規定されていたが，労契法の制定に伴い，労基法93条は労契法12条に移され，また労基法92条は，民事的効力の点から新たに労契法13条にも規定されている。

(1) 法令および労働協約との関係

　就業規則は法令または当該事業場について適用される労働協約に反してはならない（労基92条1項）。法令または労働協約に抵触する就業規則については，行政官庁はその変更を命じることができることになっている（同2項）。法令および労使の団体交渉により成立する労働協約に就業規則に優先する効力を認める趣旨である。なお，労契法13条は，就業規則が法令または労働協約に反する場合には，当該法令または労働協約の適用を受ける労働者との間の労働契約には適用されない旨定めている。

(2) 労働契約との関係

　就業規則で定める基準に達しない労働条件を定める労働契約は，その部分については無効となり，この場合において，無効となった部分は就業規則で定める基準による（労契12条，旧労基93条）。労使

間で就業規則の定める基準を下回る不利益な労働契約が結ばれても，少なくとも就業規則の定める基準を最低基準として労働者に保障しようとする趣旨である。従来，旧労基法93条の定める就業規則のこのような効力の根拠をどのように説明するかが問題となっていた。この点，法規説のなかで，保護法授権説がこの規定を就業規則の法規範としての効力を創設する規定とみることについては前述したが，法規説は総じてこの規定を労基法が法規説をとったことの証拠とみていた。これに対して契約説では，旧労基法93条は就業規則そのものの効力を定めたものではなく，就業規則に定められた基準に達しない個別労働契約が締結されることを国家が否定する趣旨の後見的規定であるが，立法技術的にはあまり手際のよい規定ではないとされた。

4 就業規則の不利益変更

① 学説の状況

　使用者が就業規則を労働者に不利益に変更した場合，それによって労働者の労働条件が変更された就業規則どおりに自動的に変更されるであろうか。この点をめぐり，学説は鋭く対立したが，後述するように，裁判所では，判例法ともいうべき就業規則の不利益変更の法理が形成され，これを踏まえて労契法に就業規則の変更による労働条件の不利益変更のルール（労契10条本文）が設けられるに至った。しかし，この経緯を考えるために従来の学説も重要な意味をもつと思われるので，ここで簡単に学説をみておきたい。

　(1) 契約説

　契約説では，労働者が就業規則に従って労働契約を締結している場合，それが契約内容になっており，使用者が就業規則を不利益に

変更しても，それは契約内容変更の申入れにすぎず，労働者の同意がないかぎり，当該労働契約の内容を引下げることはできない，とする。ただし労働者が不利益に変更された就業規則のもとで異議なく働いている場合には，労働条件の引下げについて労働者に黙示の同意があったものと認められるとされることが多い。なお契約説に立ちながら，労働者は，使用者が企業運営の必要に基づき就業規則を合理的に変更する場合には，変更された労働条件に従って就労すべき旨あらかじめ黙示で合意しているとする考え方も存在する。二分説の場合には，労働条件部分については労働者の同意が，労働者の就業上の準則を定める部分については労働者に対する周知（告知）が，変更された就業規則の効力発生要件となる。

(2) 法 規 説

　法規説に立つ学説の多くも，就業規則の不利益変更の効力に対して消極的な態度をとるものが多い。経営権説の場合は信義則の法理が，また，慣習法説の場合は，変更前の就業規則が労働契約内容に化体しており，就業規則の不利益変更は，労働者の同意がないかぎり個々の労働契約を不利益に変更しえないとの論理が用いられることが多い。これに対し保護法授権説の場合は，使用者による就業規則の変更は，労働保護法原理の真の実現に向かってのみ認められ，不利益変更には労働者側の同意を求めるほかない，とする。しかし就業規則の労働契約への化体を認める説については，それは契約説の論理であって法規説のそれではない，との批判がなされ，保護法授権説についても，内容的に有利な改定のみが可能で，労働者に不利益な変更は労働者の同意がないかぎり認められないとの結論を明文の規定なしに十分に根拠づけることは難しいとの批判がある。総じて法規説は，就業規則の不利益変更を否定する論理に苦慮しているが，必ずしも説得的な根拠を提示するまでに至っていなかったよ

うである。

② 裁判例の動向と労働契約法10条

(1) リーディングケースとしての秋北バス事件最高裁判決

前掲秋北バス事件の最高裁判決が出る以前は，裁判例においても前述の学説の対立的状況を反映して種々の考え方が示されていたが，秋北バス事件の最高裁判決は，独自の法規説の立場に立ちつつ，不利益変更の効力について，次の判断基準を示した。すなわち，「新たな就業規則の作成又は変更によって，既得の権利を奪い，労働者に不利益な労働条件を一方的に課することは，原則として，許されないと解すべきであるが，労働条件の集合的処理，特にその統一的かつ画一的な決定を建前とする就業規則の性質からいって，当該規則条項が合理的なものであるかぎり，個々の労働者において，これに同意しないことを理由として，その適用を拒否することは許されないと解すべきであ」ると。

(2) 合理性判断基準

その後の裁判例は，例外はあるもののその多くが上記最高裁の示した判断基準に従って就業規則の不利益変更の効力を判断している。問題は，具体的にいかなる基準に従って合理性を判断するかにしぼられてきていた。たとえば，就業規則上の生理休暇規定の変更が争われたケースでは，その変更が合理的か否かは，変更により従業員が被る不利益，関連する賃金の改善状況，生理休暇取得の濫用の有無と変更の必要性，労働組合との交渉経緯，関連会社における扱い，わが国の生理休暇制度の一般的状況等の諸事情を総合のうえ判断すべきであるとされた（タケダシステム事件＝最2小判昭58・11・25労判418号21頁）。また，就業規則たる退職金規定の不利益変更について，使用者が不利益の代償となるような労働条件を何ら提供せず，その

不利益を是認させるような特別の事情も認められないケースでは，変更の合理性が否定されることになる（御國ハイヤー事件＝最2小判昭58・7・15労判425号75頁）。

　これに対して農協の合併に伴う労働条件の格差是正の一環として行われた退職金規定の不利益変更については，「賃金，退職金など労働者にとって重要な権利，労働条件に関し実質的な不利益を及ぼす就業規則の作成又は変更については，当該条項が，そのような不利益を労働者に法的に受忍させることを許容できるだけの高度の必要性に基づいた合理的な内容のものである」ことが要請されるとしながら，その合理性が認められている（大曲農協事件＝最3小判昭63・2・16民集42巻2号60頁）。

(3) 合理性判断と総合考慮

　年間賃金の大幅な減額を伴う55歳から60歳への定年延長を定めた就業規則の変更も，実質的に労働条件の不利益変更にあたるが，本件定年延長に高度の必要性が認められること，延長による労働条件改善の利益，福利厚生制度の適用延長・特別融資制度の新設等不利益を緩和する措置がとられたこと，行員の90パーセントを組織する組合との合意を経て労働協約を締結して行われたものであること等の諸事情を考慮して合理的なものとされている（第四銀行事件＝最2小判平9・2・28民集51巻2号705頁）。これに対し，55歳以上の者の賞与の支給率の引下げ等給与の削減の例では，行員の約73パーセントを組織する多数派組合が変更に同意していたにもかかわらず，高年層の行員について大幅な賃金上の不利益になること，経過措置による救済措置もとられていなかったこと等から，就業規則変更の合理性を否定している（みちのく銀行事件＝最1小判平12・9・7民集54巻7号2075頁）。これらのケースは，合理性についての具体的な判断基準を示したものとして先例とされたのである。

なお，経営不振に陥った会社が，就業規則（賃金規定）を変更して基準賃金の10%相当の削減を含む経営改善策を打ち出し，労組との合意を得た上で実施したところ，それに反対する労働者が，上記変更には合理性がなく原告らに適用されないとして，変更される前の就業規則（賃金規定）により算定した賃金額との差額等を請求した事例で，上記就業規則（賃金規定）の変更による人件費削減が，その程度および期間（2年間），労組の同意を得ている等の点から合理性ありとされた事例がある（住友重機械工業事件＝東京地判平19・2・14労判938号39頁）。

(4) 合理性判断と予測可能性

　上に述べた裁判例の示す合理性の要件を全体として整理すると，第1に，変更の必要性（ただし，賃金，退職金など労働者にとって重要な権利，労働条件に関しては高度の必要性），第2に，不利益の程度（代償の有無等），第3に，社会的妥当性，第4に，労働者もしくは労働組合に対する説得，の4つが重要な意味をもってきていた。他方，こうした総合判断では変更の合理性についての予測可能性が低くなることから，平成17（2005）年9月に出された「今後の労働契約法制の在り方に関する研究会報告書」では，就業規則変更法理を法律で明らかにしたうえで，就業規則の変更による労働条件の不利益変更について，一部の労働者に対してのみ大きな不利益を与える変更の場合を除き，労働者の意見が適正に集約されていることを前提に，過半数組合が変更に合意をしている場合，または労使委員会の委員の5分の4以上の多数により変更を認める決議があった場合には，変更後の就業規則に合理性があると推定する等の方法が提案された。

(5) 労契法による規制

　この点，労契法8条では，労働契約内容の変更についても合意に

よらなければならないとするとともに，労契法9条では，労働者と合意することなく，就業規則を変更することにより，労働者の不利益に労働条件を変更することはできないとされた（逆にいえば，労働者とあらかじめ合意すれば，就業規則を変更することにより，労働者の不利益に労働条件を変更することが可能となる）。いうまでもなく合意は，不利益に変更される労働条件の具体的内容を確実に示したうえでの合意でなければならない（協愛事件＝大阪高判平22・3・18労判1015号83頁参照）。

　その一方で，「使用者が就業規則の変更により労働条件を変更する場合において，変更後の就業規則を労働者に周知させ，かつ，就業規則の変更が，労働者の受ける不利益の程度，労働条件の変更の必要性，変更後の就業規則の内容の相当性，労働組合等との交渉の状況その他の就業規則の変更に係る事情に照らして合理的なものであるときは，労働契約の内容である労働条件は，当該変更後の就業規則に定めるところによるものとする」と規定した（労契10条）。就業規則の合理的な内容の変更であれば，これに同意しない労働者をも拘束するとしてきた従来の就業規則の不利益変更に関する最高裁判例を，上記のような条文の形で整理したものである（(1)～(3)参照）。就業規則による労働条件の不利益変更が労働者との関係で有効に行えるかどうかは，今後はこの規定の適用によって判断されることになる。

　就業規則の不利益変更と周知の関係について，中途退職の場合に退職金の額が大幅に減ってしまうにもかかわらず，その内容を従業員に説明したうえで納得を得たとは認められないこと，従業員に文書の配布・回覧もなく全体朝礼で短時間の口頭の説明があったにすぎないこと等から，従業員に対して実質的な周知がなされていなかったとしてその効力を否定する事例がある（中部カラー事件＝東京

高判平19・10・30労判964号72頁）。

　最高裁も，就業規則の不利益変更について，それが賃金，退職金に関するような重要なものである場合，当該変更を受け入れる旨の労働者の行為（「職員説明について」の文書への署名）がある場合でも，その同意の有無については，不利益の内容・程度，労働者への情報提供・説明の内容等に照らして，労働者の行為が自由な意思に基づいてされたものと認められる合理的な理由が客観的に存在するかという観点からも慎重に判断すべきであるとの態度を示している（山梨県民信用組合事件＝最2小判平28・2・19民集70巻2号123頁）。

　労働契約において，労働者および使用者が就業規則の変更によって変更されない労働条件として合意していた部分には，上記の変更法理は及ばない（労契10条ただし書）。したがって，使用者との間で定年制を適用せず終身の雇用を合意していた労働者については，定年制の定年年齢が68歳から65歳に引き下げられたとしても，影響を受けないことになる。

　なお，就業規則の作成により労働条件を不利益に変更するような場合（従来常時9人未満で就業規則を作成する必要がなかった事業場で労働者が10人以上となり就業規則を作成する必要が生じた場合で，従来より労働条件を不利益に変更するような場合），労契法10条を類推適用することになろう。

(6)　労使慣行の不利益変更

　労使慣行について，それが，①同種の行為・事実が長期間反復継続して行われてきたこと，②労使双方が明示的に当該慣行によることを排除・排斥せず，労使双方の規範意識に支えられている場合には，事実たる慣習として労働契約の内容を構成して当事者間に法的拘束力を有する労使慣行の成立が認められる（商大八戸ノ里ドライビングスクール事件＝最1小判平7・3・9労判679号30頁参照）。しかし，

この労使慣行の不利益変更が許される場合について，その必要性および内容の両面からみて，労働者が被ることになる不利益の程度を考慮しても，なお当該変更の法的規範性を是認できるだけの合理性を有する必要があり，とくに賃金，退職金等労働者にとって重要な権利，労働条件に関して実質的なる不利益を及ぼす労使慣行の変更については，それを許容することができるだけの高度の必要性に基づいた合理性を有する必要があるとして，前掲第四銀行事件があげた諸要素を列挙して，就業規則の不利益変更とほぼ同様の法理を用いて判断する裁判例がある（立命舘〔未払一時金〕事件＝京都地判平24・3・29労判1053号38頁）。

第10章

職場規律と使用者の懲戒権

1　使用者の懲戒権

1　懲戒権の法的根拠

(1)　懲戒制度とその根拠

　わが国の多くの企業は就業規則で懲戒制度を設けている。そこで従業員が就業規則所定の懲戒事由（業務命令違反，企業の名誉毀損等）に該当する行為を行った場合には，その行為に相当する処分（懲戒処分）が科されることになる。問題は，使用者と労働者という本来対等・平等な者の間でいかなる法的根拠に基づいて前者が後者を懲戒しうるかである。労基法は，制裁の種類および程度に関する事項を，就業規則の相対的必要記載事項とし（労基89条9号），また就業規則で減給制裁を定める場合の制限を規定する（労基91条）が，これらの規定も使用者の懲戒権を直接根拠づける規定とは解されないからである。この点，法律が明文をもって認めている親権者の未成年の子に対する懲戒権（民822条），校長・教員の学生・生徒・児童に対する懲戒権（学教11条）とは異なっている。

(2)　労契法15条による懲戒権の承認

　労契法15条は，「使用者が労働者を懲戒することができる場合において，当該懲戒が，当該懲戒に係る労働者の行為及び態様その他の事情に照らして，客観的に合理的な理由を欠き，社会通念上相当であると認められない場合は，その権利を濫用したものとして」無

効になると定め，労働関係における懲戒権の存在を法的に認めている。

　まず問題になるのは，使用者は固有の権限として労働者に対する懲戒権をもつかどうかである。この点につき学説の多くは，使用者がその固有の権限として労働者に対する懲戒権をもつという考え方に反対し，使用者は，就業規則所定の懲戒事由に基づかない懲戒処分をなしえないとの立場をとっている。裁判例では，使用者は固有の権限として労働者に対する懲戒権をもつがゆえに，準拠すべき明示の根拠なしでも懲戒をなしうるとするものもある（バンク・オブ・インディア事件＝東京地判昭35・12・16判時252号27頁）が，最高裁は，「使用者が労働者を懲戒するには，あらかじめ就業規則において懲戒の種別及び事由を定めておくことを要する」としてこの点の立場を明確にしている（フジ興産事件＝最2小判平15・10・10労判861号5頁）。

(3) 就業規則の懲戒規定

　就業規則に懲戒条項が規定されている場合，それが使用者の行う懲戒の法的根拠となるという点では，学説・裁判例上ほとんど異論はない。ただその拘束力の説明の仕方については，就業規則の法的性質論とも関連して見解が分かれている。この点契約説では，就業規則の懲戒規定が労働者の同意をえて労働契約の内容となるから，それに基づいて使用者は懲戒処分をなしうる権限を取得することになるとする。これに対し法規説，とくに保護法授権説は，多数の労働者が共同して作業を行う企業経営においては「共同作業の秩序」の維持が必要不可欠であり，その共同作業秩序の維持とその侵犯に対する制裁は労働者の規範意識に支えられて法的拘束力をもつ，と主張する。

　なお，最高裁の判例では，使用者が労働者の非違行為から7年以

上経過後に行った懲戒処分（論旨退職処分）を権利濫用で無効にしている（ネスレ日本事件＝最2小判平18・10・6労判925号11頁）。

② 公　務　員

　一般民間企業の従業員と異なり，公務員については，法律，人事院規則，条例の定める事由によらずに免職，降任，休職等の処分を受けないという身分保障の原則が定められる（国公74条以下，地公27条以下）とともに，一定の事由に該当する場合においては，任命権者は懲戒処分として戒告，減給，停職または免職の懲戒処分をなしうる旨規定する（国公82条以下，地公29条）。それゆえこれらの者に対する懲戒の法的根拠についてはとくに問題はない。

2 　懲戒事由

　使用者は就業規則に記載すればいかなる懲戒も自由になしうるというわけではなく，労働契約上労働者が負っている義務の本旨から懲戒には自ずから一定の合理的限界がある。とくに就業規則所定の懲戒事由は，単なる例示ではなく，制限列挙と解され，それ以外の事由に基づいて使用者は懲戒処分をなしえない。就業規則に列挙された懲戒解雇事由に該当する事実が存在しないときは懲戒解雇は無効と解される（四国電力事件＝高松高判昭32・12・24労民集8巻6号834頁など）。就業規則には多種多様な懲戒事由が規定され，さらに包括条項（「その他前各号に準ずる不都合な行為があった場合」など）が設けられることが多いが，その解釈にあたっては，懲戒処分の性質にかんがみ，合理的な限定解釈を試みなければならない。ここでは裁判例上とくに問題となった懲戒事由をいくつか検討してみる。

① 業務命令の拒否・不遵守

　使用者の正当な業務命令に違反した労働者は労働契約上の義務違反として使用者から債務不履行の責任を問われることがあるとともに，就業規則が業務命令違反を懲戒事由として列挙している場合には，その条項に基づいて懲戒処分を受けることがある。この懲戒処分の正当性を判断するにあたって問題になるのは，第1に，当該業務命令が正当か否かであり，第2に，業務命令が正当であるとしてもそれが当該懲戒解雇・懲戒処分を相当とするか否かである。後者の問題は，本章3で取り上げる。前者の問題に関する事例で多いのは，①配置転換・出向命令の拒否，②時間外労働命令の拒否，③就業時間中のリボン等の着用に対する取りはずし命令等であるが，これらについてはそれぞれの項を参照されたい。なお最高裁は，業務命令を「使用者が業務遂行のために労働者に対して行う指示又は命令」としそれを労働契約に根拠づけている（電電公社帯広局事件＝最1小判昭61・3・13労判470号6頁）。

(1)　所持品検査の拒否

　バス会社，タクシー会社等は，金銭を取り扱う者に対して所持品検査を受けることを義務づけることが多い。しかし所持品検査は，その性質上被検査者の人権侵害をひきおこすおそれがあるため，学説・判例は所持品検査が妥当性をもつ要件を厳しくしぼる傾向にある。最高裁は，所持品検査は，これを必要とする合理的理由に基づいて，一般的に妥当な方法と程度で，しかも制度として画一的に実施される場合には適法であり，この要件を満たす適法な所持品検査に対する労働者の拒否は，懲戒解雇を正当ならしめるとの判断を示している（西日本鉄道事件＝最2小判昭43・8・2民集22巻8号1603頁）。

(2)　始末書提出命令の拒否

　わが国では懲戒処分が問題となる場合，その処分とともにあるい

はその処分にかえて業務命令として「今後二度と不始末を犯さない」旨の始末書の提出を，就業規則の規定に基づいて，あるいは基づかずに命ぜられることがある。裁判例では，始末書の提出命令につきその拒否に対して新たな懲戒処分が加えられるような業務命令ではないとするもの（丸住製紙事件＝高松高判昭46・2・25労民集22巻1号87頁）と，その違反に対して新たな懲戒処分を加えうる業務命令であるとするもの（千代田火災海上保険事件＝東京地判昭62・1・30労判495号65頁）とが対立している。この点，就業規則に始末書提出を命じうる旨の規定が存在すれば，それは懲戒制度の運用のために労働契約上予定された措置と考えられ，使用者は上記規定に基づいて始末書提出を命じうる。また，上の定めのないときも，業務命令として一定の始末書提出を命じうる（参考として，東芝府中工場事件＝東京地八王子支判平2・2・1労判558号68頁，神谷商事事件＝東京地判平2・4・24労判562号30頁）。

(3) 通勤用車両の利用規制

通勤用車両を会社構内に乗り入れ，駐車場を利用しようとする者は，任意対人賠償保険に加入しなければならない旨の通勤用車両規程の定めが問題になったケースで，上記規程は合理性を欠く無効なものとはいえないとして，これに違反をしたことを理由としてなされたけん責処分が有効とされている（神戸製鋼所事件＝最3小判昭53・12・12判タ375号74頁）。

2 職務上の暴行・傷害・不正行為

労働者の同僚・上司に対する暴行・傷害を理由とする懲戒解雇を有効とする裁判例はかなり多い（東洋合成工業事件＝千葉地判昭48・3・7判時714号234頁など）。しかし暴行・傷害の程度，それに至る経緯，その後の本人の態度等を考慮して懲戒解雇が重すぎる処分で

ある場合，権利濫用として無効となる。

　職務上の不正行為を理由とする懲戒解雇事件に関して，裁判例では，バス乗務員のそれ程多額ではない金銭の着服（茨城交通事件＝水戸地判昭47・11・16判時705号112頁），出版会社の校正係が原稿を自己の思想に基づき勝手に改変を加えた行為（時事通信社事件＝東京地判昭40・7・23判時429号43頁），使用者から支給される家族手当の不正受給（岐阜相互銀行事件＝名古屋高判昭45・10・29判時621号91頁）についての懲戒解雇は有効とされている。これに対して，営業用自動車の無断運転行為（西日本鉄道事件＝福岡地判昭42・3・31判タ206号129頁）を理由とする懲戒解雇を無効とする裁判例がある。

　また，顧客の信用情報の漏洩を理由とする懲戒解雇について，それが会社内部の不正疑惑を解明する目的でなされた場合は，会社の利益に合致するところがあり，顧客の信用情報等が記載された文書を不法に入手し，外部に漏洩したことを理由とする懲戒解雇の相当性判断において，その違法性を大きく減殺するとして，懲戒解雇が無効とされた事例がある（宮崎信用金庫事件＝福岡高宮崎支判平14・7・2労判833号48頁）。

③ 経歴詐称

(1) 経歴詐欺の意義

　経歴詐称とは，通常，学歴，職歴，組合活動歴，犯罪歴等に関し自己の真実の経歴をいつわり，または秘匿することをいう。学説では，経歴詐称は，一般に労働関係に入る前になされるものであり，本来労働契約締結後の職場規律違反を問題とする懲戒処分の対象とはなしえないとの見解も有力である。この場合，経歴詐称は労働契約締結の際の瑕疵として民法95条（錯誤），96条（詐欺）による無効または取消の対象とされ，あるいは普通解雇の理由とされるにすぎ

ないことになる。これに対し裁判例は，経歴詐称を理由とする懲戒解雇の可能性を否定していない（炭研精工事件＝最1小判平3・9・19労経速1443号27頁）。その理由としては，学歴，職歴は，労働者の提供する労働力自体の内容，性質，能力等を評価するための重要な要素であるとともに，労働契約締結後の労働条件，労務の配置計画等を決定するための重要な判断資料であって，経歴詐称は使用者によるその評価を誤らせ，労使の信頼関係，企業秩序の維持・安定に重大な影響を与えることになる点があげられる（荏原製作所事件＝東京地判昭47・7・20判時677号100頁など）。

(2) **重大な経歴詐称**

経歴詐称による懲戒処分（懲戒解雇）が肯定されるとしても，懲戒処分が可能となるような経歴詐称は，その内容・程度において重大なものでなければならず，少なくともそれによって企業秩序に具体的な危険ないし重大な影響をもたらすものでなければ，懲戒権濫用法理がはたらくことになる。

アメリカで経営コンサルタントをやっていたとの略歴書を信用し採用されたが，実はその期間，名誉毀損の罪で実刑を受けて服役していたという場合，重要な経歴に詐称があったとしてなされた懲戒解雇について，「雇用関係は，労働力の給付を中核としながらも，労働者と使用者との相互の信頼関係に基礎を置く継続的な契約関係であるといえることからすると，使用者が，雇用契約の締結に先立ち，雇用しようとする労働者に対し，その労働力評価に直接関わる事項や，これに加え，企業秩序の維持に関係する事項について必要かつ合理的な範囲内で申告を求めた場合には，労働者は，信義則上，真実を告知すべき義務を負うものというべきである」との一般論を述べたうえで，有効とされている（メッセ事件＝東京地判平22・11・10労判1019号13頁）。

④ 二重就職・兼業禁止違反

就業規則で労働者の二重就職・兼業を禁止する規定が設けられることは少なくない。しかし学説では，労働者は労働契約で定められた一定の時間使用者に対して労務を提供する義務を負うにすぎず，それ以外の時間をどのように利用するかは原則として労働者の自由であるとして，二重就職・兼業によって使用者の利益が不当に侵害されあるいは職場秩序が著しく乱されるなど，それを禁止する合理的な理由が具体的に存在する場合にかぎって禁止しうるとする見解が強い。働き方改革で，柔軟な働き方が推奨され，兼業・副業を認める方向が打ち出されている折から，兼業禁止違反による懲戒処分も適正な見直しが迫られているといえる。

裁判例でも，就業規則に従業員の兼業を禁止する旨の規定があっても，従業員が当該兼業によって職場秩序を乱すか，あるいは労務の提供が不可能ないし困難になるのでないかぎり懲戒解雇をなすことはできないとの見解が示されている（平仙レース事件＝浦和地判昭40・12・16判時438号56頁）。また，就業規則でいう会社の「許可がなく会社以外の業務についたとき」とは，他の企業と継続的な雇用契約に入ることを意味するのであって，家計の補助のためになされる内職程度の仕事につくことは含まれないとして限定解釈をほどこした裁判例もある（永大産業事件＝大阪地判昭32・11・13判時138号30頁）。しかし，競業関係にある会社への二重就職は一般的に懲戒事由となる可能性が強い。

⑤ 無断欠勤等

正当な理由のない無断欠勤については，単に賃金カットの対象になるだけではなく，就業規則の懲戒規定で，減給処分，事情によってはより重い懲戒処分とされる例が少なくない。これは，「職員が

正当な理由がなく恣意的に欠勤できるとすれば，勤務計画がたてられず，他の職員に過重又は不時の負担をかける」だけではなく，他の従業員の勤労意欲を減退させ，ひいては職場秩序を乱すことになることを考慮したものである（三菱重工業長崎造船所事件＝福岡高判昭55・4・15判時986号123頁）。なお，精神的不調が疑われる従業員の無断欠勤を理由とする懲戒処分（論旨退職処分）について，使用者は，精神科医による健康診断を実施する等したうえで，その診断結果等に応じて，必要な場合には治療を勧め，休職等の処分を検討し，その後の経過をみる等の対応をとるべきであり，このような対応をとることなく，その欠勤を正当な理由のない無断欠勤にあたるものであるとして論旨退職の懲戒処分の措置をとることは適切な対応とはいえないとして当該懲戒処分を無効とするものがある（日本ヒューレットパッカード事件＝最2小判平24・4・27判時2159号127頁）。

⑥ メールの私的利用・不正利用等

業務用に使用者から供与されたパソコンを利用した私用メールの送受信も，その内容，回数において服務規律に違反する程度が甚だしい場合には，懲戒解雇の対象になる（K工業技術専門学校事件＝福岡高判平17・9・14労判903号68頁）。

これに対して，上司らに侮辱的な言動を含むメール送信等を理由とする即時解雇について，就業時間中の私用メールにおいて，世間話や同僚のうわさ話，懇親会の打合せといった業務と直接関係のない話をすることは一般的に行われていることであり，これらが業務上の円滑な人間関係の形成・維持のために必要となる側面も否定できないことからすれば，就業時間中の私用メールの送信のすべてを職務専念義務違反に問うことはできないとして，使用者が，当該労働者の行為を1年以上も前から把握していたにもかかわらず，事情

聴取も口頭による注意も行わず，また聴聞の機会も与えずに即時解雇することは相当性を欠くとして無効としている（北沢産業事件＝東京地判平19・9・18労判947号23頁）。

また，就業時間中に，社会通念上許される範囲を超えて行ったチャットに対してなされた懲戒解雇が有効とされた事例がある（ドリームエクスチェンジ事件＝東京地判平28・12・28労判1161号66頁）。

⑦ 企業外非行・企業の社会的信用の毀損等

(1) 企業外での非行と懲戒処分

労働者は，労働契約その他で定められた労働時間に使用者の指揮命令のもとで労務を提供することを義務づけられてはいるが，それ以外の時間における行動については使用者から拘束を受けないことを原則とする。しかし企業外で行われた非行・犯罪が企業の社会的評価・信用に重大な影響を及ぼすような場合，あるいはそれに対して何らの懲戒処分も行わないことが職場規律の弛緩等職場秩序の維持に悪影響を及ぼすような場合には，就業規則の該当条項に基づく懲戒処分は許される。判例でも，従業員の職場外でなされた職務遂行と関係のない行為でも，企業の社会的評価の低下毀損につながるおそれがあると客観的に認められるものについては，企業秩序の維持確保のためにこれを規制の対象とすることが許される場合があるとしている（国鉄中国支社事件＝最1小判昭49・2・28民集28巻1号66頁）。

次に具体的な事例を取り上げてみたい。

(2) 裁 判 例

判例では，職場以外の政治活動により逮捕・起訴された労働者に対する，就業規則の「不名誉な行為をして会社の体面を著しく汚した」者は懲戒解雇に付する旨の条項による懲戒解雇について，労働者の行為が破廉恥な目的・動機によるものではないこと，刑が罰金

2000円程度で比較的軽いものであること，会社が従業員３万人を擁する大企業であること等を考慮すれば，懲戒解雇は相当ではないと判断している（日本鋼管事件＝最２小判昭49・３・15民集28巻２号265頁）。他に，同種の裁判例として夜間他人の私宅へ侵入して住居侵入罪で罰金2500円に処せられた工員の懲戒解雇を無効にしたもの（横浜ゴム事件＝最３小判45・７・28民集24巻７号1220頁），路上に遺留されていた自転車を横領して送検され起訴猶予となった印刷工に対する懲戒解雇を無効とするもの（日本経済新聞社事件＝東京地判昭45・６・23労民集21巻３号980頁，ただし普通解雇を認める），会社の原子力発電所建設反対のビラを付近住宅に配布した内容が会社の社会的信用を失墜させたとしてなされた休職処分・減給処分を有効とするもの（中国電力事件＝最３小判平４・３・３労判609号10頁）等がある。なお，関西電力事件（最１小判昭58・９・８労判415号29頁）は，労働者による社宅におけるビラ配布に対する譴責処分を有効とする。

(3) **内部告発・公益通報と企業に対する名誉信用毀損**

いわゆる内部告発は，それが虚偽であり不当な場合には企業の名誉信用毀損等，大きな打撃を与えることになるが，それが真実の場合には，企業運営の改善の契機ともなるものである。内部告発が不当であるとして懲戒処分の対象とされた事例では，①告発内容が真実であるか，または告発がそれを真実だと信じる相当の理由があったか（告発内容の真実性または真実相当性），②目的が公益性を有するか（目的の公益性），③内部告発の手段・方法の相当性等を総合的に考慮して懲戒処分の当否を判断している（大阪いずみ生活協同組合事件＝大阪地堺支判平15・６・18労判855号22頁）。告発が不当な場合に組織が被る社会的評価の低下の甚大性を考慮して，これらの基準に加えて，④組織内部での是正努力義務を重視するものもある（群英学園事件＝東京高判平14・４・17労判831号65頁）。

① 懲戒処分の種類と使用者によるその選択

　就業規則が規定する懲戒処分の主たるものとしては，譴責，訓告，出勤停止，減給，懲戒解雇をあげることができる。裁判例は，職場規律違反を犯した労働者に対してこれらのうちのどの処分を選択するかについて，使用者の自由裁量に委ねられているわけでなく，使用者は妥当な処分を行う義務を負っているとしている（日本化薬厚狭作業所事件＝広島高判昭34・5・30労民集10巻3号531頁等）。また，裁判例は，とくに就業規則で数段階の懲戒処分が定められている場合，処分の選択は，懲戒処分事由およびその情状と対比して客観的に相当なものでなければならないとの立場をとっている（国際電信電話事件＝大阪地判昭36・5・19労民集12巻3号282頁）。しかし最高裁は，この点，国家公務員の懲戒処分の有効性が争われた事案で，懲戒権者は懲戒処分にあたって本来，いかなる処分を選択するかについて裁量権をもち，処分が社会観念上著しく妥当性を欠き裁量権を逸脱したと認められる場合にのみ懲戒権の濫用として違法になるとする（神戸税関事件＝最3小判昭52・12・20民集31巻7号1101頁）。これによれば懲戒事由と懲戒処分の相関性ないし比例的対応性は，懲戒権者（使用者）が考慮すべき1つの事情ということになる。なお，始末書提出は，懲戒処分として行うほか，業務命令として命ずることも可能である。

② 懲戒手続

　懲戒の手続として，労使代表によって構成される懲戒委員会で本人の事情聴取のうえ決定する等の規定がおかれることが多い。手続

における正義（適正手続）の観点からいって，上記手続に違反して
なされた懲戒処分は無効と解される。

③ 新たな懲戒事由の追加

　使用者が当該労働者を懲戒した時点で客観的に存在していたが，
使用者がそれを認識していなかったため懲戒権行使の理由にあげて
いなかった懲戒事由を，後にそれが明らかになった時点で，懲戒事
由に追加して，あるいはこれと差し替えて主張することができるか
どうか，また裁判所がその主張を採用して当該懲戒処分を適法とす
ることができるかどうかについては，下級審の裁判例は分かれてい
た（普通解雇について肯定するものマルヤタクシー事件＝仙台地判昭60・
9・19労判459号40頁，否定するもの大阪相互タクシー事件＝大阪地決昭
61・12・10労判487号26頁）が，最高裁は，「使用者が労働者に対して
行う懲戒は，労働者の企業秩序違反行為を理由として，一種の秩序
罰を課するものであるから，具体的な懲戒の適否は，その理由とさ
れた非違行為との関係において判断されるべきものである。した
がって，懲戒当時に使用者が認識していなかった非違行為は，特段
の事情のない限り，当該懲戒の理由とされたものでないことが明ら
かであるから，その存在をもって当該懲戒の有効性を根拠付けるこ
とはできないものというべきである」としてこの点を明確に否定し
ている（山口観光事件＝最1小判平8・9・26労判708号31頁）。

　金銭授受を理由とする懲戒解雇について，横領その他本件金銭授
受に引き続く行為を指摘して懲戒解雇の理由とする旨の告知が行わ
れた形跡がないとして金銭授受以外には懲戒の有効性を根拠づける
ことはできないとしたうえで，金銭授受自体は懲戒解雇を正当化す
るに足りる程度の重大なものとは認められないとして無効とするも
のがある（乙山株式会社事件＝大阪地判平25・11・19労判1088号51頁）。

4 懲戒解雇から普通解雇への転換

　労働者に懲戒解雇に値する事由がある場合にも，使用者は，労働者の再就職など将来を考慮して懲戒解雇を行わずに普通解雇にすることはしばしばみられるところであり（高知放送事件＝最2小判昭52・1・31労判268号17頁，第2編第11章❶②参照），このこと自体は問題ではない。しかし，裁判例では，懲戒解雇の手続を避けて普通解雇を行うことで，前者につき厳重な審査手続が定められているのを免れることは許されないとして，普通解雇であっても，懲戒解雇と同様の解雇協議条項の手続を経るべきであり，それを経ていない解雇を無効とするものがある（山梨貸切自動車事件＝甲府地判昭47・7・17労民集23巻4号433頁）。

　これに対して，使用者が，懲戒解雇の要件は満たさないとしても，当該労働者との雇用関係を解消したいとの意思を有しており，懲戒解雇に至る経過に照らして，使用者が懲戒解雇の意思表示に，予備的に普通解雇の意思表示をしたものと認定できる場合には，懲戒解雇の意思表示に予備的に普通解雇の意思表示が内包されていると認めることができる，本件においては，業務に堪ええないことを理由に数回退職勧奨したうえで解雇したのであり，解雇通告および解雇通知書には，懲戒解雇の意思表示のほか，予備的に普通解雇の意思表示が含まれていたと認定できるとして普通解雇として有効とするものもある（岡田運送事件＝東京地判平14・4・24労判828号22頁）。

4　休職制度

1 意　　義

　休職とは，労働者による労務の提供が不可能または不適当な事由が生じたときに労働契約を存続させたままで，一定期間その労働者

を就労させないでおく使用者の措置をいう。従業員としての地位を維持させたまま就労を禁止ないし猶予する点で懲戒処分としての出勤停止や停職と同じであるが，従業員の職務上の義務違反あるいは規律違反に対する制裁（懲戒処分）として行われるものではない点で懲戒処分としての出勤停止や停職と異なっている。

② 休職制度の種類

休職制度には多様な種類がある。主要なものとしては私傷病を理由とする病気休職，傷病以外の労働者の個人的事情による事故休職，組合の在籍専従となった場合の専従休職，公務就任（労基7条参照）を理由とする公務休職，刑事事件で起訴されたことによる刑事起訴休職，さらに他企業への派遣・出向を理由とする派遣・出向休職等がある。病気休職の場合は，解雇猶予の機能があり，公務休職，派遣・出向休職等では，他の制度との関係を調整する機能があるとされる。刑事起訴休職の場合は企業の信用保持，職場規律の維持さらには処分の留保・猶予の機能が混在している。ただ民間の休職制度は，公務員の場合とは異なり，法律に根拠がないため，休職事由，休職期間の長さ，休職中の待遇および休職期間満了に伴う取扱等は，休職を定める就業規則，労働協約によるところが大きい。

③ 休職の成立

(1) 病気休職

休職は，休職事由が生じたことによって自動的に成立するわけではなく，使用者のその旨の発令ないし労働者の休職したい旨の申請に対する承認によって成立する。病気休職のような場合，所定の期間従業員は解雇を猶予されるという利益を有するのであり，それを合理的理由なく奪うことは許されない。当該休職事由が生じれば休

職を定める就業規則に従って使用者に休職の承認義務が生じると解すべきであり，休職とせずにただちになされた解雇は無効である。もっとも，一般的には病気休職制度がある場合，その期間は労働者に認められた解雇猶予期間と解すべきものであるが，回復の見込みがないことが医学的に明瞭な場合にまで使用者にその期間の雇用を保障させることはやや酷であることを考慮して，そのような場合には，休職までの欠勤期間を待たずに解雇しても有効とする事例がある（前掲岡田運送事件）。

(2) 起訴休職制度

刑事起訴休職に関して，裁判例では，刑事事件に関して起訴されただけで起訴休職処分を行うことはできず，当該従業員を起訴休職処分に付することができるのは，①当該従業員が起訴されたことないしは起訴されたまま就労することによって企業の対外的信用が失墜し，職場秩序の維持に支障が生じる恐れがある場合，あるいは②拘留や公判期日での出頭のため継続的な労務給付が不可能ないし困難となる場合にかぎられるとするものが多い（松下電器事件＝大阪地決昭46・1・19判時623号102頁等）。したがって，起訴された従業員をそのまま職務に従事させたとしても対外信用・職場秩序の維持に支障が生じることもなく，公判期日への出頭のため労務提供に支障が生じることもないのに起訴休職が命じられたときは，これによる就労不能は使用者の責めに帰すべき履行不能として，従業員は反対給付である賃金請求権を失わない。

　もっとも，業務上横領の罪で起訴されたことを理由とする起訴休職処分が，上記嫌疑につき無罪が確定しても，起訴休職処分が遡及的に違法となるものではなく，労働者が自ら招いた犯罪の嫌疑により起訴された場合，起訴後の就労不能がもっぱら使用者の責任とはいえない以上，起訴休職処分中の賃金請求権は否定される（全農

〔全国農業協同組合連合会〕事件＝東京地判昭62・9・22労判503号16頁)。

　なお，刑事起訴休職に関して，休職期間中は無給とされることから，労働者にとって懲戒処分としての減給処分以上に苛酷な状況におかれることがあること等を考慮して，就業規則の「特別の事由があって休職させることを適法と認めたとき」を厳格に解して，痴漢行為により逮捕・勾留・起訴されたことを理由とする刑事起訴休職（懲役4月，執行猶予2年の有罪判決を受けて，控訴）を違法・無効とするものがある（山九事件＝東京地判平15・5・23労判854号30頁)。

④ 休職事由の終了および休職期間の満了

(1) 休職事由の終了と復職

　休職期間中に休職事由が消滅した場合には，休職の効果も当然に消滅する（振興相互銀行事件＝仙台地判昭46・6・16労判130号39頁)。就業規則で「休職事由が消滅した場合，復職を命じることがある」旨定めていたとしても，それは休職事由が消滅したときは原則として復職させることを注意的に規定したにすぎず，上記復職命令がないからといって起訴休職事由が消滅した職員の復職を拒否することができず，上記従業員は復職命令の有無にかかわらず復職したものとして取り扱われる（日本放送名古屋中央放送局事件＝名古屋地判昭48・7・11労判183号35頁)。

(2) 休職期間の満了とその効果

　休職期間が満了しても，休職事由が消滅しない場合，解雇する旨の規定が置かれている場合と，退職する旨の規定が置かれている場合とがある。この場合，休職制度は解雇の猶予措置であることからすれば，相当期間内に病気が回復するとの見込みがある等の場合を除いて，解雇に合理的事由ありとされることになろう。

　後者について，裁判例は，休職期間の満了による当然退職の定め

を有効としている（姫路赤十字病院事件＝神戸地姫路支判昭57・2・15労判392号58頁等）。病気休職制度は，解雇猶予のために設けられた制度と解され，当該制度に基づき休職命令を受けた者の復職が認められるためには，休職の原因となった傷病が治癒したことが必要であり，治癒があったといえるためには，原則として従前の職務を通常の程度に行える健康状態に回復したことを要するというべきであるが，他の軽易な職務であれば従事することができ，当該軽易な職務への配置転換をすることが現実的に可能であったり，当初は軽易な職務に就かせれば，程なく従前の職務を通常に行うことができると予測できるといった場合には，復職を認めるのが相当である（エール・フランス事件＝東京地判昭59・1・27労判423号23頁，復職を認めるべき健康状態にまで回復していなかったとして，解雇が相当とされた事例として，独立行政法人Ｎ事件＝東京地判平16・3・26労判876号56頁参照）。裁判例では，車両整備の業務に従事してきた労働者が，脳内出血の発症により休職期間満了時に一定の後遺障害を残す場合について，工具室での業務は就業可能であり，そこへの配置替えも可能であったとして，退職扱いを無効とする事例もある（JR東海事件＝大阪地判平11・10・4労判771号25頁）。

　一方，双極性障害に罹患して休職・退職した労働者が休職期間満了までに復職可能なまでに回復したとは認められないとして休職期間満了により退職扱いとしたことを適法とした事例がある（伊藤忠商事事件＝東京地判平25・1・31労経速2185号3頁）。なお，本件で裁判所は，労働者の治療・回復にかかる情報はその健康状態を含む個人情報であり，原則として労働者側の支配下にあるものであるから，労働者の側で，債務の本旨に従った労務提供ができる程度に病状が回復したことを立証する責任があるとしている。当該休職者が復職可能か否かの判断に際して，主治医の復職可能という判断が問題に

なるケースが少なくないが，この点につき，主治医の復職可能とい
う判断見解を斥けて，労働者（休職者）が，新たに配置された部署
で業務を覚えたり，一から人間関係を構築すること自体が大きな精
神的負担となり，精神状態の悪化や精神疾患の再燃を招く可能性が
あるというべきであるとして病気休職の期間満了による雇用契約の
終了を認めた事例がある（東京電力パワーグリッド事件＝東京地判平
29・11・30労判1189号67頁）。

(3) リハビリ勤務

　厚生労働省が公表している「心の健康問題により休職した労働者
の職場復帰支援の手引き」（平成16〔2004〕年，平成24〔2012〕年7月
に改訂）では，休職期間が満了したときに労働者が職場復帰可能か
否かを判断するために，「リハビリ就労」という制度の活用が提案
されている。また，相当長い期間休職していた労働者にとって復職
後ただちに通常の勤務に就くことは負担も大きいことから，復職に
あたって段階的な職場復帰を促す「リハビリ就労」は円滑・スムー
ズな職場復帰を可能とする点でも望ましい制度である。

　他方，その具体的内容をどのようにするかは，企業・労使が自主
的に定めるところに任されている。裁判例では，脳出血による後遺
症を有していた労働者が，従事していた軽作業等の実態からそれを
労働契約に基づく労務の提供と評価することはできず，その実態は，
まさにリハビリテーションのために事実上作業に従事していた域を
出ないものといわざるをえないとして，当該「リハビリ勤務」を復
職可能かどうかの判断のための期間とみて，当該労働者の作業遂行
能力が通常の業務を遂行することができる程度にまで回復していた
とはいえず，休職期間満了に伴う退職取扱いは違法ではないとされ
た事例がある（西濃シェンカー事件＝東京地判平22・3・18労判1011号73
頁）。また，綜企画設計事件（東京地判平28・9・28労判1189号84頁）

は，リハビリ出勤後の復職の可否と退職措置の効力が争われた事例であるが，休職期間が満了する前に休職原因が消滅したことについては，労務の提供ができなかったにもかかわらず解雇権を留保されていた労働者が主張立証責任を負うと解するのが相当であるとする。さらに，休職原因である「復職不能」の事由がいつ消滅したと言えるかについて，復職が，労働契約において定められた労務提供を本旨履行できる状態に復することと解すべきことに鑑みて，「基本的には従前の職務を通常程度に行うことができる状態にある場合をいうものであるが，それに至らない場合であっても，当該労働者の能力，経験，地位，その精神的不調の回復の程度等に照らして，相当の期間内に作業遂行能力が通常の業務を遂行できる程度に回復すると見込める場合を含むもの」としている。

　なお，精神疾患を理由として行われていたテスト出勤についても最低賃金法の適用があるとされた事例がある（日本放送協会〔解職〕事件＝名古屋高判平30・6・26労判1189号51頁）。判旨は，テスト出局の趣旨・目的に照らせば，休職者の提供する作業の内容は，当該休職者の労働契約上の債務の本旨に従った労務の提供であることは必要なく，また，休職者の提供する作業の内容がその程度のものにとどまる限り，使用者も休職者に労働契約上の本来の賃金を支払う義務を負うことになるものではないとしながら，テスト出局が単に休職者のリハビリのみを目的として行われるのではく，職場復帰の可否の判断をも目的として行われる場合，休職者は事実上，テスト出局において業務を命じられた場合にそれを拒否することは困難な状況にあるといえるから，単に本来の業務に比べ軽易な作業であるからといって，賃金請求権が発生しないとまではいえず，当該作業が使用者の指示にしたがって行われ，その作業の成果を使用者が享受しているような場合等には，当該作業は，使用者の指揮監督下に行

われた労基法11条の「労働」に該当するものと解され，無給の合意があっても，最低賃金法の適用があり，テスト出局について，最低賃金と同様の定めがされたものとして，これが契約内容となり（労基4条2項），賃金請求権が発生するとしている。しかし，休職者に健保法上の傷病手当金が支給されている場合は，こうした考慮は無用のものである。

第11章

解雇・定年・退職

1 解 雇

① 労働契約の終了事由

労働契約には大きく分けて，期間の定めのあるものと期間の定めのないものとの2種類があるが，労働契約に期間の定めがない場合，労働契約は労使の合意によって終了する（合意解約）ほか，当事者の一方の解約告知によって終了する。労働者が行う解約告知を任意退職，辞職といい，使用者が行う解約告知を解雇と呼んで両者を区別している。労働契約に期間の定めがある場合，労働契約は期間の満了によって終了する（本章1⑤参照）。このほか，①労働者の死亡，②仕事の完了，③定年の定めがある場合の定年到達，④休職期間の満了，⑤労働者の傷病等による労働不能，⑥営業譲渡，⑦使用者の破産，⑧採用内定の取消，等が労働契約の終了事由として問題になる。

なお，雇用契約は，使用者がその固有の専門的技能を直接被用者に教えること等，その契約における具体的な人物であることを要素とするものでないかぎり，使用者の死亡によって当然に終了するものではなく，被申請人が相続により本件雇用契約における使用者の地位を承継したとして，個人経営の料理店の相続人が雇用契約における使用者の地位を承継したされた事例がある（小料理屋「尾婆伴」事件＝大阪地決平元・10・25労判551号22頁）。

2 使用者の解雇権とその制限

(1) 解雇権とその根拠

雇用契約（労働契約）の特徴のひとつは，労使当事者に継続的な権利義務の関係を生ぜしめることであるが，それは場合により当事者を不当に拘束する結果を招くことがある。この点を考慮して民法は，各当事者に対してその一方的な意思表示により任意に雇用契約から離脱する自由（退職の自由および解雇の自由）を保障している。すなわち当事者が雇用契約の期間を定めなかったときは，各当事者はいつでも解約の申入れをなすことができ，この場合において契約は解約申入れ後，2週間を経過することによって終了する（民627条1項）。期間の定めのある雇用契約の場合も，「やむを得ない事由」があるときは，各当事者はただちに契約の解除をなすことができる（民628条）。

使用者の行う解雇は，企業運営上の必要性ないし合理性に基づいて低能率者，職場秩序紊乱者，さらには余剰労働力を企業外に排除することを目的として行われることが多いが，解雇権（解雇の自由）は，営業活動上の有力な武器として重要な役割を果たすことになる。他方，解雇は，労働者の生活に重大な脅威を与える。このため使用者の解雇権は，現在では法令・労働協約・就業規則等による種々の制約が課されるに至っている。

(2) 法令による各種の解雇権の制限

(a) **労基法による制限**　　労基法は，後述するように解雇の時期についての制限（労基19条）および解雇の手続についての制限（労基20条・21条）を規定するが，これらの規定以外にも均等待遇を定める労基法3条，正当な組合活動を理由とする不利益取扱を禁ずる労組法7条1号の規定も解雇の制限に関して重要な役割を果たしていた。平成15（2003）年の労基法改正では，「解雇は，客観的に合理

的な理由を欠き，社会通念上相当であると認められない場合は，その権利を濫用したものとして，無効とする」（労基18条の2）旨の新たな規定が設けられたが，この規定は，労契法の制定に基づき同法16条に移された。さらに，労使当事者間で解雇についての事前予測性を高めるために，就業規則に「解雇の事由」が含められた（労基89条3号）。なお，解雇を予告された労働者は，解雇前においても使用者に対して，当該解雇の理由についての証明書を請求することができる（労基22条2項）。

　(b)　**労基法以外の法令による制限**　　育児休業，介護休業の申出を行い，またそれを取得したことを理由とする解雇（育児・介護休業10条・16条），都道府県労働局長，雇用均等室長に均等法違反に関する援助を申請したこと，あるいは紛争調整委員会に調停を申請したことを理由とする解雇その他不利益な取扱をなすことも禁止されている（均等17条2項・18条2項）。

　平成16（2004）年に公益通報者保護法が制定されたが（平成18〔2006〕年4月1日施行），同法も「公益通報」をしたことを理由とする労働者の解雇，その他の不利益取扱の禁止を定めている（公益通報3条・4条・5条）。同法は，通報先が事業者内部であるか，行政機関であるか，それ以外の外部のものであるかによって，保護要件を軽減ないし加重している。すなわち，通報先が事業者内部である場合には，通報が不正の目的でないことで足りるが，通報先が行政機関である場合には，通報が不正の目的でないことに加えて，通報対象事実の発生につき真実と「信ずるに足りる相当の理由」が必要であり，通報先がそれ以外の外部のものである場合には，上の要件に加重して，個人の生命・身体に危害が生じる急迫した危険が存在する等の要件を充足することが求められている（公益通報3条1号〜3号）。なお，公益通報を受けた行政機関には，必要な調査およ

び法令に基づく措置その他適切な措置をとる義務がある（公益通報
10条）。

(3) 労働協約・就業規則による制限

　労働協約で労働者の解雇事由ないし解雇基準を定めた場合，それ
は「労働者の待遇に関する基準」（労組16条）として規範的効力をも
つ。したがって列挙された事由以外によってなされた解雇，あるい
は解雇基準に該当しないにもかかわらずなされた解雇は無効となる。
解雇協議約款がある場合に，上記協議なしになされた解雇の効力に
ついても無効というのが判例・学説の基本的立場である（第4編第
4章**3③**参照）。就業規則における解雇事由の列挙も，使用者が自ら
の解雇権を自己抑制したものであると解されることが多い。しかし
就業規則所定の解雇事由に該当しない解雇が無効となるかどうかに
ついては，見解の対立がある。実際上は，前各号に準ずる事由があ
る場合をも解雇事由とする包括条項で対応するケースが多い。

(4) 解雇の自由をめぐる学説・判例

　かつて上で述べた法令，協約等による制限に違反しないかぎり使
用者は労働者を自由に解雇しうるかどうかについては，学説上，次
に述べるように解雇自由説，正当事由説，権利濫用説が対立してい
た。解雇自由説は，解雇の自由は資本制生産体制をささえる不可欠
の基本原則であって法令による制限を除けば何らの制約も加えられ
ないとし，正当事由説は，解雇の自由という市民法原理が生存権を
法原理とする労働法によって修正されたとの観点に立って，解雇に
は正当な事由がなければならないとする。さらに権利濫用説は，使
用者は原則として解雇を自由になしうるとしつつ，解雇権も権利の
行使として濫用は許されない（民1条3項）とする。

　判例は，権利濫用説によっており，最高裁も，「普通解雇事由が
ある場合においても，使用者は常に解雇しうるものではなく，当該

具体的な事情のもとにおいて，解雇に処することが著しく不合理であり，社会通念上相当なものとして是認することができないときには，当該解雇の意思表示は，解雇権の濫用として無効になる」と判示し，権利濫用説の立場に立つことを明らかにしていたのであり（高知放送事件＝最２小判昭52・１・31労判268号17頁，日本食塩製造事件＝最２小判昭50・４・25民集29巻４号456頁），前述の解雇ルール（労契16条）は，この判例法理を法制化したものである。判例では，飲酒癖のある幹部従業員が勤務態度不良により解雇され，解雇無効による地位確認ではなく損害賠償を求めていた事案で，当該従業員の解雇はやむを得ないものであったとして，不法行為の成立を認めた原判決を破棄している（小野リース事件＝最３小判平22・５・25労判1018号５頁）。

　さらに，物流専門職として中途採用された労働者が，再三の指導・注意にもかかわらず勤務態度を改めなかったことから，就業規則の解雇事由にいう業務の遂行に必要な能力を欠くとして行われた普通解雇について，客観的に合理的な理由が存在し，社会通念上相当であったとして有効とされた事例がある（日本ストレージ・テクノロジー事件＝東京地判平18・３・14労経速1934号12頁）。また，すでに決着をみた問題について，警告を無視して，執拗に内部通報を行った労働者の解雇は有効とされている（ボッシュ事件＝東京地判平25・３・26労経速2179号14頁）。他に，勤務態度が不良で改善の見込みがない，協調性が著しく欠如している等を理由に解雇を有効とするものがある（南淡漁業共同組合事件＝大阪高判平24・４・18労判1053号５頁，日本ヒューレットパッカード〔解雇〕事件＝東京高判平25・３・21労判1073号５頁等）。

　高額報酬を受けて，職種が特定されていた者の，職種が消滅したことを理由とする解雇は，通常の従業員よりも比較的容易に認めら

れる（フェイス事件＝東京地決平23・8・17労経速2123号27頁）。

(5) **解雇無効とその効果**

　解雇された労働者がその無効を裁判所で争う場合，雇用契約の存続確認（あるいは労働契約上の権利を有することの確認）とともに，併せて賃金を請求することが通常である。

　(a) **現職復帰と解雇の金銭解決**　裁判所で解雇が無効と判断されその判決が確定した場合，解雇がなかったものとされ労働者は現職に復帰することができることになる。しかし，訴訟の継続中に労使間で信頼関係が破壊されるなど，元の職場に戻って働き続けることが難しい事態が生じることがある。こうした場合に備えて，諸外国では，現職復帰に代えて，労働者あるいは使用者からの申立てに基づく解雇の金銭解決制度が存在するが，わが国ではまだ議論の段階にとどまっている。

　(b) **賃金の遡及払いと中間収入の控除**　解雇が無効とされた場合，使用者には民法536条2項の危険負担の法理に基づき解雇期間中の賃金の遡及払いの義務が生じる（本編第4章**4⑵**参照）。問題は，労働者（被解雇者）が解雇期間中に他の職場で働く等して得た収入がある場合の，中間収入の控除の可否（同項ただし書参照）およびそれが可能とされる場合の控除の範囲である。この点，最高裁は，上記の中間収入の控除を肯定したうえで，①休業手当の趣旨からして，休業手当相当部分については控除の対象とすることはできないが，②「使用者が労働者に対して有する解雇期間中の賃金支払債務のうち平均賃金額の6割を超える部分から当該賃金の支払対象期間と時期的に対応する期間内に得た中間利益の額を控除することは許される」，③上記の「利益の額が平均賃金額の4割を超える場合には，更に平均賃金算定の基礎に算入されない賃金（労基12条4項所定の賃金）の全額を対象として利益額を控除することが許される」として

いる（あけぼのタクシー事件＝最1小判昭62・4・2労判506号20頁）。

(6) 整理解雇

使用者が不況等による深刻な経営危機を打開するために従業員の削減をせまられて行う解雇を一般に整理解雇という。整理解雇は，①社会一般が不況で他に転職することも容易ではない，②年功賃金，終身雇用の慣行が根強いわが国ではいったん離職した労働者が従前と同水準の労働条件を確保することが容易でない等，被解雇者にとってきわめて不利な条件のもとでなされるため，その社会的影響もきわめて大きい。問題になるのは，整理解雇がいかなる規制に服するかである。この点，最近の裁判例では，整理解雇の有効，無効につき，①その必要性が存在したかどうか，②使用者が整理解雇を回避するための経営努力を行ったかどうか，③整理解雇基準が公正・合理的なものかどうか，④実施にあたって労働者・労働組合と誠実に協議をしたかどうか，等の判断基準を設け，これらの点から整理解雇の有効性をチェックしていこうとするものが圧倒的に多くなっている。学説も一般的にこうした判断基準を肯定している。

なお，上記の判断基準について，これが厳格な意味での4要件なのか，考慮すべき重要な要素なのかについては争いがある（4要件であるとするものにシンガポール・デベロップメント銀行〔本訴〕事件＝大阪地判平12・6・23労判786号16頁，4要素とするものにコマキ事件＝東京地決平18・1・13労判935号35頁）。

(7) 変更解約告知

(a) ドイツの変更解約告知制度　使用者が，労働者に対して従来の労働条件の変更を申し込み，それが承諾されない場合に労働者を解雇することを変更解約告知という。ドイツではこうした変更解約告知による失職のリスクを労働者に負担させないように，労働条件の変更に同意しない労働者は，当該労働条件の変更が社会的に不

相当ではないことという留保を付して労働条件の変更を承諾することが可能であり（ドイツの解雇制限法2条），異議をとどめて新たな労働条件のもとで就労しながら変更解約告知の効力を争うことができることになっている。すなわち，労働者は当該労働条件の変更が社会的に相当でないことの確認を裁判所に求めることができ（同法4条2項），裁判において変更が社会的に相当でないとされれば，当該変更は当初より無効とされ（同法8条），元の労働条件に復帰し，逆に変更に相当性があると判断されれば，そのまま変更された条件で就労し続けることになる。

(b) **変更解約告知と解雇**　　わが国には，このような立法は存在しないから，新たな条件が不当であることを争う場合には，新契約締結の申込みを拒否して解雇されるリスクを労働者が負うことになる。もっとも，使用者による新契約締結の申込みが社会的に相当でない等として解雇が無効になれば，解雇はなかったものとして職場に復帰することができることはいうまでもない。その意味で，不当な理由で解雇された労働者の法的地位と特段のちがいがあるわけではない。しかし，当該労働条件の変更が社会的に相当であったとして解雇が有効とされた場合には，わが国では労働者は職場を失うことになる。その時点で，職場を失うのであれば当該労働条件の変更を承諾するといっても，ときすでに遅いということになる。

(c) **判　例**　　この点に関連して裁判例では，①労働者の職務，勤務場所，賃金および労働時間等の労働条件の変更が会社業務の運営にとって必要不可欠であり，②その必要性が労働条件の変更によって労働者が受ける不利益を上回っていて，労働条件の変更を伴う新契約締結の申込みがそれに応じない場合の解雇を正当化するに足りるやむを得ないものと認められ，かつ，③解雇を回避するための努力が十分に尽くされているときは，会社は新契約締結の申込み

に応じない労働者を解雇することができるものと解するのが相当であるとするものがある（スカンジナビア航空事件＝東京地決平7・4・13労判675号13頁）。もっとも，この条件は，人選の合理性基準を除けば基本的に整理解雇の有効性を判断する基準とほとんど異ならないといえる（なお大阪労働衛生センター第1病院事件＝大阪地判平10・8・31労判751号38頁は，変更解約告知を労働条件変更のために行われる解雇としている）。

　(d)　学　説　　学説では，使用者による変更解約告知に対して，労働者が労働条件変更の合理性を留保しつつ変更を承諾すれば，労働者の承諾があったものとして労働関係を維持したままで変更の当否（有効性・合理性）だけを争点にすることが可能であるとする説が主張されているが，使用者がこのような留保付きの承諾を認めず，承諾がなかったとものとして取り扱った場合（民528条では，条件付の承諾を，申込みに対する拒絶と新たな契約の申込みとみなしている），結局，解雇ないし雇止めの問題とならざるを得ない（日本ヒルトン事件＝東京高判平14・11・26労判843号20頁）。

③　労基法19条による解雇制限

(1)　労基法19条の意義

　労基法19条は，①労働者が業務上の負傷・疾病による療養のため休業する期間およびその後の30日間と，②女性労働者が産前産後の休暇（労基65条）によって休業する期間およびその後の30日間について使用者の解雇権行使を禁止している。制限期間中は，除外事由（労基19条1項ただし書）が存在しないかぎり解雇はなしえない。普通解雇はいうまでもなく，労働者の責に帰すべき事由に基づく懲戒解雇もなしえない（小倉炭鉱事件＝福岡地小倉支判昭31・9・13労民集7巻6号1048頁）。それでは解雇制限期間内に解雇の予告をなすこと

ができるであろうか。学説では，労基法19条は解雇を制限している
だけであって解雇予告を制限しているわけではないから制限期間後
に満了すべき解雇予告を禁止期間内においてなすことは法律上さし
つかえないとする説と，解雇のみならず解雇予告も制限されている
とする説が対立している。裁判例では前説の立場をとるものがある
（東洋特殊土木事件＝水戸地龍ヶ崎支判昭55・1・18労民集31巻1号14頁）。

(2)　**労基法19条の適用除外**

　労基法19条の解雇制限は，次の場合には解除される。第1に，天
災事変その他やむをえない事由のために事業が不可能となった場合
である。この場合，使用者は，行政官庁（労働基準監督署長）の認定
（解雇制限除外認定）を受けなければならない（19条2項）。第2は，
使用者が労基法81条の打切補償を支払った場合である。なお，業務
上負傷し疾病にかかった労働者が，当該傷病にかかる療養開始後3
年を経過した日において労災保険の傷病補償年金を受けている場合，
または同日後傷病補償年金を受けるに至った場合，使用者は，それ
ぞれ当該3年を経過した日または傷病補償年金を受けるに至った日
に労基法の打切補償を支払ったものとみなされ，労基法19条の解雇
制限が解除される（労災19条）。

　問題は，傷病補償年金を受けるほどの重度の傷病でない場合で，
使用者が，自らの意思で打切補償を支払った場合にも，労基法19条
の解雇制限が解除されるか否かである。この点，最高裁は，労災保
険法による給付は労基法上の災害補償に代わるものとして位置づけ
られるとして，それを否定していた原審を覆し，打切補償を行って
の解雇制限の解除を容認している（学校法人専修大学事件＝最2小判
平27・6・8民集69巻4号1047頁）。原審の判断が文言解釈に終始し，
労災保険法の意義を没却していたものを改めたものである。

(3) 病気休職期間満了による退職扱いと労基法19条

　病気休職期間満了により退職扱い（あるいは解雇）とされた労働者が，後に当該疾病につき業務上であるとの判断を監督署あるいは裁判所で得て，当該退職扱いを労基法19条違反とするケースが目立つ（東芝事件＝東京高判平23・2・23労判1022号5頁，アイフル〔旧ライフ〕事件＝大阪高判平24・12・13労判1072号55頁等）。このようなケースでは，無効とされた解雇期間中の賃金請求権が，民法536条2項の適用の結果認められているが，その反面,「賃金を受けない場合」に認められる休業補償（労基76条1項）については，文言上要件を満たさなくなり，不当利得として労災の保険者に返還する必要が生じるため，労災保険の休業補償給付の意義が改めて課題として登場することになる。

④ 解雇予告と解雇予告手当（労基法20条）

(1) 解雇予告の意義

　解雇は労働者から生活の基盤を奪うものであるが，それが抜打ち的に行われる場合，労働者の生活に与える脅威はさらに大きなものになる。この点，労基法20条は，使用者に対し労働者を解雇する場合，少なくとも30日前に予告するか，あるいは予告にかえて30日分以上の平均賃金（解雇予告手当）を支払うことを義務づけることによって，労働契約の終了を事前に労働者に知らせ，あるいは一定の代償を与えさせることにより，抜打ち的解雇がもたらす生活上の脅威から労働者を保護している。民法627条1項によれば，使用者は期間の定めのない雇用契約につき「いつでも」解約の申入れをなすことができ，この場合雇用契約は解約申入れ後2週間を経過することによって終了するが，この規定は労基法20条により修正されたとみることができる（同2項参照）。解雇予告はその期間の満了によっ

て解雇の効力を発生させるから，予告期間中は従前どおり労働契約
関係は存在しており，労働者は労務提供義務を負い，使用者は賃金
支払義務を負う。

(2) **解雇予告手当**

使用者は30日前の解雇予告にかえて少なくとも30日分以上の平均
賃金を支払うことによって労働者を解雇することができる（労基20
条1項後段）。解雇予告の日数は，平均賃金を支払った日数分だけ短
縮することもできる（同2項）。解雇予告手当は，予告にかえて解雇
をするための条件として労基法によって創設された特殊な手当であ
り，厳密な意味では賃金ではないが，労働者にとっては賃金補償と
しての機能を営むものであり，通貨で全額，直接労働者に支払うこ
とが望ましい（日本国連協会事件＝東京地判昭39・4・28判タ162号130頁
参照）。なお上記手当は解雇の日までに支払えばよく，予告と同時
に支払うことまでは要求されていない。

(3) **解雇予告を必要としない場合**

①天災事変その他やむを得ない事由のために事業の継続が不可能
となった場合，②労働者の責に帰すべき事由に基づいて解雇する場
合には，使用者は例外的に，予告手当を支払わずに労働者を即時解
雇しうる。裁判例では，身元保証書の不提出を理由とする金融会社
の従業員の即時解雇を適法とする（シティズ事件＝東京地判平11・12・
16労判780号61頁）。なお，解雇予告除外事由の存在については使用
者による恣意的判断を排除するため行政官庁の認定を受けなければ
ならないことになっている（労基20条3項による19条2項の準用）。問
題となるのは，使用者が客観的に解雇予告除外事由が存在するにも
かかわらず行政官庁の除外認定を受けずになした即時解雇の私法上
の効力である。学説は，除外認定は除外事由の有無を確認する確認
処分であり，解雇の有効要件ではないから，認定事由に該当する事

実が客観的に存在すれば，解雇予告または予告手当の支払いのない解雇も有効であるとする説が多数を占め，裁判例もこの立場に立つものが圧倒的に多い（日通柏崎支店事件＝東京高決昭26・8・22労民集2巻4号455頁など）。

(4) 労基法20条違反の解雇の効力

使用者が，上で述べた解雇予告除外事由が存在しないにもかかわらず解雇の予告をせず，また予告手当も支払わないで解雇した場合，使用者は，労基法20条違反として処罰される（労基119条1項）。問題となるのは，上記解雇の民事上の効力いかんである。学説では，上記解雇を無効とする無効説，20条違反の解雇が有効であるがゆえに予告手当とさらに付加金（労基114条）という特殊な形での損害の賠償が認められているとして解雇を有効とする説，労基法20条違反の解雇は即時解雇としては無効であるが，使用者が即時解雇に固執する趣旨でないかぎり，その後30日間を経過するかあるいは予告手当を支払ったときから解雇の効力が生ずるとする相対的無効説等が対立している。最高裁は，この相対的無効説の立場をとっている（細谷服装事件＝最2小判昭35・3・11民集14巻3号403頁）。なお，使用者が予告もせず，また予告手当も支払わずに解雇した場合，この意思表示をどう受けとるかの選択権が労働者に移り，労働者は予告のないことを主張して解雇の無効を主張できるし，また予告手当の支払いがないとしてその支払いを請求することもできるとする説（選択権説）も有力である。

(5) 期間の定めのある労働契約と解雇予告手続（労基法21条）

期間の定めのある労働契約は，期間の満了によって終了するという考え方によるかぎり，この種の契約に解雇予告手続を拡張する必要はない。しかし期間の定めのある契約が更新される場合，労働者は将来においても継続して雇用されることについての期待をもつに

至るのであり，その労働契約を終了させるためには，期間の定めのない労働契約の場合と同様，解雇予告手続を要求するのが妥当な場合もある。

労基法もこうした見地に立って，①日々雇い入れられる者が1カ月を超えて引き続き使用されるに至った場合，②2カ月以内の期間を定めて使用される者もしくは季節的業務に4カ月以内の期間を定めて使用される者が所定の期間を超えて引き続き使用されるに至った場合，③試の使用期間中の者が14日を超えて引き続き使用されるに至った場合について，解雇予告の適用を認めている（労基21条ただし書）。上に定める期間を超える有期の労働契約の場合（たとえば6カ月の期間の定めのある労働契約），労基法の建前からいうと予告（解約告知）なしに期間の満了により契約が終了することになるが，上の契約が繰り返し更新される場合には，雇止めの予告をすることが望ましい（次の⑤参照）。

⑤ 期間の定めのある労働契約の更新拒否

(1) 法的問題点

わが国の企業において臨時工（臨時職員），アルバイター，パートタイマー，嘱託などの名称のもとに，企業の必要に応じて期間の定めのある労働契約を締結している労働者が少なからず存在する。これらの労働者は実質上景気変動の際の雇用調整のための安全弁として利用されている。というのも期間の定めのある労働契約は，使用者による解約告知を要せず期間満了によって当然終了すると考えられるからである。しかし期間の定めのある労働契約が繰り返し更新され続ける場合，契約期間の定めは名目的な意味しかもたなくなってくる場合があり，労働者側では期間満了後も従来どおり契約が反覆更新されていくとの期待を抱くようになる。問題は，労働者のこ

うした期待に反して使用者が一方的に契約更新拒絶ないし雇止めを行うことが許されるか否かである。

　なお，民法629条１項は，雇用の期間が満了した後労働者が引き続きその労働に従事する場合で，使用者がそれを知りながら異議を述べないときは，従前の雇用と同一の条件で更に雇用をしたものと「推定」する，としている。問題は，黙示の更新後の雇用がこれにより期間の定めのないものとなるかどうかである。期間の定めのないものとなるとの裁判例もある（旭川大学講師事件＝札幌高判昭56・７・16労民集32巻３・４号502頁）。

　(2)　判　　例

　判例では，反覆更新されてきた臨時工契約の更新拒絶に関連して，「本件各労働契約は，期間の満了毎に当然更新を重ねてあたかも期間の定めのない契約と実質的に異ならない状態で存在していたものといわなければならず，本件各備止めの意思表示は右のような契約を終了させる趣旨のもとにされたのであるから，実質において解雇の意思表示にあたる」のであり，「そうである以上，本件各備止めの効力の判断にあたつては，その実質にかんがみ，解雇に関する法理を類推すべきである」としている（東芝柳町工場事件＝最１小判昭49・７・22民集28巻５号927頁）。

　他方，２カ月の期間を定めて５回更新した臨時員の雇止めについては，期間の定めのある契約ではあるが，解雇法理を類推適用すべきものであるとし，採用時の事情，仕事の内容等を考慮して結論的には更新拒否を有効としている（日立メディコ事件＝最１小判昭61・12・４労判486号６頁）。

　更新回数が多数にのぼっても職務の内容，更新手続の厳格性等の事実関係に基づきあくまで期間の定めのある契約としてその都度の期間満了により契約が終了するとされるものもある（亜細亜大学事

件＝東京地判昭63・11・25労判532号63頁など）。

(3) **有期契約に対する行政的規制**

労基法14条 2 項を受けて，厚生労働大臣は「有期労働契約の締結
及び更新・雇止めに関する基準」を定めているが，当該基準に基づ
き，行政官庁（労働基準監督署長）が必要な助言・指導を行うことに
なっている（労基14条 2 項・ 3 項）。この規定に基づき「有期労働契
約の締結，更新及び雇止めに関する基準」（平成15年厚労告357号，平
成24年10月26日厚労告551号）が出されている。

(4) **有期雇用についての労契法による規制**

有期労働契約についての法規制としては，①入口の段階での規制，
②有期雇用の期間途中での規制，③出口での規制の 3 つの種類が考
えられるが，わが国では，契約自由の考え方に基づいて，入口の段
階での規制はない。したがって，当事者は，労働契約について期間
があるものとするか（有期労働契約），期間のないものとするか（期
間の定めのない労働契約），自由に選択できる。

これに対して，有期労働契約の期間内での解雇は，従来，民法
628条の規制が存在するだけであったが，労契法の制定により同法
17条で規制されることになった。

問題は，出口段階での規制に関してである。使用者側から，有期
労働契約に関しては，景気変動の波，あるいは受注の増減に対応す
るために重要な雇用形態であり，従来どおり契約自由の観点から特
別な規制を加えるべきではないとの意見も強く主張されていたが，
有期労働契約を締結して就労している労働者の雇用の安定と継続性
を重視して，労契法の一部改正（18〜20条）という形をとって，新
しいルールが設けられることになった。

(a) **有期労働契約の期間内の解雇**　有期労働契約の期間内の解
雇は，「やむを得ない事由」がある場合にかぎり認められる（労契

17条）。このことは当該労働契約が登録型を含む派遣労働契約であり，派遣先との間の労働者派遣契約が期間内に終了した場合であっても異なることはない。この期間内の解雇の有効性の要件は，期間の定めのない労働契約の解雇が権利の濫用として無効になる要件である「客観的合理的な理由を欠き，社会通念上相当であると認められない場合」（労契16条）よりも厳格なものである（プレミアライン事件＝宇都宮地栃木支決平21・4・28労判982号5頁）。

　また，期間雇用労働者に対する配転命令が無効である場合，配転拒否を理由とする解雇も権利濫用で無効となるケースで，その解雇は，当然のことながら，労契法17条にいう「やむを得ない事由」には当たらないことになる（朝日建物管理事件＝最1小判令元・11・7労判1223号5頁）。

　なお裁判例では，有期雇用契約における試用期間の定め，すなわち解約権の留保特約は，入社採用後の調査・観察により労働者に従業員としての適格性が欠如していることが判明した場合に，期間満了を待たずに当該労働契約を解約・終了させる必要性がある場合があり合理性があるとしたうえで，その留保解約権の行使を適法と認めるものがある（リーディング証券事件＝東京地判平25・1・31労経速2180号3頁，本編第3章**2⑥**参照）。

　(b)　**有期労働契約が更新により5年を超えた場合の規制**　　有期労働契約が反復更新されて通算5年を超えたときは（たとえば，1年の期間付きの労働契約が4回更新されて5年を超えた場合），労働者が当該有期労働契約の契約期間の満了する日までの間に，期間の定めのない労働契約の締結を申し込めば，次の契約に関しては，使用者は当該申込みを承諾したものとみなされ，その労働契約は，期間の定めのない労働契約に転換されることになる（労契18条）。もっとも，更新の途中に6カ月以上の空白期間がある場合には，その空白期間の

前の有期労働契約は5年の計算には含めない取扱いである（「クーリング期間」という）。また，通算対象の契約期間が1年未満の場合は，その2分の1以上の空白期間があれば，それ以前の有期労働契約は5年の計算には含めないことになっている。

　有期労働契約が通算で5年を超えたにもかかわらず，労働者が上記のような申込みを行わない場合，従来の有期労働契約が続くことになる。しかし，その契約期間が経過後，労働者は，再度更新された有期労働契約が継続中に上記の期間の定めのない労働契約の締結を申し込むことができる（有期労働契約が通算で5年を超えたときに1度かぎり，期間の定めのない労働契約の締結を申し込む権利があるというわけではない）。

　使用者が5年を超えた時点で雇用契約を終了させようとする場合，期間の定めのない労働契約を解約することになり，労契法16条の解雇権濫用法理が適用され，客観的合理的で，社会的相当な事由のない場合には，権利濫用により無効とされる。期間の定めのない労働契約に転換された場合，その労働条件は，別段の定めのないかぎり，従前の有期労働契約と同一の労働条件となる。

　同条は，平成25（2013）年4月1日施行されたが，同条の施行の日以後の日を初日とする有期労働契約に適用される。従来の契約期間は不算入である（労契附則2条）。

　なお，研究開発に従事する一定範囲の研究者，大学教員について無期転換のための通算契約期間を10年超とする特例が設けられ，さらに，高度専門職労働者についてはプロジェクト完了までの期間（最長10年）とする特例が設けられている。定年に達した後に同一の事業主のところで引き続き継続雇用される高齢者については，当該事業主に定年後継続雇用されている期間は，労契法18条1項の通算契約期間に算入しないとの特例が認められている（本編第1章**4**参照）。

(c) 「雇止め法理」を条文化　　労契法の改正により，従来最高裁の判例で認められていた「雇止め法理」が条文化（法定化）された（労契19条）。すなわち，①これまで反復更新されてきた有期労働契約が，社会通念上，期間の定めのないものと同様な状態になっていると認められるもの，および②労働者において，反復更新されてきた有期労働契約の満了時に，当該有期労働契約が更新されるものと期待することについて合理的な理由があると認められるものについて，労働者が，有期労働契約の締結の申込みをした場合，使用者の側にその「雇止め」につき客観的合理的で，社会的相当な事由があるとは認められない場合には，従前の有期労働契約と同一の労働条件で，労働者の上記申込みを承諾したものとみなされる。

①は，前掲最1小判昭和49年7月22日の東芝柳町工場事件の判旨を，②は，前掲最1小判昭和61年12月4日の日立メディコ事件の判旨を，それぞれ踏まえたものである。

有期労働契約について労働者が「雇用継続への合理的な期待」を有したか否かの判断は，当該労働契約が，①臨時的か常用的か，②更新の回数，雇用の通算期間，③更新手続とその実態，④同様の地位にある労働者の従来の雇止めの状況，⑤雇用継続への期待を抱かせる使用者の言動の有無，⑥職務内容・勤務実態の正社員との同一性・近似性等の事情を総合的に勘案して判断される。

なお，有期契約の締結時に，1年期間の契約を2回更新するが3回目の更新はないという形での更新限度条項を設けることは，それが明確な形で合意されているかぎり，適法に合意できる。問題になるのは，労働者にすでに「雇用継続への合理的な期待」が発生している場合に，次回は更新するが，次々回は更新しないという形での不更新条項を規定することが許されるか否かである。判例では，11月に説明会を行い，12月に不更新条項のある契約書を交付し，署

名・押印をもらったというケースで，雇用契約を終了させる旨の合意が成立したとするものがある（近畿コカ・コーラボトリング事件＝大阪地判平17・1・13労判893号150頁）。また，リーマン・ショック後の厳しい世界経済情勢を理由に，完成車減産とそれに伴いやむなく期間契約社員全員を雇止めせざるをえない等の説明を受け，継続雇用に対する期待利益と相反する内容の不更新条項を盛り込んだ本件雇用契約を締結し，さらには本件退職届を提出して本件雇止めに対して何らの異議を述べたり，雇用契約の継続を求める等のことをまったくしていない状況のもとで，本件雇用契約の期間満了後における雇用契約のさらなる継続に対する期待利益を確定的に放棄したと認められるとするものもある（本田技研工業事件＝東京高判平24・9・20労経速2162号3頁）。これに対して，労働者が，今回が最終契約である旨の不更新条項の記載された文書に署名・押印し，その際に特段の申出も質問もしなかった場合について，雇用終了の合意があったとは認めず，雇止めの予告と解するものもある（東芝ライテック事件＝横浜地判平25・4・25労判1075号14頁）。

　　(d)　期間の定めがあることによる「不合理な」労働条件の禁止　　期間の定めがあることによる「不合理な」労働条件の禁止も定められた（労契20条）。対象となるのは，賃金や労働時間・休暇といった基本的な労働条件だけではなく，災害補償，服務規律，教育訓練，福利厚生等など，労働者に対する一切の待遇が含まれる。労働条件の相違が「不合理な」と認められるか否かは，①職務の内容（業務の内容および当該業務に伴う責任の程度），②当該職務の内容・配置の変更の範囲，③その他の事情を考慮して判断されることになる。

　有期契約労働者が定年退職後に再雇用され，従前と同一業務に従事していながら，賃金が従前より20％程度下がったというケースで，有期契約労働者が定年退職後に再雇用された者であることは，労契

法20条にいう「その他の事情」として考慮される事情に当たるというべきであるとされ，労働者の賃金が複数の賃金項目から構成されている場合，個々の賃金項目に係る賃金は，賃金項目ごとに，その趣旨を異にするものであるから，労働条件の相違の不合理性の判断に当たっては，当該賃金項目の趣旨により，その考慮すべき事情や考慮の仕方も異なるというべきであるとされた事例がある（長澤運輸事件＝最2小判平30・6・1民集72巻2号202頁）。他方，ハマキョウレックス事件（最2小判平30・6・1民集72巻2号88頁）では，無事故手当，作業手当，給食手当，通勤手当，皆勤手当の支給の相違が労契法20条に違反するとされた。

　令和2（2020）年10月にも注目すべき次の5つの最高裁判例が出されている。ここではそのうちの3つを取り上げてみたい。まず，学校法人大阪医科薬科大学（旧大阪医科大学）事件＝最3小判令2・10・13（労判1229号77頁）では，非正規のアルバイト職員だった女性が賞与不支給を争っていた事例であるが，教室事務員である正規の職員と当該女性の業務の内容，責任の程度を見ると共通部分はあるが，当該女性の業務は相当に軽易であり，これに対して正規の職員は英文学術誌の編集，病理解剖に関する遺族の対応などにも従事する必要があり，両者に一定の相違がある，正規の職員には人事異動の可能性もあった，アルバイト職員には配置転換はなかった等として，賞与についての労働条件の相違は不合理とまで評価できないとした。

　また，メトロコマース事件＝最3小判令2・10・13（民集74巻7号1901頁）では，正社員と契約社員との業務内容，責任の程度を見ると，業務に共通部分はあるが，一定の相違があったことは否定できないとして，退職金不支給を不合理とまで評価できないと結論づけた（宇賀裁判官の反対意見がある）。さらに，日本郵便（東京）（時給制契約社員ら）事件＝最1小判令2・10・15（労判1229号58頁）では，

契約社員に年末年始勤務手当，夏期・冬期休暇，病気休暇を認めないことが不合理な格差に当たるといえるか否かが争われたが，最高裁は，各手当の目的や業務内容等を個別に検討し，業務内容や配置変更の範囲に相応の違いがあることを考慮しても格差は不合理であると評価している。いずれも改正前の労契法20条の有期雇用の不合理な格差に当たるか否かが問題となったものであるが，最高裁の判断枠組み自体は同一であるといえても，具体的な当てはめ，結論自体はきわめて微妙である。

(e) **65歳更新限度条項**　　上の(c)に述べたような「不更新条項」とは区別されるのが，一定年齢での更新限度条項の適法性の問題である。この点，日本郵便（期間雇用社員ら・雇止め）事件＝最2小判平30・9・14（労判1194号5頁）は，65歳更新限度条項について屋外業務等に従事する高齢の期間雇用社員に係る事故の可能性を考慮して，加齢による影響の有無や程度を個人ごとに検討して有期雇用契約の更新の可否を判断するのではなく，一定年齢に達した場合に契約を更新しないことを予め就業規則に定めておくことには相応の合理性がある（労契7条）とした上で，組織再編（郵政公社から民間会社への再編）の過程で慎重な就業規則策定手続きを経て盛り込まれたもので，有期雇用者にも説明していたことから雇止め時点での雇用継続の合理的期待利益は失われたと判断し，労契法19条の適用を否定して雇止めを適法と判断している。

2　定　年　制

① 定年制の意義と問題点

(1) 定年制の意義

定年制（とくに一律定年制）とは，労働者が労働継続の意思と能力

をもつか否かにかかわらず，一定年齢（定年）に到達したことを理由に労働契約を終了させる制度である。こうした定年制は，従来，労働力の新陳代謝を図り人事の停滞を防止し，退職金を含めた給与総額を一定範囲に抑えることによって経営の合理的運営を維持するといった観点から，それなりに合理性をもつ制度として評価されてきた。しかし，平均寿命の大幅な伸びは55歳ないし60歳といったかなり早い時期に労働関係から完全に引退することを難しくしている。こうした事情を背景に定年年齢の延長を含めた高齢者の雇用の確保が重要な課題となってきており，60歳定年制を定めた高年齢者雇用安定法が昭和61（1986）年に制定された。

(2) 高年齢者雇用安定法と60歳定年制の義務化と継続雇用制度

平成6（1994）年の改正により60歳定年制が原則として法的義務とされた（平成10〔1998〕年4月1日以降）。さらにその後，同法は平成16（2004）年に改正され，事業主には，①定年の引上げ，②継続雇用制度の導入，または③定年の定めの廃止により年金支給開始年齢までの安定した雇用の確保が義務づけられることになった（高年9条1項，平成18〔2006〕年4月1日施行）。継続雇用制度については，原則として希望者全員を対象とした再雇用制度等の導入が求められるが，労使協定で，継続雇用制度の対象者に係る基準を策定することで，継続雇用の対象者を限定することは可能であった（同2項）。なお，裁判例では上記9条の法的性質について，私法的強行性ないし私法上の効力を発生させるほどの具体性を備えているとはいえないから，事業主が同法9条1項に基づいて私法上の義務として継続雇用制度の導入義務ないし継続雇用義務まで負っているとはいえないとしている（NTT 西日本〔高齢者雇用・第1〕事件＝大阪高判平21・11・27労判1004号112頁等）。

なお学説では，定年制，とくに55歳定年制を生存権・労働権侵害

あるいは年齢に基づく不当な差別を理由に違法とする見解が存在する。しかし判例は，男女別定年制あるいは職種別定年制等特殊な定年制についてはともかく，一律定年制を合法と解している（秋北バス事件＝最大判昭43・12・25民集22巻13号3459頁，アール・エフ・ラジオ日本事件＝東京地判平6・9・29労判658号13頁参照）。

② 一律定年制の法的性格

定年制は，通常，定年年齢への到達により労働契約の自動的終了の効果が生じる定年退職制と，定年到達を解雇事由とする定年解雇制とに分けて論じられることが多い。両者のちがいは，後者の場合，労働契約を終了させるにつき解雇の意思表示を必要とするのに対し，前者の場合には，使用者が解雇の意思を表示しなくても定年到達により当然に労働契約が終了する点に求められることになる。

定年制の法的性格が問題になるのは，もちろん前者であり，労働契約に一種の最終期限が付されているとする説，一種の資格喪失による労働契約の終了事由を定めたものとする説，約定の契約終了事由と解する説，解雇事由を定めたものとする説等が対立している。なお最後の，定年退職制につき解雇事由を規定したものとする説では，定年退職制と定年解雇制を区別する意味は失われることになる。

③ 定年制と労基法19条・20条

(1) 労基法19条

定年退職制につき労基法19条を適用すべきか否かが争われたケースで裁判例は定年退職制につき労基法19条の適用を否定している（朝日製鋼所事件＝大阪地岸和田支判昭36・9・11労民集12巻5号824頁）。行政解釈も同様である（昭26・8・9基収3388号）。

(2) 労基法20条

すでに述べた定年退職制と定年解雇制を区別する従来の立場に立てば，その性質が「解雇」ではない定年退職制には労基法20条の適用はないことになる。なお，行政解釈は，就業規則に「従業員満55歳に達したときは停年に依り退職する。但し重役会議の議を経てその儘継続して使用する場合がある」と規定されている場合の解雇予告の必要性いかんに関して，上の場合は，契約が自動的に終了するものとは解されないから労基法20条の解雇予告が必要であるとしている（昭22・7・29基収2649号）。

④ 高年齢者雇用安定法の改正

高年齢者雇用安定法は，9条で，60歳以上（65歳未満）の高年齢者の雇用を確保するため，事業主に，①定年の引上げ，②継続雇用制度の導入，または③定年の定めの廃止のいずれかの措置をとることを義務づけていた。多くの事業主は，③の措置をとっているが，その場合，原則として希望者全員を対象とした再雇用制度・勤務延長制度等の導入が求められるが，従来，事業場の過半数労働者との協定（労使協定）で，継続雇用制度の対象者にかかる基準を策定することで対象者を限定することが可能であった。平成24（2012）年の改正は，この継続雇用制度の対象者を限定する制度を廃止し，希望者全員を対象とした再雇用制度等の導入を求めるものである。

このような改正が行われた背景には，いうまでもなく，平成25（2013）年4月からの特別支給の厚生老齢年金の年金受給年齢の引き上げがある（当初3年間は61歳に引き上げ，それ以降3年毎に1年ずつ引き上げられる）。年金受給年齢は，このように平成25（2013）年4月から段階的に3年刻みで行われ（平成25〔2013〕年4月からは61歳にならないと特別支給の厚生老齢年金は支給されない），令和7（2025）

年4月1日以降は65歳に引き上げられる。そのため，上記の対象者を限定する仕組みの廃止も段階的に行われることになっている。

　なお，上記改正法施行前であるが，事業主が高年法9条1項2号および同条2項に即して再雇用を内容とする継続雇用制度を設けていた場合，①本件規程所定の継続雇用基準を満たす労働者の場合，嘱託雇用契約の終了後も雇用が継続されるものと期待することに合理的な理由があると認められることになり，②その一方で，使用者が，労働者を上記の継続雇用基準を満たしていないものとして本件規程に基づく再雇用をすることなく嘱託雇用契約の終期の到来によりその雇用が終了したものとすることは，他にこれをやむをえないものとみるべき特段の事情がない以上，客観的に合理的な理由を欠き，社会通念上相当であると認められない。したがって，上記の労使間には，嘱託雇用契約の終了後も本件規程に基づき再雇用されたと同様の雇用関係が存続しているものとみるのが相当であるとして定年後の継続雇用契約の成立を認めるものがある（津田電気計器事件＝最1小判平24・11・29労判1064号13頁）。

　定年退職後に再雇用契約に基づき再雇用された労働者が再雇用後の労働条件が定年退職前の労働条件と比較して低すぎる（定年前の3割程度の賃金）として労契法20条に基づき訴えた事例（学究社〔定年後再雇用〕事件＝東京地立川支部判平30・1・29労判1176号5頁）では，高年法の継続雇用制度でその賃金を退職前よりも引き下げることは一般的には不合理とはいえないとされた。

　これに対して，定年前の賃金と比較して大幅な賃金切り下げを伴う定年後再雇用の提案・申出が不法行為を構成するとされた事例がある（九州惣菜事件＝福岡高判平29・9・7労判1167号49頁）。また，事務職の主任であった定年を迎える労働者に清掃業務を提示した事例では，社会通念に照らし，当該労働者に到底受け入れられないよ

うな職務内容を提示するなど実質的に継続雇用の機会を与えたとは言えない場合は高年法の趣旨に反し不法行為が成立するとしたものもある（トヨタ自動車ほか事件＝名古屋高判平28・9・28労判1146号22頁）。

3 退 職

① 退職の意義

(1) 退職・辞職と民法627条

退職あるいは辞職とは，雇用契約の効力を将来に向って消滅させる労働者の意思表示をいうが，これについては解雇のように労基法上の規制がないため基本的には民法の規定に従うことになる。民法627条1項によれば，労働契約は労働者の退職申入れ後2週間の経過によって終了する。この場合に民法627条2項の適用が認められるか否かについて学説は，その適用を肯定する見解と，月給制の労働者といえども月の前半・後半を問わずいつでも退職しうるとして民法627条2項の適用は排除されるとする見解が対立している。裁判例ではこれを肯定するものもある（高野メリヤス事件＝東京地判昭51・10・29判時841号102頁）。同項を任意規定と解すれば，たとえば30日前の申入れを要件とする就業規則の定めを有効と解してもよいであろう。

退職願となっていても退職の申出が，労働者による解約告知であれば，その意思表示が使用者に到達することによって告知期間の経過後は，雇用契約の終了という効力が発生すると解されており，その場合は撤回はできない（民540条2項参照）。なお，最高裁は，公務員の退職願の撤回に関して，「免職辞令の交付前においても，退職願を撤回することが信義に反すると認められるような特段の事情が

ある場合には，その撤回は許されない」としているが（丸森町教育委員会事件＝最2小判昭34・6・26民集13巻6号846頁），退職願を撤回することが信義に反すると認められるような特段の事情がない場合には，退職願を撤回することを許容している（学説では，下井隆史『労働基準法（第5版）』〔有斐閣，2019年〕223頁は，2週間経過までの間について，これに賛成する）。

(2) 退職の意思表示の無効・取消

退職の意思表示が心裡留保（民93条ただし書），錯誤（民95条）にあたる場合には無効とされ，詐欺・強迫（民96条）に基づく場合には取り消しうることになる。懲戒解雇を有効になしえない使用者から懲戒解雇を示唆されて行った退職の意思表示について，自主退職しなければ懲戒解雇されると信じたことは要素の錯誤にあたるとするものがある（富士ゼロックス事件＝東京地判平23・3・30労判1028号5頁）。

裁判例では，依願退職の意思表示が，もしそれがなされなければ使用者から懲戒解雇され，その結果，兄の就職に悪影響を及ぼすことを苦慮してなされたものである場合に，上記依願退職の意思表示は錯誤により無効とするものがある（北海道電力事件＝函館地判昭47・7・19判タ282号263頁）。なお就業規則に，従業員が退職しようとするときは使用者の承認を得なければならない旨の条項がおかれていることがあるが，こうした条項が労働者の退職の自由を制約するものであれば無効と解される（前掲高野メリヤス事件）。

② 合意解約

使用者と労働者との合意によって労働契約を終了させることを合意解約という。合意解約の場合，労働者の退職の申込みまたは使用者の合意解約の申込みはそれぞれ相手方が承諾したときに，その法

律効果を生ずることになる。合意解約は,「解雇」ではないので,労基法20条の適用はない。

　問題になるのは,いかなる場合に合意解約の成立が認められるかである。使用者が何月何日までに退職願を提出した者は依願退職扱いとするが,期間までに退職願の提出がない場合にはその翌日をもって解雇するという形で,一定期限までの退職願の提出を含む条件付の解雇の意思表示をした場合について,裁判例の多くは,上記の指定期限までに退職願を提出した従業員について合意解約の成立を認めている（川崎重工事件＝神戸地判昭32・9・20労民集8巻5号578頁など）。また,使用者の承諾の意思表示に関して,人事部長による退職願の受領が承諾の意思表示となることを認めるものがある（大隈鉄工所事件＝最3小判昭62・9・18労判504号6頁）。いったん承諾の意思表示がなされて合意解約が有効に成立した後は,もはや意思表示の撤回の余地はないが,労働者が,合意解約の申込みたる退職願を提出しても,使用者の承諾の意思表示があるまでは,使用者に不当の損害を与える等特段の事情のないかぎり撤回できることになる（前掲大隈鉄工所事件＝名古屋高判昭56・11・30判時1045号130頁,昭和自動車事件＝福岡高判昭53・8・9労判318号61頁）。

③　退職勧奨

　退職勧奨は,通常,勧奨対象となった労働者の自発的な退職意思の形成を働きかけるための説得活動であるが,これに応じるか否かは対象とされた労働者の自由な意思に委ねられるものである（もっとも,なかには,使用者側からの合意解約の申込みの誘因とされるものもある）。したがって,使用者は,退職勧奨に際して,当該労働者に対してする説得活動について,そのための手段・方法が社会通念上相当と認められる範囲を逸脱しないかぎり,使用者による正当な業

務行為としてこれを行うことができる。もっとも，労働者の自発的な退職意思を形成するという本来の目的のために社会通念上相当と認められる限度を超えて，当該労働者に対して不当な心理的圧力を加えたり，またはその名誉感情を不当に害するような言辞を用いたりすることによって，その自由な退職意思の形成を妨げるような退職勧奨行為は，その限度を超えた違法なものとして不法行為を構成する（下関商業高校事件＝最1小判昭55・7・10労判345号20頁等）。これよりもやや踏み込んだ判断をするものもある（日本アイ・ビー・エム事件＝東京地判平23・12・28労経速2133号3頁，東京高判平24・10・31労経速2172号3頁）。

④ 解雇の承認

(1) 法的意味

労働者側からの解雇無効の主張に対して，使用者側から，労働者の解雇の承認により労働契約は終了し，以後その有効・無効を争うことはできない旨の主張がなされることがある。

元来，解雇権は，形成権の行使であり，それを承認するか否かはその効力に何ら影響を及ぼすものではない。この点を踏まえて学説では，解雇の承認を法的に意味あるものとして構成するとすれば，①解雇の効力を争う権利を放棄したもの，あるいは②解雇を合意解約に転換せしめる意思表示であると解しうるとするものがある。裁判例では，解雇通告を受けた労働者が解雇予告手当，退職金等を異議なく受領した場合，解雇を承認したものとして信義則上解雇の無効を争うことができないとするものが多い（八幡製鉄事件＝福岡地小倉支判昭29・6・19労民集5巻3号243頁）。

(2) 解雇の承認と権利失効原則

解雇がなされた後，労働者はどの程度の期間解雇無効を争いうる

かは，権利失効の原則とも関連して難しい問題である。裁判例では，解雇後10年間上記解雇について異議を述べなかった場合には，解雇無効を理由に雇用関係の存在を主張することは禁反言の法理および信義則上許されないとするもの（播磨造船事件＝大阪高判昭41・4・22判時468号63頁）と，退職手当金等を受領した後9年余を経てなされた免職処分無効確認の訴えについて出訴自体を信義則に反するものとはいえないとするもの（国鉄事件＝東京高判昭49・4・26判時741号111頁）がある。なお，証券会社の営業職として中途採用された労働者の6カ月の試用期間中の解雇につき，無効としながら，別の証券会社に入社した以降，元の会社で就労する意思を確定的に放棄し解雇を承認したものとしてそれ以降の賃金請求を認めないものがある（ニュース証券事件＝東京地判平21・1・30労判980号18頁）。

5 使用証明・金品の返還

　労働者が退職後再就職しようとする場合，従前の職場での職歴・地位等が重要な資料とされることが少なくない。そこで労基法は，労働者が退職の場合において，使用期間，業務の種類，その事業における地位，賃金または退職の事由（退職の事由が解雇の場合は，その理由も含む）について使用証明を要求した場合は，使用者は遅滞なくこれを交付しなければならない旨規定している（労基22条1項）。なお労基法22条3項は，労働者の就業を妨げることを目的とした労働者の国籍，信条，社会的身分もしくは組合運動に関する通信を禁止している（ブラックリストの禁止）。

　また，使用者は，労働関係の終了後，権利者（労働者本人，その遺族）の請求があった場合，7日以内に賃金を支払い，労働者の権利に属する金品を返還しなければならない（労基23条）。退職金については，支払期の到達後7日以内と解されている。

第12章

多様な働き方

1 労働者派遣法と派遣労働者

① 意　義

(1)　労働力需給の調整としての派遣

　近年，自己の雇用する労働者を他の企業に派遣し，派遣先の企業内において就業させる形態の事業がさまざまな業種・職種において出現し，増加してきている。この事業は，労働力の需要・供給側のニーズが合致する面を有している。すなわち，企業にとっては，必要な人材を，必要な時に，必要なだけ派遣してもらえるという魅力があり，他方，専門技術者，主婦，高齢者等にとっては，自己の欲する日ないし時間に就業できるという柔軟性がメリットとなるからである。

　このように使用者が，外部の労働力を利用する方法としては，請負あるいは委任（業務委託）という方法以外に，「労働者派遣」を利用する方法がある。派遣労働者自身は，派遣会社（派遣元）と労働契約を締結して，派遣先会社に派遣されることになるが，その際，派遣会社と派遣先との間では，労働者派遣契約が締結される。派遣の場合，請負の場合とは異なり，派遣先の使用者は，労働者を直接雇用した場合に負うべき雇用責任（雇用管理責任，社会保険加入義務等の責任）を負担せずに，当該派遣労働者に対し指揮命令を行うことができる点にその特徴がある。

(2) 派遣法の制定とその後の改正

　労働者派遣事業は，当初，「派遣労働者の就業に関する条件の整備等を図り，もつて派遣労働者の雇用の安定その他福祉の増進に資することを目的」として，昭和60 (1985) 年に制定された労働者派遣法によって認められたものである。その後何度か改正が行われたが，平成11 (1999) 年6月には，一部の適用除外業務を除き，派遣の対象業務を原則自由化することや，派遣可能な期間を1年に制限すること等を目的として改正が行われた。なお，26の専門的業務については，従来どおり1年を超える派遣の受け入れが可能とされた。さらに，平成15 (2003) 年には，①派遣期間の上限を1年から3年に延長する（1年を超える期間とする場合，派遣先事業場での過半数組合または過半数労働者に通知して意見を聴く必要がある），②紹介予定派遣（労働者派遣2条6号）を認める等を主な内容とする改正が成立した。「物の製造」の業務への派遣も解禁された。紹介予定派遣（ジョブ・サーチ型派遣）は，職業紹介を予定して行われる派遣をいい，平成11 (1999) 年の改正時に許可基準の見直しで認められるに至ったものであるが，平成15 (2003) 年の改正で法制化されることになった。派遣先（当該派遣労働者を雇い入れる可能性のある使用者）からすれば，その労働者の能力，適性等を派遣期間中に的確に把握できるメリットがあり，派遣労働者にとっても，ミスマッチを回避でき，かつ，就業の可能性が広がること等のメリットをもつことになる。

　このように労働者派遣は，規制緩和の波に乗って改正され，その需要を大きく伸ばしてきた。しかし，リーマンショックに際しての「派遣切り」，さらに派遣法の規制を逃れるための「偽装請負」等が社会的に大きな問題となったことを契機に制度の見直しが課題となり，平成24 (2012) 年3月の改正に至った。

　上記の労働者派遣法の改正の主な内容は，次のようになっている。

先ず，派遣事業に関しては，①雇用期間が30日以内の日雇い派遣の原則禁止される，②派遣会社が同一グループに属する事業主に対して派遣する場合，その割合は8割以下に制限される，③当該会社を離職した労働者については，その後1年以内に元の勤務先に派遣することを禁止する，④派遣料金の中に占めるマージン（派遣料金から派遣会社が派遣労働者に支払う賃金を控除したもの）の比率の明示，等である。

　とくに注目されるのは，労働契約申込みみなし制度が規定されるに至ったことである（労働者派遣40条の6第1項）。これは，派遣先が，「違法派遣」と知りながら，派遣労働者を受け入れている場合，違法状態が発生した時点において，派遣先が派遣労働者に対して従来と同一の労働条件で労働契約の申込みをしたものとみなす制度であり，派遣労働者が承諾すれば，派遣先と派遣労働者との間に雇用契約が成立することになる。この労働契約申込みみなし制度は，平成27（2015）年10月1日から施行される。

(3)　平成27（2015）年の派遣法改正

　平成27（2015）年の派遣法改正は，これまでの仕組みをかなり変更するものである。主な改正点は，まず第1に，いわゆる特定労働者派遣（届出制）を廃止して許可制に一本化した点を挙げることができる。従来，厚生労働大臣に対する届出だけで事業を行うことが可能であった，いわゆる特定労働者派遣事業を含めて許可制とし，法令違反があった場合には許可取消を含め，厳格な指導を行えるようにしたのである。届出制の下での悪質な派遣がみられたことを踏まえて，すべての派遣事業を許可制として厳格な規制を及ぼすためである。第2は，従来の専門業務等「26業務」を廃止し，労働者派遣の期間制限のあり方を大きく変更した点である。事務用機器操作，ファイリングなどの業務はパソコン等の普及によって一般的な事務

①労働者派遣事業

派遣元 ←派遣契約→ 派遣先

雇用関係　　　　　使用関係

労働者

②労働者供給事業

供給元 ←供給契約→ 供給先

事実上の支配関係　　使(雇)用関係

労働者

③出　向

出向元 ←出向契約→ 出向先

雇用関係　　　　　雇用関係

労働者

④請　負

請負業者 ←請負契約→ 注文主

雇用関係

労働者

⑤職業紹介

求職者 ←雇用関係→ 求人者

紹介　斡旋

求職申込み　　　　　求人申込み

職業紹介機関

作業との境界があいまいになったこと等がその理由である。第3に，派遣労働者の均等待遇の確保・キャリアアップの推進の方策が強化された点を挙げることができる。

2　労働者派遣の定義

　労働者派遣事業とは，「自己の雇用する労働者を，当該雇用関係

の下に，かつ，他人の指揮命令を受けて，当該他人のために労働に従事させること」を業として行うことをいう（労働者派遣2条。なお，労働者派遣事業と労働者供給事業，出向，請負および職業紹介との相違については上の図を参照のこと。とくに請負との区分については，「労働者派遣事業と請負により行われる事業との区分に関する基準」〔昭和61年4月17日労働省告示37号が重要である〕）。平成11（1999）年の改正前においては，労働者派遣を行える業務は26に限定されていたが，上記改正により，派遣が適当でない事業を限定列挙するネガティブ・リスト方式に変更された。なお平成15（2003）年の改正後も，ネガティブ・リストには，港湾運送，建設，警備の業務等が規定されている。

③ 労働者派遣事業の許可

　従来，労働者派遣事業には，一般労働者派遣事業と特定労働者派遣事業とがあった。特定労働者派遣事業とは，その事業の派遣労働者が常時雇用される労働者のみであるもの（常用型）であり，一般労働者派遣事業とは，特定労働者派遣事業以外のもの（登録型）をいう（旧労働者派遣2条）。後者の場合でも，労働者を派遣するときは，派遣元事業主は当該労働者と労働契約を締結しなければならない。したがって，いずれの場合にも，労働契約上の使用者は派遣元事業主であり，派遣先事業主は後にみるように，法律適用上の使用者とされることはあっても，労働契約上の使用者とはならない。

(1) 労働者派遣事業と許可制

　労働者派遣事業を行おうとする者は，一定の事項を記載した事業計画書等を添付した申請書を提出して，厚生労働大臣の許可を受けなければならない（労働者派遣5条）。従来，この許可は事業所単位で必要であったが，平成15（2003）年の改正で改められた（許可証は事業所の数だけ交付され，各事業所で備え付けなければならない）。許可

の基準としては，①当該事業が，一定の場合を除いて，特定の派遣先への派遣（「専ら派遣」）を目的とするものでないこと，②雇用管理を適正に行うに足りる能力を有すること，③個人情報を適正に管理し，派遣労働者等の秘密を守るための措置が講じられていること，④当該事業を的確に遂行するに足りる能力を有することがあげられている（労働者派遣7条）。厚生労働大臣は，6条に定める許可の欠格事由（禁錮以上の刑に処せられた者等）に該当するとき等においては，許可を取り消すことができる（労働者派遣14条）。また，名義貸しが禁止されている（労働者派遣15条）。

(2) 派遣元事業主の義務

派遣元事業主は，事業報告書および収支決算書を厚生労働大臣に提出しなければならない（労働者派遣23条）。上の事業報告書のなかには，派遣労働者の数，労働者派遣を受けた者の数，労働者派遣に関する料金の額等を記載しなければならない。また，労働者派遣事業には，職安法20条が適用されるので，争議行為がなされている事業所に対して，労働者を派遣することはできない（労働者派遣24条）。さらに，労働者の個人情報の収集，保管，使用の範囲（労働者派遣24条の3），守秘義務（労働者派遣24条の4）が設けられている。

④ 労働者派遣契約

派遣元事業主と派遣先は，労働者派遣契約を締結し，派遣労働者の人数（業務内容の差異に応じて），業務内容，就業場所，指揮命令者，派遣期間，就業日，就業の開始・終了時刻，休憩時間，安全・衛生，苦情処理，解除にあたって講ずる措置に関する事項を定めなければならない（労働者派遣26条1項）。これにより，派遣労働者の基本的な就業条件が明確になる。派遣期間については，現行の26の専門的業務等一定の例外を除いて原則3年とされている。従来，通

達によって３年間に制限されていた26業種については，改正法の施行により，期間の限定なしに行うことが可能となった。

　なお，派遣先は，派遣労働者の国籍，信条，性別，社会的身分，派遣労働者が労働組合の正当な行為をしたこと等を理由として，労働者派遣契約を解除してはならない（労働者派遣27条）。

⑤　派遣期間

(1)　事業所単位の期間制限

　まず，派遣元で期間のある労働契約で雇用されている派遣労働者については，派遣先の事業所が，最初にその派遣労働者を受け入れたときから計算して３年である。もっとも，派遣先が期間の上限である３年到達時の１カ月前までに，派遣先の事業所の過半数労働組合・過半数代表者から意見聴取を行ってとくに異議がなければさらに３年，派遣労働者を受け入れることができる（過半数労働組合等から異議が述べられたときは，派遣先事業主は，延長の理由等を法律の趣旨にのっとり，誠実に説明しなければならない。労働者派遣40条の２第５項・６項）。当該延長に係る期間が経過し，これをさらに延長しようとする場合も同様である。これに対して，派遣元で期間の定めのない労働契約で雇用されている労働者の場合は，雇用の安定等の点で問題がないとして，上記の期間制限はなく派遣が可能である（労働者派遣40条の２第１項ただし書１号）。60歳以上の派遣労働者，産前産後休業・育児休業・介護休業を取得する労働者の業務を代替する派遣労働者の場合も同様である（労働者派遣40条の２第１項ただし書２号・４号・５号）。

(2)　派遣労働者の個人単位での期間制限

　当該派遣労働者個人については，同一の組織単位（「課」など）では３年を超えて受け入れることができない（労働者派遣35条の３）。

もっとも，組織単位を変更して（別の課で）当該派遣労働者個人を受け入れることは差し支えない。

(3) 無期雇用労働者の場合

平成27（2015）年の改正法は，派遣元で無期で雇用されている労働者の派遣の場合については，上で述べた(1)(2)のような派遣期間の制限を設けていない（労働者派遣40条の2第1項ただし書1号）。60歳以上の高齢者（同ただし書2号），事業の開始，転換，拡大，縮小または廃止の業務であって一定期間内の完了が予定されている業務（同ただし書3号イ），産前産後休業，育児・介護休業の代替業務（同ただし書4号・5号）の場合も同様である。

(4) 派遣契約の中途解除（中途解約）

派遣先・派遣元間の労働者派遣契約が派遣先の都合で派遣労働者が不要になったとして切られるような場合（派遣切り），どのような対処がなされるべきであろうか。このような場合にも，派遣元・派遣労働者間の労働契約が存在していることに着目する必要がある。この労働契約も，労働契約である以上，解雇権濫用法理（労契16条）の適用があり，使用者は，労契法16条の解雇が権利濫用にならないための要件（客観的合理的な理由等）を満たさない限り，解雇は許されない。またそれが有期の契約であれば，中途での解約には「やむを得ない事由」（労契17条）という，より厳しい要件が必要になる。派遣元としては，派遣労働者に対して，新たな就業機会の確保の措置をとり，また休業せざるを得ない場合には，休業手当の支払いの義務がある。また，派遣契約の中途解除の解除に当たって，派遣先にも一定の義務が課せられている。すなわち，派遣元が当該派遣労働者に支払うべき休業手当の支払いに要する費用を確保する等，派遣労働者の雇用の安定を図るために必要な措置を講じなければならないのである（労働者派遣29条の2）。派遣先が，派遣労働者の国籍，

信条，社会的身分，派遣労働者が労働組合の正当な行為をしたこと等を理由に，労働者派遣契約を解除してはならないことはいうまでもない（労働者派遣27条）。

6 派遣元事業主の講ずべき措置

(1) 派遣元事業主の構ずべき主な義務

派遣元事業主は，期間を定めて雇用される派遣労働者で一定の要件を満たす者（特定有期雇用派遣労働者）に対して，①派遣先に対し，労働契約の申し込みをすることを求めること，②派遣労働者としての就業の機会を確保・提供することなど4つの措置を構ずるよう努める義務を負う（労働者派遣30条1項）。なお，これら4点の措置は，派遣就業の場所における同一の「組織単位」の業務について継続して3年間当該労働者派遣労働に従事する見込みがある特定有期雇用派遣労働者については，努力義務ではなく，義務とされている（同2項）。さらに，派遣元事業主は，その雇用する派遣労働者が「段階的かつ体系的に」派遣就業に必要な技能および知識を習得できるように教育訓練を実施しなければならない（労働者派遣30条の2）。

(2) 不合理な待遇の禁止・差別的な取扱いの禁止

平成30（2018）年の派遣法改正によって，短時間・有期雇用労働者と同様に，派遣労働者についても，不合理な待遇の禁止（労働者派遣30条の3第1項），および差別的取扱いの禁止（同2項）が規定された。比較の対象となるのは，「派遣先に雇用される通常の労働者」である。なお，派遣元企業が過半数労働組合あるいは過半数労働者代表との間で一定の要件を満たす労使協定を書面で締結している場合には，上記の2つの規定の適用は除外される（労働者派遣30条の4，労使協定が満たすべき要件については同1号ないし6号に記載されている）。上記の要件を満たさなければ，労使協定を形式的に締結していても，

適用除外の効力は発生しない。さらに，派遣元事業主は，派遣労働者として雇用しようとする労働者に対して，その労働者の賃金額の見込みその他の当該労働者の待遇等につき説明する義務を負っている（労働者派遣31条の2）。

7 派遣先の講ずべき措置

派遣先（「労働者派遣の役務の提供を受ける者」労働者派遣2条6号）は，派遣契約に反しないよう適切な措置を講じなければならず（労働者派遣39条），派遣就業が適正に行われるために必要な措置を講ずるよう努めなければならない（労働者派遣40条2項）。また，派遣先は許可や届出をした派遣元事業主以外から労働者派遣を受け入れてはならない（労働者派遣24条の2）。派遣労働者から苦情の申出があったときは，派遣先は，派遣元事業主との密接な連携のもとに，適切かつ迅速な処理をしなければならない（労働者派遣40条1項）。

派遣先の講ずるべき措置で重要な意味をもつのが，違法な派遣継続を防止することを目的として規定された直接雇用契約の申込義務である。厚生労働大臣はこの法律の施行に関して必要があると認める場合には，指導・助言に始まり，雇用契約の申込みをすべきことあるいは当該労働者を雇い入れるべき旨の勧告，さらには企業名公表の行政指導が行われる（労働者派遣48条・49条の2）。なお，これらの雇用契約の申込義務には，私法上，雇用契約の申込みがあったと同じ効果が認められるものではないとされている（松下プラズマディスプレイ〔パスコ〕事件＝大阪地判平19・4・26労判941号5頁）。

労働者派遣法は，派遣先と派遣労働者との団体交渉について触れていないが，これは労使関係法上の法理によって処理されるべきである（第4編第7章**2**参照）。

次に，派遣先は，具体的義務として，①派遣就業に関する派遣先

責任者を選任する義務（労働者派遣41条），②就業日等を記載した派遣先管理台帳を作成する義務（労働者派遣42条）を負う。

8 罰 則 等

(1) 厚生労働大臣の権限

労働者派遣法は，厚生労働大臣に対し，適正な派遣就業の確保のための指導，助言（労働者派遣48条1項），特定の者のみに労働者派遣をすることに対する変更の勧告（同2項），改善命令（労働者派遣49条），公表（労働者派遣49条の2），立入検査（労働者派遣51条）等の権限を与えている。

(2) 罰 則

労働者派遣法は，58条から61条において罰則規定をおいている。たとえば許可なく一般労働者派遣事業を行った者に対しては，1年以下の懲役または100万円以下の罰金が科される（労働者派遣59条2号）。また両罰規定もおかれている（労働者派遣62条）。

9 個別的労働関係法適用対象としての使用者

(1) 労 基 法

労基法の適用にあたっては，原則としては，派遣元の使用者が責任主体とされる。しかし，均等待遇（労基3条），強制労働禁止（労基5条），徒弟の弊害排除（労基69条）の規定は，派遣先の使用者にも適用される（労働者派遣44条1項）。また，公民権行使の保障（労基7条），労働時間・休憩・休日（労基32条・32条の2第1項・32条の3，32条の4第1項～3項・32条～35条・36条1項・40条・41条），年少者の労働時間・休日・深夜業・危険有害業務・坑内労働（労基60条～63条），女性の坑内労働（労基64条の2），妊産婦等の危険有害業務の就労制限（労基64条の3），時間外労働等の制限（労基66条），女性の育

児時間・生理日の休暇（労基67条・68条）の規定は，派遣先の使用者のみに適用される（労働者派遣44条2項本文）。ただし，上のうち変形労働時間の定め（労基32条の3・32条の4），時間外・休日労働の協定および届出（労基36条）については，派遣元の使用者の義務とされる（労働者派遣44条2項）。

　なお，派遣元の使用者は，派遣先の使用者が労働者派遣契約の定めに従って派遣労働者を労働させると，労働時間・休憩・休日・深夜業・危険有害業務・坑内労働の規定に抵触するときは，労働者派遣をしてはならない（労働者派遣44条3項）。上の定めにかかわらず労働者派遣をして労基法との抵触が生じたときは，派遣元の使用者は，派遣先の使用者とともに，各々の規定についての罰則の適用を受ける。

(2)　労安法

　労安法の責任主体も，原則として派遣元事業主である。しかし，派遣先の事業についても労安法上の事業者とみなして，職場における安全衛生を確保するための責務（労安3条），安全衛生管理体制に関する規定（労安10条以下），労働者の危険または健康障害を防止するための措置（労安20条以下）等の義務が負わせられる（労働者派遣45条）。

(3)　じん肺法・作業環境測定法

　じん肺法および作業環境測定法についても，派遣先の負うべき義務が定められている（労働者派遣46条・47条）。

2　パートタイム労働者（短時間労働者）

1　意　義

　平成5（1993）年制定のパート労働法（現在は，短時間・有期雇用労

働者法）は，同法の適用者を，「１週間の所定労働時間が同一の事業所に雇用される通常の労働者……の１週間の所定労働時間に比し短い労働者」（短時有期２条）と定義している。しかし，従来，パートタイマー数の統計は，週35時間未満の非農林業雇用者として把握されてきた（総務省「労働力調査」）。パートタイマー数は増加傾向を示しており，勤続年数の長期化，職種の専門化が目立ってきており，企業経営上も基幹労働力の１つとして欠かすことができないものとなっている。

　パートタイム労働者（パート労働者）については，通常の労働者との労働条件における格差（通常の労働者は月給制であり，賞与・退職金があるのに，パート労働者の賃金は時間給がほとんどで，賞与・退職金もないケースがほとんどであるなど）の是正，均衡のとれた処遇が大きな問題となっている。有期雇用労働者にも同様の状況があり，この点を踏まえると次の諸点が指摘できる。

　まず第１に，事業主がパート・有期雇用労働者を雇い入れたときに，速やかに昇給の有無，退職手当の有無および賞与の有無を明示した文書の交付等の方法で明示しなければならず（短時有期６条），違反については過料の制裁が規定されたことである（短時有期47条）。第２に，均衡のとれた待遇確保の促進が詳細に規定されたことである（短時有期８条〜11条）。とくに，パート・有期雇用労働者が，通常の労働者と比較して，職務の内容（業務の内容および責任），人材活用の仕組みや運用（人事異動の有無および範囲）の点から，通常の労働者と同一である場合（「通常の労働者と同視すべき短時間・有期雇用労働者」），賃金，教育訓練，福利厚生等の労働条件について，当該短時間労働者労働者に対する差別取扱が禁止される（短時有期９条）。同条に違反する就業規則の賃金規定は無効となり，パート・有期雇用労働者は差別された賃金相当額を不法行為として損害賠償

請求ができる。

　第4に，通常の労働者（正社員）への転換制度の導入等，通常の労働者への転換を推進する制度の実施義務を定めたことである（短時有期13条）。第5に，パート・有期雇用労働者から求めがあったとき，賃金，教育訓練，福利厚生施設，正社員への転換制度等の各措置に関する決定にあたって考慮した事項について，事業主に説明義務を課したこと（短時有期14条），である。

② 労働法規の適用

　パートタイマーも，労基法9条にいう労働者に該当する。したがって同一の定義を用いている最低賃金法，賃金確保法，労安法にいう労働者でもある。また，原則として，育児・介護休業法や労災保険法等の労働保護法の適用をすべて受ける者ということができる。ただし，雇用保険法等の適用を受ける場合に一定の要件が課される場合がある。なお，裁判例では，女性正社員と女性臨時社員（擬似パート）が就業の実態がまったく同じであるのに，賃金に著しい格差があるのは公序良俗に違反するとして女性正社員の賃金の8割との差額について損害賠償を認めたものがある（丸子警報器事件＝長野地上田支判平8・3・15労判690号32頁）。

　他方，パートタイマーは，労組法3条にいう労働者に該当するから，労働組合への加入・結成あるいは団体交渉の要求も保障されることになる。

3　外国人労働者

① 意　　義

　最近，わが国の経済社会の国際化に伴い，企業間の国際交流，国

際取引も増大し，それにより外国人がわが国企業で就労する機会が多くなってきている。他方，所得格差の拡大を背景に開発途上国から就労を目的として入国する外国人が増加し，それに伴い不法就労者の数も急増している。こうした点を踏まえて，平成元（1989）年12月に，出入国管理及び難民認定法（以下，入管法と略す）が改正された。わが国の基本的方針は，専門的技能・技術を有する外国人労働者については広く門戸を開放するものの，単純労働者については慎重に対応するというものである。

② 入管法の概要

入管法は，①在留資格，②入国審査手続，③罰則，を基本的柱にしている。

入管法による在留資格は，現在，28種類のものがあるが，大きく分類すると，ⓐ外交，公用，教授，芸術等，ⓑ投資，経営，法律，会計事務，医療，研究，教育，技術，国際業務，企業内転勤，興行等，ⓒ文化活動，短期滞在，ⓓ留学，研修，家族滞在，ⓔ特定活動，ⓕ永住者，日本人の配偶者等，である。このうち民間企業が外国人の専門職を採用するという点でもっとも関係が深いのは，ⓑ群であるが，いずれにしても専門的技能・技術を有しない者の単純労働を目的としての入国は原則として認めないとの立場をとっている。留学生（大学・専門学校）や就学生（語学学校）は，資格外活動の許可を法務大臣から得れば，原則として1週間28時間のアルバイト就労が可能である。夏休み等，「学則で決まっている長期休業期間」においては1日8時間までのアルバイトが可能である（週では40時間）。もっとも，一定の業種（風俗営業）でのアルバイトは許されない。

なお，前記入管法の改正により，事業活動に関し外国人に不法就労活動をさせた者等について罰則が設けられた（不法就労助長罪等，

入管73条の２）。

③ 労働法規の適用

労組法，労基法，最低賃金法，労安法，労災保険法等の労働法規は，不法就労者（入管法の要件を満たさないで就労する者）も含めて外国人労働者にも適用がある。ただし，技能を学ぶために研修生契約に基づいて企業に受け入れられている「研修生」は，雇用関係のある者としては取り扱われないので，従来これらの者には労働法規は適用されなかった（もっとも，研修生であっても労働者とみなされる実態があれば別である）。そのため，種々の社会的問題が生じていた。この点，平成21（2009）年の入管法の改正を踏まえて，これらの者も，入国１年目から研修生ではなく，技能実習生として労基法上の労働者として取り扱われ労基法等の適用を受けることになった（平成22〔2010〕年７月１日施行）。

なお，技能実習生に関して，平成28（2016）年に，「外国人の技能実習の適正な実施及び技能実習生の保護に関する法律」（技能実習生保護法）が制定された。技能実習の適正な実施を図る趣旨である。

平成31（2019）年４月には，中小企業，とくに零細な小企業における深刻な人手不足を背景に，入管法の改正により，特定産業分野（介護，ビルクリーニング，建設，船舶・船用工業，自動車整備，宿泊，農業，漁業，飲食料品製造業等14分野）につき，新たな在留資格として「特定技能」が創設された。特定技能１号と２号に区別され，前者は，特定産業分野に属する相当程度の知識または経験を必要とする技能を要する業務に従事するとされ，期間は５年・家族の帯同は認められない。後者は，特定の産業分野（建設，船舶・船用工業）に属する熟練した技能を要する業務に従事するとされ，在留期間の上限はなく，家族の帯同も認められる。上記技能の有無は，業種別に行

われる技能試験によって判断されることになる。特定技能2号はともかく，1号はこれまでの外国人労働者の受け入れの範囲をかなり広げるものであり，事実上の移民政策につながるものであるとの批判も少なくない。

　なお，労働災害を被った不法就労外国人の損害賠償額（逸失利益等）の算定については，本国と日本との為替レートの相違，いずれ本国に帰らなければならないといった点をどのように考慮するかが問題となる（改進社事件＝最3小判平9・1・28民集51巻1号78頁）。

第13章

個別労働紛争の解決

1 実効性確保の方法

　労基法をはじめとする個別的労働関係法は，その実効性を確保するために，次のような種々の工夫をしている。

① 罰　　則

　法律上の義務に違反した使用者あるいは事業者等に対して刑罰を科することにより，違反の予防を図ろうとしている（労基117条～120条，最賃44条・45条，労安116条～121条，家労33条～35条，労災51条など）。もっとも，実際に刑罰を受ける者は，直接的に労務の指揮監督にあたり，現実に違反行為をなした部長や課長にならざるを得ない（労基10条参照）。しかし，これにより事業主（法人もしくは個人経営者）の責任が回避されてしまうのは合理的とはいえないので，違反行為者とともに事業主に対しても，罰金刑としての処罰を科す両罰規定が設けられている（労基121条，最賃46条，労安122条，家労36条，労災54条など）。

② 私法上の効果

　法律の定める労働条件に関する基準によって，労働契約の内容を直接的に設定しうる方法がとられている。たとえば，労基法13条は，「この法律で定める基準に達しない労働条件を定める労働契約は，

その部分については無効とする。この場合において，無効となつた部分は，この法律で定める基準による」と定めている。このように，法律違反の契約を単に無効とするにとどまらず，法律上の基準が直接に保障されるような仕組みがとられているのである（同旨，最賃5条）。

③ 労働基準監督制度

法律の遵守を監督し，違反の予防を図り，違反行為に対する適切かつ迅速な処置をとるための監督制度を創設している。これについては，次項で独立してとりあげる。

④ 付 加 金

労基法114条は，使用者が支払いを義務づけられている賃金や手当（労基20条の解雇予告手当，26条の休業手当，37条の割増賃金，39条の年休手当）の支払いを怠った場合，同法の定める未払金の支払いとともに，それと同一額の付加金を支払わせることとしている。使用者が金銭の過重な負担を避けるために，自発的に法律を遵守することを促そうとしているわけである。裁判例では，たとえば割増賃金の不払いについて，それと同額の付加金を支払わせるもの（アクト事件＝東京地判平18・8・7労判924号50頁）から，監督署から指導・是正指導がなされたことがなかったこと，本人自身割増賃金が支払われなかったことに疑問を感じていなかったこと等の事案の事情を考慮して一定額に止めるもの（播州信用金庫事件＝神戸地姫路支判平20・2・8労判958号12頁）等，多様である。

なお，付加金の支払い時期に関して，最高裁は，使用者に労基法37条違反があったとしても，事実審の口頭弁論終決時までに使用者が未払割増賃金の支払いを完了して義務違反の状況が消滅したとき

には，もはや裁判所は付加金の支払いを命じることはできないとしている（ホッタ晴信堂薬局事件＝最１小判平26・３・６判時2219号136頁）。労働者が使用者による未払割増賃金の受領を拒否したような場合には，使用者は，供託することが適切であろう。

2 　労働基準監督制度

① 　労働局・労働基準監督署

　労働条件の基準に関する法律の実効性を確保するために，労働基準監督制度が設けられ，専門的な知識や経験を有する者に監督や指導の権限が与えられている。この監督制度は，厚生労働省に労働基準主管局を，各都道府県に都道府県労働局を，各都道府県管内に労働基準監督署を設置する形をとっている（労基97条１項）。

　労働局および労働基準監督署は，労基法をはじめとして，最低賃金法，労安法，労災保険法，賃金確保法，じん肺法，家内労働法等の施行に関する権限を与えられている。このように，この行政機関は，労働条件保護のためにきわめて大きな役割を果たしており，これらの法律の遵守に疑問がある場合には，労働者は，この窓口を訪ねることができるわけである。

② 　労働基準監督官

　労働基準監督官は，監督官試験をパスした専門職である。この監督官には，行政上の権限のほか，司法警察官としての権限も与えられている。前者の例としては，事業場等への臨検，帳簿・書類の提出要求の権限（労基101条１項），作業環境測定，検査に必要な製品等の収去等の権限（労安91条１項），後者については，労基法，労安法等の違反の罪について，犯罪捜査その他刑事訴訟法に規定する司

法警察官の職務権限が与えられている（労基102条，労安92条）。また，船員法は，船員労務官に対して，労働基準監督官と類似の役割を負わせている（船員105条）。

なお，労働基準監督官は，違反の申告を受けても調査等の措置をとるべき作為義務を負わないとする裁判例がある（東京労基局長事件＝東京高判昭56・3・26労経速1088号17頁）。

3　新たな紛争処理システムと個別労働関係紛争解決促進法

① 個別労働関係紛争の増大と紛争の調整システムの整備

上にみた監督署はあくまで監督機関であり，民事上の問題に関する管轄を有しない。したがって，個々の労働者の解雇の有効・無効をめぐる争いをはじめとして企業の経営環境の変化に伴う就業規則の不利益変更をめぐる問題，労働条件決定をめぐる労働契約上の紛争等には対処し得ない。そこで，平成10（1998）年労基法改正により，都道府県労働基準局長（現在の労働局長）に対し，労働条件についての労働者と使用者との間の紛争に関して，当事者の双方または一方からその解決につき援助を求められた場合には，必要な助言または指導できる権限が与えられた（旧労基105条の3第1項。現在は個別労働紛争4条）。ただし，労調法，特定独立行政法人等の労働関係に関する法律に規定された紛争は対象とならない。

② 個別労働関係紛争解決促進法の制定

平成13（2001）年に個別労働関係紛争解決促進法が制定され，同年10月1日から施行された。これは，企業組織の再編や人事管理の個別化等に伴い，労働関係に関する事項のうちで個々の労働者と事業主との間の紛争（「個別労働関係紛争」という）が増加してきている

ことにかんがみ，これらの紛争の実情に即した迅速・適正な解決を
図るために，都道府県労働局長の助言・指導（個別労働紛争4条）に
加えて，新しく都道府県労働局に設置される「紛争調整委員会」の
あっせん制度を創設するものである。

「個別労働関係紛争」とは，労働条件その他労働関係に関する事
項についての紛争をいい，具体的には，①解雇，配置転換，出向，
期間雇用の雇止め，労働条件の不利益変更に関する紛争，②事業主
によるいじめに関する紛争（上司がその職務上の権力を用いて部下に対
して行う業務の範囲を超える過度の頻繁な叱責，いやがらせ，精神的暴力・
虐待等をパワーハラスメント，パワハラという），③会社分割による労
働契約の承継，同業他社への就業禁止，競業避止義務等労働契約に
関する紛争，④募集・採用に関する紛争等が，それに該当する。な
お，労働組合と事業主の間で解決が図られるべき，いわゆる集団的
労使関係に関わる紛争は含まれない。

③ 均等法における紛争の調整

均等法において女性および男性に対する差別が禁止されている事
項にかかる紛争は，従来と同様に都道府県労働局雇用均等室で解決
の援助が行われるとともに，「紛争調整委員会」による調停（均等
18条）が行われることになっている。この調停には，募集・採用
（均等5条）に関する紛争は除かれる（均等18条1項）。

「紛争調整委員会」は，都道府県労働局に設置されるが（個別労
働紛争6条），都道府県労働局長は，個別労働関係紛争について，当
事者の双方または一方からあっせんの申請があった場合において，
当該紛争の解決のために必要があると認めるときは，紛争調整委員
会にあっせんを行わせることになる（個別労働紛争5条）。

なお，これとは別に各都道府県の労働委員会で個別労働関係紛争

についての調整（あっせん，調停）の機関が設置されるケースも多い。

④ その他の制度

都道府県の労働委員会自体は，労使の集団的紛争の調整（あっせん，調停，仲裁）および不当労働行為の審査のための制度であるが，ここに個別労働関係紛争についての調整（あっせん，調停）の機関が設置されるケースが少なくない。なお，簡易裁判所では，雇用関係の紛争・トラブルを含めてこれを対象にした調停が行われている。60万円以下の金銭の支払いを求める少額訴訟も，簡易裁判所で行われており，割増賃金等の支払いが60万円以下である場合には，この手続きを利用することも可能である。

それ以外に，社会保険労務士会の ADR（alternative dispute resolution，裁判外紛争解決制度）も設置される動きがある。

なお，法テラスが，法的な手続きをとる場合の資金面での援助を行っている。

4 労働審判法に基づく労働審判制度

労働審判制度が，平成16（2004）年に制定された労働審判法に基づいて導入された（平成18〔2006〕年4月1日施行）。この制度は，労働契約の存否その他の労働関係に関わる個別労働関係の民事紛争を処理するため，地方裁判所に，労使2人の労働審判員と裁判官である労働審判官で構成される労働審判委員会が設置され，そこで調停を行いつつ，それが整わない場合には審判を行うというものである。決議は労働審判官（裁判官）と2人の労働審判員の多数決で行われる。

手続は，当事者一方の申立てで行われる（開始にあたって相手方の

同意は必要ではない)。特別の事情がある場合を除き，3回以内の期日で審理を終結することが求められている（労審15条2項）。労働審判は，「審理の結果認められる当事者間の権利関係及び労働審判手続の経過を踏まえて」（労審20条1項）行われるが，当事者間の権利関係を踏まえつつも事案の実情に即した柔軟な解決が求められることになる。具体的な事案の解決にあたっては，労働関係に関する専門的知識・経験を有する労使2人の労働審判員の技量・能力・識見が問われることになろう。

労働審判委員会が示した解決案（審判）について，当事者は，2週間以内に異議を申立てることができ，その場合には審判はその効力を失い，訴訟に移行することになる（訴訟の提起が擬制される，労審21条3項・22条）。適法な異議の申立てがない場合には，審判は裁判上の和解と同一の効力を有することになる（労審21条4項）。

このように，労働関係事件については，複線型の紛争処理機関が次第に整備されてきているといえる。

第**14**章

雑　　則

1　概　　略

　労基法は，その12章に雑則として，国の援助義務（労基105条の2），使用者の法令・規則の周知義務（労基106条），労働者名簿の作成義務（労基107条），賃金台帳の作成義務（労基108条），労働者名簿・賃金台帳および雇入れ，解雇，災害補償，賃金その他労働関係に関する重要書類の３年間の保存義務（労基109条），無料証明（労基111条），付加金（労基114条），時効（労基115条）等について規定している（なお付加金については，本編第13章**1④**参照）。

　なお，106条の周知義務の対象は，従来は労基法，労基法に基づく命令の要旨ならびに就業規則であったが，平成10（1998）年の労基法改正により，労基法上の労使協定および裁量労働に関する労使委員会の決議も含まれることになった。また，周知方法については「常時各作業場の見やすい場所へ提示し，又は備え付ける」方法に加えて，「書面を交付することその他の厚生労働省令で定める方法」とされた。命令では，CD-ROM 等その内容を常時確認できる機器を設置することも可能とされている（労基則52条の２）。

2　時　　効

　労基法の規定による賃金（退職手当を除く），災害補償その他の請

求権は2年間これを行使しない場合において時効により消滅する。退職手当も同様に2年で時効により消滅するか否か議論があったが，退職手当は通常かなり高額であること，退職労働者の権利行使は定期賃金の支払いを求める場合に比べて必ずしも容易であるとはいい得ないこと等の事情があることを考慮して，昭和62（1987）年の労基法の改正により，5年の消滅時効にかかるとされた（労基115条）。

　この点，平成29（2017）年の民法改正（施行は令和2〔2020〕年4月1日）の影響を受けて，労基法の賃金請求権等に関する消滅時効についても議論が重ねられてきたが，令和2（2020）年に成立した労基法の改正により，①賃金請求権の消滅時効は5年間，②ただし，当分の間は3年間，③災害補償その他の請求権の消滅時効は2年間，④付加金の請求権についても，賃金と同様に5年（ただし，当分の間は3年），⑤施行後5年を経過した場合に，施行状況を勘案しつつ，必要があると認めるときには必要な措置を講じるとされた。

第3編　雇用保障

第1章

雇用保障の意義と体系

1　労働法の体系と雇用保障

　現在，わが国では憲法による労働権の保障（憲27条）を受けて，労働者に就労の機会を保障し，労働者の雇用の安定を図り，さらに失業した労働者のすみやかな労働関係への復帰を促進することを目的とした法律が数多く制定されている（労働施策総合推進法，職安法，職業能力開発促進法〈旧職業訓練法〉，雇用保険法など）。そこで，こうした立法を総称して雇用保障法（労働市場法）と呼ぶことが妥当と考えられる。この法領域における主要な課題領域としては，①労働者の募集・職業紹介等就職促進，②労働者の職業能力の開発・向上（職業訓練），③失業者の救済，④雇用の促進・失業の防止，の4つの分野をあげることができる。

2　戦後における雇用保障法の展開

⓵　第2次大戦直後の立法とその後

　第2次世界大戦前においてわが国には雇用保障法の名に値する立法は，大正10（1921）年の職業紹介法を除けばまったく存在しなかった。その意味で憲法27条の労働権の保障を受けて昭和22（1947）年に制定された職安法と失業保険法は，公共職業安定所による職業指導・補導および失業者に対する救済の体制を確立し，わ

が国の雇用保障法の基礎を形成したものといえる。

　昭和30年代，とくにその後半期に入ると高度経済成長のもとでの産業構造の変動，とくに深刻な労働力不足に対応するために，いわゆる労働力流動化政策が展開され，上の課題を担った種々の立法が制定された（昭和33〔1958〕年の職業訓練法，昭和35〔1960〕年の障害者雇用促進法など）。昭和41（1966）年に制定された雇用対策法は，国の雇用に関する施策全般についての総合的な政策の樹立を図ることを目的としていたという点で，国の労働力政策の基本法としての性格をもつものであった（現在は，平成30〔2018〕年に「労働施策の総合的な推進並びに労働者の雇用の安定及び職業生活の充実等に関する法律」〔労働施策総合的推進法〕に改正されている）。昭和44（1969）年には生涯訓練の理念を導入する職業訓練法が，また昭和46（1971）年には中高年齢者等の雇用の促進に関する特別措置法が制定されている。

2　石油ショックと雇用保険法の制定

　昭和48（1973）年の第1次石油ショックとそれに続く不況は，雇用情勢に深刻な影響をもたらした。とくに不況業種では人員整理，人減らし合理化が進められ失業者対策が急浮上してくることになる。こうした雇用情勢を背景にして昭和49（1974）年に従来の失業保険法を改正して雇用保険法が制定された。そこでは失業者の生活保障に加えて雇用の創出・失業の予防のための積極的措置が設けられるに至る（雇用改善等二事業，のちに雇用安定等二事業）。なかでも一時休業の場合に使用者が行う休業手当の一部を国が肩代りする雇用調整給付金の制度は，失業防止の課題を担って大いに活用された。なお雇用保険法は，保険財政の建直しのために昭和59（1984）年に改正され，また昭和60（1985）年には，職業生活の全期間にわたる職業能力の関発・向上を促進するという観点から職業訓練法が改正さ

れ「職業能力開発促進法」が制定されている。

　現在では，急ピッチで進む人口構造の高齢化に対応するための総合的な雇用政策の確立が喫緊の課題となってきている（第2編第11章**2①**参照）。

第2章

職業紹介・募集

1 職業紹介

　労働契約は，通常，使用者による募集，労働者の応募とそれに対する選考，採用決定という順序を経て締結される。したがって職業紹介・募集は労働契約成立の前段階をなす。職安法では，求人および求職の申込みを受け，求人者と求職者との間における雇用関係の成立をあっせんすることを職業紹介と呼んでいる（職安4条1項）。失業により所得獲得の機会を喪失し生活の脅威にさらされている失業者に新たな雇用の機会を与え，あるいは新規学卒者等に就職先を紹介することは，職業安定・雇用保障を図るうえできわめて重要な意味をもつ。職業紹介に関しては昭和22（1947）年制定の職安法によって規制されてきたが，同法は平成11（1999）年および平成15（2003）年，「規制緩和」の観点から抜本的に改正されている。

1 職業紹介に対する法的規制

　職業紹介は，従来，原則として公共職業安定所だけが行うものとされ，民営の職業紹介は例外的に許容されるにすぎなかったが，上で述べた職安法の抜本的改正によって，職業安定機関以外の者も，許可を受けて，一定の職業を除けば，有料・無料の職業紹介を行うことができるようになった。求人者は，求人の申込みにあたり公共職業安定所または職業紹介事業者に対し，その従事すべき業務の内

容および賃金，労働時間その他の労働条件を明示しなければならない（職安5条の3第2項）。公共職業安定所または職業紹介事業者は，求人の申込みの内容が法令に違反するとき，またはその申込みの内容をなす労働条件が通常の労働条件と比較して著しく不適当であると認めた場合を除いて，いかなる求人の申込みもこれを受理しなければならない（職安5条の5）。ただし公共職業安定所は労働争議に対する中立の立場を維持するため，同盟罷業または作業所閉鎖（ロックアウト）の行われている事業所に求職者を紹介してはならないことになっている（職安20条1項）。

② 有料職業紹介事業

　平成11（1999）年の職安法の改正により職業紹介事業者による有料の職業紹介が広く認められることになった（職安1条・30条）。民営職業紹介事業が労働力需給調整のシステムとして職業安定機関と対等の立場に位置づけられるに至ったのである。ただし，港湾運送または建設業務等一定範囲のものについては紹介ができない（ネガティブリスト方式）。有料職業紹介事業者は，上限付きの手数料または手数料表の届出による手数料のいずれかを選択して手数料を徴収することができる（職安32条の3第1項・3項）。厚生労働大臣は，手数料表に基づく手数料が著しく不当である場合等には，当該手数料表の変更を命ずることができる（同4項）。なお，ILOでは，1994年の「有料職業紹介所に関する条約」（96号）を1997年に改正し，新たに「民間職業紹介条約」を採択している（わが国は1999年に批准）。

　なお，「人材スカウト」と称する行為を職安法の有料職業紹介事業の許可を受けた者が行うケースもみられるが，最高裁は，人材スカウトと呼ばれる行為を目的とする会社から医師を紹介してもらった医療機関が，契約所定の報酬（紹介料）を支払わなかったことを

理由とし，人材スカウト会社から当該報酬と遅延損害金を請求されたケースで，「人材スカウト」も職安法にいう職業紹介にあたり，法定の手数料の最高額を超える部分の約定は無効としている（東京エグゼクティブ・サーチ事件＝最2小判平6・4・22民集48巻3号944頁）。

③ 無料職業紹介事業

公共職業安定所以外の者が無料で職業紹介を行う場合にも厚生労働大臣の許可が必要である（職安33条1項）。ただし学校教育法1条の規定による学校の長等は，厚生労働大臣に届け出てその学生もしくは生徒またはその学校の卒業生で卒業後6カ月以内の者について無料の職業紹介事業を行うことができる（職安33条の2第1項）。

2 労働者の募集

使用者による労働者の募集についても中間搾取，人身売買的な就業あっせんの弊害が生じないように職安法による規制が加えられていたが，平成11（1999）年の職安法の改正により，労働者を雇用しようとする者が直接行う募集（直接募集）についての規制は大幅に緩和され，使用者がその被用者以外の第三者に委託して行う募集（委託募集）を中心に規制が行われている。募集にあたって募集者は，不正確な情報の提供等によって応募する者に被害が及ばないように，従事すべき業務の内容，賃金，労働時間その他の労働条件について明示しなければならず（職安5条の3第1項），求職者等の個人情報の適正な管理・取扱についての義務が課せられている（職安5条の4）。

労働者を雇用しようとする者が，新聞，雑誌その他の刊行物に掲載する広告または文書の掲出もしくは頒布の方法によって募集する

場合は，自由にこれをなすことができる（文書による募集）。ラジオ，テレビによる募集も上の文書による募集に準じて取り扱われる。なお，労働者の募集を行おうとする者および労働者の募集に従事する者（募集受託者）は，募集に応じた労働者からその募集に関しいかなる名義でも報酬を得てはならない（職安39条）。中間搾取を排除するためである。これに違反する者は6カ月の懲役または30万円以下の罰金に処せられる（職安65条6号）。

　労働者を雇用しようとする者がその被用者以外の者をして報酬を与えて労働者の募集に従事させようとするとき（委託募集）には，厚生労働大臣の許可が必要である（職安36条1項）。前項の報酬の額については，厚生労働大臣の認可を得なければならない（同2項）。

3 労働者供給事業の禁止

　労働者の供給とは，労働者供給契約に基づいて労働者を他人の指揮命令を受けて労働に従事させることをいう（職安4条6項前段，ただし労働者派遣法2条1号に規定する労働者派遣に該当するものは含まず）。

　こうした労働者供給を業として行う労働者供給事業は労働者の就業に関連して労使の間に介在して賃金その他労働者の利益の上前をはね（中間搾取），労働者の生活を脅かすとともに強制労働の温床となる等非近代的な悪弊を伴うことが少なくなかったため，職安法は従来どおりこれを禁止している。すなわち，何人も労働者供給事業を行い，またはその労働者供給事業を行う者から供給される労働者を自らの指揮命令のもとに労働させてはならないのである（職安44条）。ただし労働組合等が，労働大臣の許可を受けた場合は，無料の労働者供給事業を行うことは許される（職安45条。なお労働者派遣法についての第2編第12章1参照）。

第3章

職業訓練（職業能力の開発促進）

1   意 義

[1] 職業能力の開発とその意義

　労働者がその希望する職業に就くことができるためには，企業側に求人が存在することが前提となるが，これだけでは足らず，労働者が求人側の必要とする技術・技能ないし広い意味での職業能力をもっていることが条件となる。とくに企業の近代化がすすみ，技術革新の急速に進展している今日においては，新しい雇用の機会に応ずるのに必要な技能の修得，能力の開発・向上は，職を得るための重要な条件となる。職業能力の開発ないし職業訓練の意義はまさにこの点にあるということができる。しかしわが国の，とくに大企業では，終身雇用慣行のもとで企業が必要とする労働者の職業的技能は企業内で育成する傾向があり，国の行う公共職業訓練に依存する度合いはそれほど大きくはない。これに対し中小企業では，企業の財政的基盤が弱いことや労働移動が激しいこともあって企業内で人材を育成・養成することが難しく，公共職業訓練に依存する度合いが比較的大きい。

[2] ビジネス・キャリア制度

　現在，ホワイトカラーが体系的・継続的に高度で専門的な職業能力を習得していく必要性が高まっていることから，ホワイトカラー

の能力を客観的に評価するためのビジネス・キャリア制度（職業能力習得制度）等が実施されている。

2　職業能力開発促進法（旧職業訓練法）

　昭和60（1985）年，従来の職業訓練法を全面改正して職業能力開発促進法が制定された。同法は，当時の雇用対策法（平成30（2018）年，労働施策の総合的な推進並びに労働者の雇用の安定及び職業生活の充実等に関する法律に名称変更）と相まって，職業訓練および技能検定の充実強化等の施策を総合的計画的に講ずることにより，労働者の職業能力の開発向上を促進することを主たる目的としている（職発1条）。職業能力の開発向上が労働者各人の希望，適性，職業経験等の条件に応じつつその職業生活の全期間を通じて段階的かつ体系的に行われることを基本理念としている点（職発3条）は従来と同様であるが，これが労働者の自発的努力を助長するように配慮して行われる旨定められたのは昭和60（1985）年の改正による。

　同法が従来の職業訓練法ともっとも大きく変った点は，事業主の行う多様な職業能力の開発向上のための施策（OJT, Off-JT）に重点をおき，国がそれらを系統的積極的に援助することを正面から取上げたことにある（有給教育訓練休暇給付金など）。他方，国および都道府県が行う職業訓練としては，従来の公共職業訓練施設における職業訓練（養成訓練，向上訓練，能力再開発訓練）とともに専修学校等の教育訓練施設への委託訓練が積極的に実施されることになった。公共職業訓練の活性化は，今後の大きな課題の1つである。

第4章

失業防止・雇用安定と失業者救済

1 雇用保険法等による失業防止

　現に就労している者の雇用の維持ないし失業防止は雇用保障法の重要な課題である。この点雇用保険法の雇用安定事業（雇保62条）は失業の防止を目的とした施策として重要な意味をもつ。

1 雇用安定事業

　雇用安定事業は景気の変動，産業構造の変化等によって事業主が事業活動の縮小または事業の転換等を余儀なくされた場合に，労働者の解雇を防止し，職業の円滑な転換を図るためにその雇用する労働者につき休業，教育訓練，出向等を行う事業主に対して必要な助成・援助を行うもので，雇用調整助成金（雇保則102条の3）の支給を主たる課題としている。

　なお，労働施策総合推進法は，事業規模の縮小その他の理由による雇用量の大きな変動（人員整理）について公共職業安定所長への事前の届出・通知等を規定している（労働施策推進27条1項）。しかし，この単なる届出義務に解雇抑制の効果を過大に期待することはできないであろう。

　その他，雇用安定事業として，定年の引上げ，定年に達した者の再雇用等により高齢者の雇用を延長し，または高齢者を雇い入れる事業主に対する助成・援助，障害者等を職業安定所の紹介により常

用労働者として雇い入れる事業主に対する助成等が行われている。

② 能力開発事業

技術の進歩，産業構造の変化等に対応して，職業生活の全期間を通じて労働者の労働能力を開発・向上させるために，事業主等の行う職業訓練に対する助成，育児休業者職場復帰プログラム計画を作成し実施する事業主に対する奨励金の支給，さらに卒業者等で就職していない者等を対象にしたトライアル雇用のための試行雇用奨励金の支給等が行われている。

2　失業者救済

失業中の労働者に対して一定の給付（失業給付）を行うことによりその生活の安定を図ることは，雇用保障法の重要な課題である。かかる失業給付は，かつて失業保険法によって行われたが，現在では雇用保険法に基づいて行われている。平成22 (2010) 年には，雇用保険のセーフティネット機能を強化するために，非正規労働者に対する適用の拡大を図るための雇用保険法の改正が行われた。

失業給付は，失業者の生活をささえるための求職者給付と再就職を促進援助するための就職促進給付の2つからなる。

① 一般被保険者の求職者給付
(1) 基本手当の支給要件
一般被保険者にかかる求職者給付には，基本手当，技能習得手当，寄宿手当，傷病手当があるがこのうちもっとも重要なものは基本手当である。基本手当の受給要件は，一般被保険者が離職し，労働の意思および能力を有するにもかかわらず，職に就くことができない

状態にある場合で，離職の日以前 2 年間（疾病，負傷等の期間がある場合には最大限 4 年間）に被保険者期間が通算して12カ月以上あることである（雇保13条。ただし，企業倒産等で失業を余儀なくされた特定受給資格者〈雇保23条 2 項〉については，それぞれ離職の日以前 1 年間，被保険者期間は通算して 6 カ月とされている〈雇保13条 2 項〉）。上記の要件を充たす者を受給資格者というが，受給資格者が実際に基本手当の支給を受けるためには，公共職業安定所に出頭し，求職の申込みをしたうえで失業の認定を受けなければならない（雇保15条 1 項・ 2 項）。

(2) **基本手当の所定給付日数**

基本手当は，受給資格者が失業していることについて認定を受けた日について支給されるが，所定給付日数は，一般の離職者と倒産・解雇等による離職者（特定受給資格者）とでは異なる仕方で規定されている（巻末の**表 4** 参照）。いうまでもなく後者の方が手厚くなっている。基本手当の日額は，当該受給資格者の賃金日額（雇保17条）を算定したうえ，それを厚生労働大臣の定める基本手当日額表にあてはめて算出する。受給資格者が，①公共職業安定所の紹介する職業に就くことまたは安定所長の指示した公共職業訓練等の受講を拒否した場合，および②自己の責に帰すべき重大な理由により解雇され，または正当な理由がなく自己の都合により退職した場合には，一定期間，基本手当の支給が制限される（雇保32条・33条）。なお65歳以上の高年齢継続被保険者（雇保37条の 2 ）が失業した場合，基本手当にかえて高年齢求職者給付金が被保険者であった期間の長短に応じて，支給される（雇保37条の 2 〜37条の 4 ）。

なお従来，就労時間の長さにより，通常の一般被保険者と短時間労働被保険者（パートタイム被保険者）に区分されていたが，平成19（2007）年の雇用保険法の改正で，この区分が廃止され，いわゆる

短時間労働被保険者も通常の一般被保険者に一本化された（ただし，適用除外との関係で，1週間の所定労働時間が20時間未満の者は含まれない）。

② 就職促進給付

　失業者の早期再就職を援助・促進するために支給されるものであり，就業促進手当（就業手当，再就職手当，常用就職支度手当），移転費，広域求職活動費がある。就業手当は平成15（2003）年の法改正により新たに設けられたものである（雇保56条の3）。

3　高年齢雇用継続給付

　定年後継続雇用がなされる場合においても，その雇用継続中の賃金が定年前に比べて相当程度低下することが少なくないが，この場合に定年後離職して受給する失業給付の額の方が継続雇用されて受け取る賃金よりも多いといった現象が生じると，高齢者の働く意欲をそぐことにもなる。こうした事態をなくすために平成6（1994）年の法改正で導入されたのが，高年齢雇用継続給付の制度である。現在，この制度により，60歳以上65歳未満の被保険者であって，賃金が60歳到達時点の75％未満となったもの（被保険者であった期間が5年以上である者にかぎる）に対して，原則として65歳に達するまで支給されることになる。支給額は，支給対象月の賃金が60歳時点の賃金月額の61％以下である場合と61％を超え75％未満である場合とで異なる。前者の場合は支給対象月の賃金の15％であり，後者の場合は支給対象月の賃金に15％から一定の割合で逓減する率を乗じた額である。

4 高年齢被保険者の給付

　高年齢者も労働意欲が高いことを考慮して，現在の雇用保険法では，65歳以上の者も被保険者になることを認めている（雇保37条の2）。この者が，離職の日以前1年間に対象被保険者期間が6カ月以上ある場合には，高年齢被保険者の求職者給付を受給することができる（雇保37条の4）。

第4編　団体的労働関係法

第1章

団体的労働関係法の歴史と現状

1 戦前の状況

　わが国では，昭和20（1945）年12月22日制定の旧労組法に至るまで，労働運動を積極的に保護し，あるいはそれに伴って生じる労働者の団体的行為に対する違法評価を免責する立法は存在しなかった。むしろ初期の労働運動に対しては，明治33（1901）年に成立した治安警察法をはじめとして，刑法（とくに業務妨害罪，脅迫罪，公務執行妨害罪等の規定），明治33（1901）年の行政執行法，明治41（1908）年の警察犯処罰令等により，さらには大正14（1925）年の治安維持法，大正15（1926）年の暴力行為等処罰に関する法律等により，取締りの対象とされていた。

　他方，第1次世界大戦前後から，労働運動が次第に活発化するのに伴い，労組法制定の試みがくりかえされた。このうち主たるものとしては，大正9（1920）年2月の農商務省案，同年9月の内務省案，大正14（1925）年の内務省社会局案がある。政府は，大正15（1926）年に社会局案をかなり修正したうえ，労組法案として議会に提出したが，労使の反対もあり審議未了となった。さらに政府は，昭和4（1929）年に新たに労組法案を発表し，昭和6（1931）年に議会に提出した。この法案は，衆議院では可決されたが，貴族院で審議未了になった。その後，昭和20（1945）年の敗戦に至るまでの間は，満州事変，日中戦争，第2次世界大戦と続く戦争期にあり，

労組法制定の動きは中断した。

2　戦後労働法制の概観

① 第 2 次大戦直後

　昭和20（1945）年 8 月15日の敗戦に伴い，連合国最高司令部による指令，およびそれに基づく新たな法政策により，わが国の労働運動は，はじめて法による積極的な保護が与えられるに至る。

　昭和20（1945）年12月に公布，昭和21（1946）年 3 月から施行された旧労組法は，①刑事免責（旧労組 1 条 2 項），②民事免責（旧労組12条），③労働協約の規範的効力（旧労組22条），④不当労働行為制度（旧労組11条・第 4 章）を設けて，労働組合の保護，育成を図ろうとしたものであり，わが国における労働立法史上，画期的といえる内容をそなえるものであった。この時期には，昭和21（1946）年に労調法および日本国憲法，昭和22（1947）年に労基法が成立している。

　その後，官公労組を中心とする労働運動の高まりのなかで，昭和23（1948）年 7 月に，マッカーサー書簡と政令201号を受けて，昭和22（1947）年に制定されていた国公法が改正され，争議行為の禁止等が規定された。また昭和23（1948）年に公共企業体労働関係法，昭和25（1950）年に地方公法，昭和27（1952）年に地公労法が制定された。また，昭和27（1952）年には公社制度に関連して公共企業体労働関係法の改正が行われた。要するに，これらの方向は，私企業労働者，公共企業体職員，地方公営企業職員，国営企業職員，一般職の地方公務員および国家公務員の労働関係を，各々別個の法制度のもとにおくという政策に基づくものであった。

② 昭和50年代末以降の変化

　上記のような法制度が大きく変わるのは，昭和50年代の末から行われた3公社の分割・民営化による。すなわち，昭和59（1984）年に日本専売公社および昭和60（1985）年には日本電信電話公社が株式会社となり，さらに日本国有鉄道についても，昭和62（1987）年，「分割・民営化」された。また国営企業のうちアルコール専売事業は，昭和57（1982）年に新エネルギー総合開発機構に吸収され，国労法の適用を受ける国営企業の職員は，郵便，林野，印刷，造幣の4現業職員となっていた。また，平成11（1999）年に独立行政法人通則法が制定され，多くの政府機関が独立行政法人となるに至っている。さらに，平成14（2002）年に，郵便事業が日本郵便公社に移行されたことに伴い，従来の「国営企業及び特定独立行政法人の労働関係に関する法律」が「特定独立行政法人の労働関係に関する法律」に名称変更された。このように，とくに公企業における労働関係法は大きく変動した（なお，平成19〔2007〕年10月1日に日本郵政株式会社等の成立により分割民営化され，特定独法等労働関係法から離れた）。

　なお，昭和21（1946）年に制定された労調法は，その後若干の改正はあったものの，ほぼ制定当時の内容のまま現在に至っている。その他団体的労働関係法に属する法律としては，電産争議に影響を受けて制定された，昭和28（1953）年のスト規制法がある。

3　労使関係の現状

　最近における労使関係をめぐる状況の特色を指摘すると，第1に労働組合の組織率が，平成15（2003）年に20％を割ったこと，第2に，争議行為については，その件数および労働喪失日数が，昭和30年代〜40年代に比較するときわめて少なくなっていること，またそ

の形態がかなり多様化していること，第3に，一企業内に複数の組合が併存する現象が多くみられるようになり，これをめぐる紛争（労使紛争ではなく労労紛争）と法律上の課題が示されるに至っていること，第4に，ナショナル・センターが統一され，昭和62（1987）年11月には「連合」（日本労働組合総連合会）が発足するに至っている。その他，全労連（全国労働組合総連合）と全労協（全国労働組合連絡協議会）がある。

　上述のような状況変化を踏まえつつ，わが国の団体的労働関係法の見直しが問題となるが，研究会報告（平成15〔2003〕年不当労働行為審査制度の在り方に関する研究会報告）の指摘を受けて，平成16（2004）年に，不当労働行為制度に関わる労組法の改正が行われた（本編第7章**5**参照）。

第**2**章

労働組合

1　労働組合の要件・資格審査

1 意　　義

　現行労組法は，労働組合の結成については自由設立主義の立場を
とっているから，許可や届出を要することなく自由に労働組合を結
成できる。しかし，労組法上の労働組合と認められるためには一定
の要件を満たすこと（労組2条），また労組法に定める手続に参与し，
かつ救済を受けるためには一定の資格を備えること（労組5条1項）
が要求される。

　なお，警察職員，監獄職員，海上保安庁職員，消防職員は，労働
組合を結成することはできない（国公108条の2第5項，地公52条5項）。

2 労働組合の資格要件

(1)　積極的要件

　労組法2条本文は，労組法上の労働組合であるための積極的要件
を定めている。第1に，労働者が組織しなければならない。労組法
上の労働者は，職業の種類を問わず，賃金，給料その他これに準ず
る収入によって生活する者をいう（労組3条）。プロ野球選手もこの
意味での労働者にあたる。

　第2に，労働者が「主体となつて」組織するものでなければなら
ない。「主体となつて」とは，構成員の大部分が労働者であり，か

つ主要な地位を労働者が占めていることを意味する。

　第3に，労働者が自主的に組織するものでなければならない。「自主的に」とは，労働組合が使用者のコントロールのもとに服していないことをいう。一般に，自主性を喪失している労働組合を，御用組合と呼んでいる。

　第4に，団体性を有していなければならない。いわゆる一人組合は団体とはいえない。なお個人加盟の労働組合だけではなく，団体加盟による連合団体も，労組法上の労働組合たりうる。

　第5に，労働条件の維持改善その他経済的地位の向上を図ることを主たる目的としていなければならない。「主たる目的」とは，共済・福利事業・政治・社会運動を，副次的もしくは付随的に行うことを許容する意味である。最高裁も，労働組合の目的の範囲を広く解している（国労広島地本事件(オ)499号＝最3小判昭50・11・28民集29巻10号1698頁）。

(2)　消極的要件

　労組法2条ただし書は，労組法上の労働組合についての消極的要件を定めている。

　第1に，使用者の利益代表者の加入を許している場合には，労組法上の労働組合とは認められない（労組2条1号）。課長等の中間管理職については，名称だけではなく，実質的な判断が必要となる。

　第2に，団体の運営のための経費の支出につき，使用者の経理上の援助を受けるものであってはならない（労組2条2号）。ただし，最小限の広さの組合事務所の供与等が例外的に許容されている。

　第3に，共済事業その他福利事業のみを目的とするものであってはならない（労組2条3号）。

　第4に，主として政治運動または社会運動を目的としてはならない（労組2条4号）。

③ 労働組合の資格審査

　労組法 5 条 1 項は，労働組合が同法に規定する手続に参与し，かつ同法に規定する救済を与えられるためには，前述した同法 2 条の要件および 5 条 2 項の要件を満たすことを要求している。

　労組法 5 条 2 項の要件は，民主性の要件と呼ばれており，組合規約に記載すべき事項を定めている。たとえば，組合員の均等待遇（労組 5 条 2 項 3 号），組合員資格の平等（同 4 号），同盟罷業の開始手続（同 8 号）等がある。

　資格審査が必要となるのは，次のような場合である。すなわち①手続参与として，法人登記の場合（労組11条），労働委員会の委員候補者の推薦手続（労組19条の 3 第 2 項・19条の12第 3 項）等，②救済として，不当労働行為に関する労働委員会による救済（労組27条）がある。なお資格審査は，労働委員会によって行われる。

④ 法内組合・法外組合

　労組法 5 条 1 項による資格審査制度が設けられている結果，労組法が予定する労働組合として，第 1 に， 2 条および 5 条 2 項の双方の要件を満たす組合（法内組合，適格組合），第 2 に， 2 条の要件のみを満たす組合（法外組合，非適格組合）とが存在することになる。ただし，法外組合といっても，労組法の規定する手続への参与および救済を享受しえないというにとどまり，刑事免責（労組 1 条 2 項），民事免責（労組 8 条）それ自体は否定されない。また，労働争議に伴う労働委員会のあっせん・調停・仲裁を受けるとき，および裁判所への救済申立をなすときは，資格審査は必要ではない。

　なお，使用者の利益代表者の加入を許す組合および使用者の利益代表者のみによって組織される組合（管理職組合）は，資格審査の要件を欠くことになる（なお，課長以上の管理職で作る管理職組合につ

き，組合員に使用者の利益代表者の職位にある者を含んでいないとして労働組合としての適格性を認めるものがある〈セメダイン事件＝中労委命令平10・3・4労判734号81頁，同事件＝最1小決平13・6・14労判807号5頁〉）。しかし，憲法28条の適用が認められる組合（憲法上の組合）として，同条自体によって与えられる効果は享受しうると考えられている（第1編第3章**3**参照）。

2 労働組合の組織と運営

① 労働組合の組織形態

(1) 労働組合の種類

労働組合の組織形態としては，第1に，同一職種の技能労働者によって全国横断的に組織される職業別組合，第2に，同一産業に従事する労働者をその職種や職業のいかんを問わず，全国横断的に組織する産業別組合，第3に，職種・職業あるいは産業を問わず，あらゆる労働者を組織対象とする一般組合（地域一般労組，合同労組と呼ばれるものは，これに属する），第4に，同一使用者に雇用される従業員のみによって組織される企業別組合がある。

(2) 単位組合と連合体，ナショナル・センター

単位組合（単位労働組合）とは，組合規約上，労働者の個人加入の形でのみ当該組織のメンバーが構成されており，独自の活動を行うことができる下部組織をもたない労働組合をいう（これに対して単一労働組合とは，その内部に単位労働組合に準じた機能をもつ支部等の組織を有する労働組合をいう）。わが国では，この単位組合のほとんどが企業別組合となっている。連合体とは，これらの単位組合が構成員となって組織される労働組合，すなわち団体加盟方式の労働組合である。産業別労働組合（全国単産）が中心であるが，その他にも

企業別あるいは職業別の連合体も存在する。これらの連合体が総評や同盟等の全国的中央組織（ナショナル・センター）を結成してきたが，現在，これらの統一組織として連合が活動している。

② 労働組合の機構・運営

労組法は，労働組合の機構・運営については，労働組合の自主性に委ねることを基本的態度としている。ただし，労働組合の資格審査に関連して，役員の選挙，総会の開催，規約の改正等に関する事項を組合規約に記載することを要求しており（労組5条2項），間接的にではあるが，一定の組合運営については，上記規定内容にしたがって行われる仕組みになっている。もっとも，現実の労働組合の機構・運営はまさに千差万別であるから，ここではごく一般的な例を示すにとどまる。

(1) 意思決定機関

ほとんどの労働組合は，最高の意思決定機関として総会もしくは組合大会をおいている。総会は，労働組合にとっての重要事項についての専権を有しており，年1回開催される例が多い。また，総会につぐ意思決定機関，あるいは大会と大会までの間の代行機関として，中央委員会あるいは評議員会がおかれている。

(2) 執行機関

執行機関は，総会の行った意思決定を執行し，対外的に組合を代表する機関であり，執行委員会という名称が通常である。この執行委員会は，委員長・副委員長・書記長のいわゆる組合三役および執行委員で構成されており，構成員の数は，おおむね20名ないし40名くらいの例が多い。

(3) 監査機関

監査機関とは，組合業務の執行を監査する機関であるが，ほとん

どの組合が複数の会計監査をおいている。

(4) そ の 他

選挙管理委員会，統制委員会等が別個の機関として設けられる例が多い。

③ 組合財政・組合費

(1) 組合財政

労働組合の財政基盤は，組合員の納入する組合費である。組合費の算定方法等は，総会で決定される例が多い。一般に，定額制，定率制，定額プラス定率制がみられ，金額は，おおむね月収の１～２％程度である。

(2) 組 合 費

組合費は，日常的な組合財政に充当するための一般組合費と，個々の活動のために費目を定めて徴収する臨時組合費とがある。

一般組合費の納入義務は，組合員の基本的義務と解されており，組合は，義務違反者を，当然に統制処分の対象となしうる。また，組合は，組合費の納入自体を裁判所に訴求できる。

これに対して，臨時組合費の納入義務については，徴収目的によって判断する方法がほぼ定着している。最高裁は，①闘争資金あるいはスト資金として，当該労働組合自らの活動資金を臨時に徴収する場合，②組合員の経済的地位の向上を他組合との連帯活動によって実現することを目的として，闘争中の他組合の援助資金を臨時に徴収する場合，③水俣病患者救済資金等，労働組合の社会的役割に照らして臨時に徴収する場合，④闘争に伴う犠牲者を救済する共済事業の目的として，犠牲者救援資金を臨時に徴収する場合，以上については組合員の納入義務を認めているが，これに対し，公職選挙への支援資金の徴収については，組合員がどの政党または候補

者を支持するかは各人が自主的に決定すべきことがらであるとして，組合員の納入義務は発生しないとしている（国労広島地本事件(オ)498号＝最3小判昭50・11・28民集29巻10号1634頁，国労広島地本事件(オ)499号＝最3小判昭50・11・28民集29巻10号1698頁，国労四国地本事件＝最2小判昭50・12・1判時798号14頁）。なお，公職選挙については，組合自体がある政党または候補者の支持を決定し，その選挙運動の母体となることは自由である。ただし，その運動のために組合財産を支出できるか否かについては，反対の見解もある。

3 労働組合の内部問題

① 加入・脱退

(1) 労働組合への加入

いかなる労働者に労働組合への加入資格を与えるかは，原則として組合が自由に決定しうる。たとえば，産業や職業によって組織対象を限定すること，また，パートタイマーやアルバイターに組合加入資格を与えないことも，法的には違法ではないと解されている。ただし，人種，宗教，性別，身分によって組合員資格を認めないことは違法とされる。信条については違法ではないとする見解も存在する（労組5条2項4号参照）。

性別等を理由に組合加入を拒否された場合，その救済方法が問題となる。労働者の加入権を承認し，しかも労働組合に加入承認義務を負わせることが理論上可能であれば，加入を拒否された労働者は，当該労働組合の組合員たる地位の確認訴訟を提起することができよう。しかし，現行法上，かかる意味における権利・義務を承認することには一般に否定的であり，不法行為に基づく損害賠償請求が可能になるにとどまると解されている。

(2) 労働組合からの脱退

脱退は，組合員の自由であり，原則として脱退の意思表示が組合に到達することにより，脱退の法的効果が発生する。脱退には組合の承認を必要とする旨の組合規約がある場合でも，承認のない脱退を無効にする効力は認められない。なお，労働者の脱退の自由を制約する労働組合の規約条項は無効である（東芝労働組合小向支部・東芝事件＝最2小判平19・2・2民集61巻1号86頁）。ただし，脱退届の様式，届先，予告の手続が組合規約に定められているときは，それが合理的なものであるかぎり，組合員はその手続を履践する必要があり，手続遵守が脱退の効果発生の要件となる。

なお，上部団体から下部組織が脱退した場合に，個々の組合員資格の問題が生じる。この点，上部団体が連合団体の場合は，団体加盟をしているから脱退に反対の組合員にも脱退の効果が発生するが，上部団体が単一組合の場合で，個人加盟方式がとられているときは，支部等の下部組織が脱退しても，脱退に反対している組合員には脱退の効果は発生しないと考えられる。ただし，ストライキ基金の返戻請求については，規約上は個人加盟方式となっている上部団体から支部組合が組織的に脱退する効果を認める裁判例がある（東京計器労働組合事件＝東京地判昭60・1・29労判446号22頁）。

② 組織強制

(1) 組織強制の種類

組織強制とは，従業員としての地位の維持を，組合員資格と連動させるものをいう。かかる組織強制の手段としては，クローズド・ショップ協定，ユニオン・ショップ協定，エイジェンシー・ショップ協定（当該組合への加入は強制しないが，組合費相当額の支払いを求め，支払わない者につき使用者の解雇を定める協定）等がある。わが国では，

民間企業の労働組合がとっているのは，ユニオン・ショップ協定方式（以下，ユ・シ協定とする）である。なお，公務員については，オープン・ショップ制が法律により定められており（国公108条の2第3項，地公52条3項，特労4条1項，地公労5条1項），組合員資格強制制度は認められていない。

(2) ユ・シ協定の効力

ユ・シ協定とは，使用者は非組合員を採用することは許されるが，当該労働者は一定期間内に組合に加入しなければならず，組合に加入しない者，脱退した者あるいは除名された者を解雇しなければならないことを内容とする，労働組合と使用者間の協定をいう。かかるユ・シ協定については，労働者の組合選択の自由あるいは消極的団結権を侵害する可能性，また労働組合の任意団体としての性格に反する可能性があり，これを法的に許容することには疑問の余地がある。しかし，わが国では，憲法28条の団結権は，組合の結成あるいは組合への加入という積極的団結権を保障したもので，労働組合に加入しないという消極的団結権を含むものではないとして，ユ・シ協定は違法ではないとする見解が支配的である。もっとも，ユ・シ協定が成立するためには，少なくとも雇用する労働者の過半数を当該労働組合が組織していることが必要であり，その過半数が失われるとユ・シ協定はその効力を自動的に失うことになる。

(3) ユ・シ協定をめぐる紛争

いったんユ・シ協定の効力をめぐって法的な紛争が生じたときは，実際には，次のような理由により，ユ・シ協定本来の役割はごく限定的にしか果たされていない。すなわち，第1に，かりに使用者がユ・シ協定に違反しても，労働組合は，争議行為を行うことはできるが，裁判上，解雇自体の履行強制を求めえないこと，第2に，解雇の権限を最終的に使用者に委ねる「尻抜けユニオン」が多数であ

ること，第3に，集団的な脱退とそれに続く別組合が結成され，それに加入した場合，あるいはその他の企業内もしくは企業外に組織されるいずれかの組合に加入している場合は，ユ・シ協定の効力は及ばないとする判例が確立している（三井倉庫港運事件＝最1小判平元・12・14民集43巻12号2051頁）こと，等の理由による。

なお組合がなした除名が無効の場合は，ユ・シ協定に基づく解雇は，権利濫用として無効とされる（日本食塩製造事件＝最2小判昭50・4・25民集29巻4号456頁）。また，解雇による不就労については，使用者が賃金支払義務を負う（清心会山本病院事件＝最1小判昭59・3・29労判427号17頁）。

③ 労働組合の統制権

(1) 統制権の法的根拠

労働組合の統制権を直接認めた法律上の規定は存在しないが，学説および判例ともに，労働組合がその構成員に対して統制権を及ぼしうることを承認している。しかし，現在でもなお，その法的根拠については見解の対立がある。学説における主要な対立は，憲法28条の団結権の保障が統制権の承認を含意していると説く団結権説と，およそ団体は目的実現のために当然に統制力を与えられるものであり，労働組合についても同様であるとする団体固有権説との間のものであった。最近では，組合員の組合加入のさいの合意の契機に着目して組合規約にその根拠を求める規約準拠説，あるいは統制問題に対する法の介入根拠（憲28条）と統制権の具体的発生根拠（組合規約）とを区別すべきとする二分説も主張されている。

最高裁は，労働組合の統制権については，一般の組織的団体のそれと異なり，労働組合の団結権を確保するために必要であり，かつ合理的な範囲内においては，労働者の団結権保障の一環として憲法

28条に由来する，との考え方を示している（三井美唄労働組合事件＝最大判昭43・12・4刑集22巻13号1425頁）。

(2) 統制の手段

労働組合が通常予定している統制の手段としては，譴責，戒告，罰金，権利停止，資格停止，除名等がある。また，組合員個人に対してではなく，下部組織に対する統制処分も組合規約に定められる例があり，とくに連合体あるいは単一組合（個人加盟組織であるが，その規模が大きく，下部組織がそれ自体独立した労働組合の要件をそなえているような組合）においてこの種の紛争が少なくない。

なお，除名によらないで組合員資格を喪失させる効果をもつ組合員再登録制度については，除名の効力についてとほぼ同一の評価が与えられる（全逓福岡中央支部事件＝最1小判昭62・10・29労判506号7頁）。

(3) 統制権の範囲と限界

労働組合の統制権は，労働組合が自らに許容される活動目的を実現するために必要な範囲において認められる。したがって，適法な争議行為，組合活動あるいは団体交渉が行われるに際して，かかる目的実現のためになされた組合の指令に反する行為をした組合員に対しては，労働組合は統制処分の対象とすることができる。

しかし，労働組合といえども，違法行為の実行を多数決によって組合員に強制することは許されないから，組合員は，法律で禁止されている争議行為への組合指令には拘束されない（前掲国労広島地本事件(オ)498号）。また，会社によるロックアウトに対する組合の強行就労の指令について，裁判例は，たとえ組合指令が重大明白な違法をおかしていないとしても，指令自体あるいは指令に基づく行動が客観的に違法と認められるのであればそれに服従する義務はないとして，就労しなかった組合員に対する除名処分を無効としている

（大日本鉱業発盛労組事件＝秋田地判昭35・9・29労民集11巻5号1081頁）。もっとも，この考え方によれば，後に組合の指令が違法でなかったことが裁判所において明らかになった場合は，組合員は統制処分の対象とされることになろう。

（4）　**統制手続**

統制処分は，組合規約に定める手続に従って行われなければならない。これまでの裁判例においては，①規約が定める無記名投票にかえて挙手採決にした場合，②規約が保障する弁明の機会を与えなかった場合，③再投票を行って要件を充たした場合等は，手続上の瑕疵を理由に当該処分は無効とされている。

4　労働組合の組織変動

（1）　**分　　裂**

(a)　**「分裂」の意義**　　組合内部における対立抗争を契機に組合員が集団的に脱退し，新たな組合を結成することにより，元の組合が事実上，2以上の組合に分かれる現象を，労働組合の分裂と称している。このような状況において，法律上の問題として，①組合財産の分割，②労働協約の消滅，③組合事務所の明渡等の問題（本編第6章**4**参照）が提起される。各々の法的処理のための法理は異なるが，上の問題を肯定的に解するとすれば，分裂という現象を，とくに法的レベルにおいても承認することを意味する。

(b)　**組合財産の帰属関係**　　上記のうちこれまでの主要な争点は組合財産をめぐってのものである。この問題を考えるためには，まず組合財産の帰属関係を明らかにしておかなければならない。組合財産は，法人格を有する労働組合の場合は，労働組合の単独所有となる。他方，法人格を有しない労働組合の場合は，学説上は見解が対立しており，総有説，合有説あるいは組合の単独所有説が主張さ

れている。最高裁は，総有説に立っている（品川白煉瓦労組事件＝最
1小判昭32・11・14民集11巻12号1943頁）。

　留意すべきは，上のいずれの場合であっても，組合財産の所有形
態は共有ではなく，各組合員の持分権あるいは分割請求権は認めら
れないから，脱退組合員はかかる権利を請求しえない点である。そ
こで，脱退とは異なる「分裂」という法的概念を定立することによ
り，組合財産の分割を可能とする立論が試みられるわけである。学
説上は，分裂という法的概念を承認するか否かにつき，今なお肯定
説と否定説が対立している。最高裁は，次に示すように，論理的に
はこれを否定しているわけではないが，実際にはきわめて慎重な態
度を示しており，実質的には否定説に近いものと思われる。すなわ
ち，最高裁は，旧組合の内部対立により，その統一的な存続，活動
がきわめて高度かつ永続的に困難となり，その結果旧組合員の集団
的離脱およびそれに続く新組合の結成という事態が生じたときは，
組合の分裂という特別の法理の導入の可否につき検討する余地が生
じることがある，としている（名古屋ダイハツ労組事件＝最1小判昭
49・9・30判時760号97頁）。

　　(c)　単一組合における下部組織の「分裂」　　単一組合において下
部組織に分裂現象が生じた場合の財産関係について，最高裁は，
「地方本部において国鉄労組の方針に反対する組合員の集団的離脱
があり，地方本部を独立の組合としてみれば事実上の分裂を生じた
かのごとき観を呈するとしても，国鉄労組そのものが統一的組織体
としての機能を保持するかぎり，それは一部組合員の国鉄労組から
の集団脱退にほかなら」ない，との判断を示し，脱退者が地方本部
の資産について持分ないし分割請求権をもつことを否定している
（国労大分地本事件＝最1小判昭49・9・30民集28巻6号1382頁）。

⑵ 合　　併

　労働組合の合併とは，2以上の労働組合が1つの労働組合に統合される現象をいう。新設合併と吸収合併がある。一般に，総会決議に基づく合併が可能と解されており，新組合ないし吸収組合は，旧組合の権利義務関係を承継する。

⑶ 組織変更

　労働組合の組織変更とは，たとえばその組織原則を連合体から単一組合へ，または単一組合から連合体へと変更する場合をいう。かかる変更は，組合の解散という手続をとることなく，総会において規約，名称の変更を行うことによって可能である。

⑷ 解　　散

　労働組合の解散については，労組法に定めがあり，組合規約で定めた解散事由の発生（労組10条1号），あるいは組合員または構成団体の4分の3以上の多数による総会の決議があった場合（同2号）とされている。後者の4分の3という特別多数決の方式を，組合規約によって緩和することができるか否かは，同号を任意規定と解すれば可能となるが，多数の学説は同号を強行規定と解している。

　解散に伴う組合の残余財産は，法人格を有する労働組合については組合規約で指定した者に帰属するが，規約で権利が帰属すべき者を指定せず，またはその者を指定する方法を定めなかったときは，代表者は，総会の決議を経て，当該法人である労働組合の目的に類似する目的のためにその財産を処分することができる（労組13条の10第1項・2項）。他方，法人格を有しない労働組合については，多数の学説は，解散によって総有関係が終了し，各組合員に残余財産請求権が発生すると主張している。

第**3**章

団体交渉

1 　総　　説

　団体交渉（collective bargaining）とは，本来は，労使間における労働条件の集団的取引のことをいうが，わが国では，「団体交渉権」という権利が法的保障の対象とされているため，その保障の範囲（本章**3**参照）に含まれるものを「団体交渉」と理解しており，かなり限定的な意味において用いられている。すなわち，わが国における法的な意味における団体交渉とは，労働組合の代表者が，使用者または使用者団体の代表者との間において，労働条件もしくは労使関係のルールについて，労働協約の締結その他による合意に達することを目的として行われる交渉をいう，と理解されている。

　わが国の労組法は，その目的として，この意味における団体交渉の促進を第一義的なものとしている（労組 1 条 1 項）。

2 　団体交渉の形態

　わが国における団体交渉の通常の形態は，労働組合の組織形態を反映して，企業別交渉である。これに対して，全国横断的な産業別労働組合が組織されている国々では，産業別の全国交渉あるいは地域交渉が一般の交渉形態である。しかし，わが国でも，毎年の春闘におけるベース・アップの交渉においては，たとえば私鉄あるいは

鉄鋼など産業別の連合体が使用者団体と交渉する方式がとられており，企業別交渉の枠をこえる試みもなされている。その他，このような試みとして次のものがある。

1 共同交渉

　企業別組合とその上部団体が，共同で企業別組合に対応する個々の使用者と交渉する形態である。

2 集団交渉

　産業別組合の指導のもとで，各企業別組合と各企業とが集まって，同一テーブルにおいて交渉する形態である。

3 対角線交渉

　産業別上部団体が，その構成員である企業別組合に対応する各企業と個別に交渉する形態である。

3　団体交渉権の保障とその範囲

1 意　義

　憲法28条は，勤労者に団体交渉権を保障している。これにより，使用者は，①正当な団体交渉の要求それ自体を拒否できない義務，②交渉に際して誠実に対応する義務を負う，と解されている。

　上の権利および義務の法的効果をより具体化すると，第1は，団体交渉に伴ってなされる労働者の行為が，いかなる意味において免責ないし保護されるかという問題になる。まず，①刑事免責の対象となる。したがって，たとえば団体交渉に伴う行為が，形式的に逮捕・監禁罪（刑220条），不退去罪（刑130条）の構成要件に該当する

としても，それがなお正当（労組1条2項）と評価されるかぎり，罰せられることはない。争議団の構成員に対しても，この刑事免責は与えられる。次に，②民事免責の対象となる。したがって，団体交渉に伴って使用者に損害が発生したとしても，それが正当なものと評価されるかぎり，労働者もしくは労働組合は損害賠償責任を免除される。しかし，労組法8条は争議行為にのみ民事免責を与える旨定めているので，団体交渉に伴う行為については，民事免責は与えられないとする考え方も有力である。さらに，③不当労働行為制度における救済の対象となる。したがって，団体交渉を要求したこと，あるいは団体交渉に参加したことを理由とする解雇その他の不利益取扱は，使用者による不当労働行為と評価される（労組7条1号）。

第2に，使用者が団体交渉を拒否し，または誠実に交渉しようとしない場合，労働者もしくは労働組合は，いかなる救済を求めうるかという問題である。これには，行政機関である労働委員会における救済と，司法機関である裁判所における救済とがある。

② 労働委員会における救済

(1) 不当労働行為

使用者が雇用する労働者の代表者と団体交渉をすることを，正当な理由がなくて拒むこと（労組7条2号）は，不当労働行為にあたる。したがって，労働委員会に対して救済を申立てることができる（本編第7章**5**参照）。

(2) あっせん

労働者もしくは労働組合は，労働委員会に団交促進のあっせんや調停を申請することができる（労調12条・18条）。団交拒否をめぐる紛争も，あっせんや調停開始の要件である「労働争議」（労調6条）

にあたると解されている（本編第5章**8**参照）。

③ 裁判所における救済

(1) 損害賠償

正当な理由のない団体交渉の拒否は，憲法28条の保障する団体交渉権を侵害する違法な行為として，民法709条の不法行為における違法性ありと評価される。しかし，それがただちに不法行為を成立せしめるとはいえず，故意・過失，あるいは損害発生の要件等についての判断が必要となる。裁判例では，上部団体との団体交渉を拒否した使用者に対して慰謝料の支払いを命じたものがある（日野車体工業事件＝金沢地判昭51・10・18判時849号121頁）。

(2) 団交応諾の仮処分・地位確認

使用者が団体交渉自体を拒否し，または誠実団交義務を尽していない場合，労働組合は，裁判所に対し，団交応諾の仮処分（給付の訴え）を求めうるか否かが問題となる。この問題に関する理論上の推移は，否定説と肯定説の並行，否定説の優勢を経て，新たな解決策（確認の訴え）の台頭という状況を示している。

(a) 肯定説・否定説　　まず，団交応諾の仮処分を肯定してきた従来の考え方は，使用者は団体交渉に応ずべき公法上の義務とともに，私法上の義務を負うものであり，団体交渉権は具体的な請求権であって，これを被保全権利とする仮処分申請は，その必要性の要件を満たすときは認容されるべきであると主張する。また，履行の強制についても，間接強制が可能であり，「誠実に交渉する」という使用者の給付内容も，特定していないとまではいえないとされる（仮処分を認容した裁判例として，日通商事事件＝東京地決昭47・5・9判時667号14頁）。

これに対して，否定説は，①団体交渉権という私法上の権利を直

接規定している実定法が存在しないこと，②かりにかかる権利を認めても，⓪団体交渉請求権なるものに対応すべき使用者の債務の給付内容を特定することが困難なこと，⑥団体交渉の履行を法律上強制することは望ましくないこと，ⓒ団体交渉の履行を裁判上強制しても，その実効性を確保することが困難なこと，③団体交渉を仮処分で命じてしまうと満足的な解決となり，仮処分の暫定的性格に反すること等を論拠としてあげる（仮処分申請を棄却した裁判例として，新聞之新聞社事件＝東京高決昭50・9・25判時797号143頁）。

(b) **新しい学説**　　上のような形での否定説および肯定説の論拠は出尽した状況になり，裁判例においては，否定説が優勢となって，この問題はひとまず結着するかに思われた。しかしその後，次のようなきわめて有力な理論構成が示されるに至っている。すなわち，この有力説は，結論として，団交拒否に対する団交応諾の仮処分を否定し，地位確認の仮処分を肯定するのであるが，憲法28条に基づき団体交渉請求権を肯定することはできないとしつつ，しかし，同条が団体交渉を求めうる法的地位を私法上設定するものと解し，労働組合は上の地位の確認を求めることが可能と主張する。したがって，この説によると，仮処分の本案は，請求権に基づく給付訴訟ではなく，上の地位の確認訴訟であり，仮処分における被保全権利はかかる地位そのものと解されるわけである。したがって，かかる仮処分には間接強制は認められず，使用者による任意の履行にまつこととなる。そしてこの説に依拠するとみられる裁判例があらわれている（国鉄団交拒否事件＝東京高判昭62・1・27労判505号92頁，同事件＝最3小判平3・4・23労判589号6頁）。

4 　団体交渉の当事者・交渉事項・態様

　団体交渉の当事者・交渉事項および態様は，不当労働行為の問題として論じられる例が多いので，本編第7章**3**で扱うことにする。

5 　労使協議制

　わが国では，団体交渉のほかに労使間の話し合いの制度として一般に労使協議制度が労働協約によって設置される例が多い。しかし，この労使協議制と団体交渉との関係は，必ずしも明確ではなく，①団体交渉と並存させている例，②団体交渉の前段階の手続と位置づけている例，③労使間の意思疎通の機関としている例等がある。③の例は，わが国流の経営参加を図っているものともいえる。

　なお，企業によっては，苦情処理委員会を設け，労働者の日常的な苦情の処理，あるいは労働協約の解釈をめぐる問題等について，労使が自主的に解決する方法が採用されている。

6 　経営参加

　企業の多くは労働者の意見を経営に反映させるためにさまざまな工夫をこらし，各制度を設けている。これらを総称して経営参加と呼んでいる。たとえば，提案制度，ZD（zero defects）運動，QC（quality control）運動，小集団活動等は，労働者の創意と意見を直接取入れようとするものである。また，従業員持株制も，労働者に自らの企業の経営方針や経営状況に関心をもたせるための制度といえる。

ドイツでは，共同決定権法に基づき労働者重役制（労働者が選出した者を監査役会のメンバーとする制度）を設け，さらに，事業所協議会の設置を義務づけること等により経営参加を制度化している。これに対し，わが国では，労使協議制により経営協議会等をおき，団体交渉とは区別した労使コミュニケーションを図り，経営参加の方法としている例が多い。他方，経営事項は本来的には義務的団交事項ではないが，これを団体交渉事項とすることを要求し，これによって経営参加を実現しようとする考え方もある。

第4章

労働協約

1 　総 　説

1 　意 　義

労働協約とは，労働組合と使用者またはその団体との間における，労働条件その他に関する書面による協定をいう（労組14条）。労働協約の内容は，団体交渉において両当事者が合意に達した事柄を協定するものであり，団体交渉の主体その他の枠組みによって規定される。わが国の労働協約の一般的特色として，第1に，企業別協約が支配的であること，第2に，団体的労働関係に関するものにウェイトがおかれており，労働条件に関しては必ずしも統一的，体系的，包括的なものではないこと等が指摘できる。

労働協約は，労働組合と使用者間における団体的合意ないし団体契約（collective agreement）である。しかし，労働協約は個々の労働者の労働契約に効果を発揮することをも本来的な目的としているので，単に協約当事者間の問題にとどまらない法的な問題を発生せしめることとなる。

2 　労働協約の機能

労働協約が果たす機能として，次のことをあげることができる。

(1) 　労働条件の向上・設定機能

労働協約は，団体交渉によって向上させられた労働条件の基準を

設定し，保障する機能を果たす。

(2) ルール形成機能

労働協約は，労使間における合意を基礎とするものであるから，一時的，相対的にではあるが，労使関係における一定のルールを形成し，その安定化をもたらす機能を有している。

(3) 経営参加の制度化機能

労働協約は，人事協議条項あるいは経営協議会設置条項等により，企業運営に対する労働組合の発言権を制度化する機能を有する。

(4) 所得政策の機能

産業別あるいは職業別の全国協約における労働条件，とくに賃金基準は，所得政策ないし経済政策としての機能を担う場合が少なくない。労働組合のナショナル・センターが「社会契約」という政策を積極的に展開するときがその典型である。しかし，企業別協約にはこのような機能は期待しがたい。

③ 労働協約の国家法規制

労働協約に対して，各国において，いかなる法的取扱がなされるかについては，協約当事者間における問題と，労働協約と労働契約の問題に分けて考えることができる。

(1) 協約締結当事者間における法的拘束力

労働協約がその締結当事者である労働組合と使用者の間において，契約としての効力を有するのか，あるいは単なる紳士協定にとどまるのかは，当事者の意思による。たとえばイギリスでは，労働協約を紳士協定として締結するという意識が一般的であり，相手方の協約違反に対して裁判所による救済を求めることはないという態度をとってきた。しかし，もちろん両当事者が契約としての効力を与えることを欲するのであれば，その旨を協約に明記することによって

可能となる（1974・1976年労働組合・労働関係法18条）。

アメリカでは，1949年のタフト・ハートレー法が，使用者と組合との間の契約違反については，連邦地方裁判所に訴えを提起できると定めている（301条）。

これに対し，わが国では，労働協約が契約としての効力を有するか否かを定めた法律上の規定は存在しないが，一般に，これを前提として協約を締結しているとみられ，締結当事者間における協約違反については民法の契約法理に委ねられることになる。

(2) 労働協約と労働契約の関係

ドイツの1918年労働協約法は，労働協約に対して，①組合員の労働契約を直接規律する効力を与え（1条），②非組合員の労働契約に対しても拘束力を発揮しうる道（2条）をひらいた。日本の労組法は，このドイツ型に属する。また，アメリカでは，先述の1947年タフト・ハートレー法301条に基づいて，個々の労働者も労働協約上の権利を，直接使用者に対して求める訴えをなしうると解釈されている。かかる解釈は，アメリカの，適正な交渉単位における選挙で，過半数の労働者の支持を受けた労働組合のみが当該単位の全労働者について，排他的に団体交渉権を取得するという排他的団体交渉制度の背景をぬきにしては，成立しえないものであろう。

これに対して，イギリスでは，労働協約と労働契約の関係について規律する制定法は何ら存在しない。しかし，労働協約上の労働条件に関する条項は，明示もしくは黙示により労働契約に編入されるという法的テクニックにより，実際上は，労働協約が労働契約を規律するのと同一の機能を果たしている。

1 協約当事者

労働協約を締結する資格，すなわち協約能力を有する主体は，労働組合，使用者または使用者団体である（労組14条）。労働組合については，労組法2条の要件を満たす団体でなければならない。支部あるいは分会が協約能力を有するか否かは，それらが独立した組織体としての実態をそなえているか否かによる。

2 協約の方式

労働協約は，書面に作成し，両当事者が署名または記名押印することによって，労組法上の労働協約としての効力を発生させる（労組14条）。この要件は，労働協約が特別の効力（労組16条～18条）を付与されることにかんがみ，その内容を明確化する必要に基づくものである。ただし特定の形式による書面の作成は要求されていない。したがって，協定，覚書，確認書あるいはメモ等の名称が付されていても，上の要件が満たされていれば，労組法上の労働協約と解される。

成立要件に瑕疵ある場合，たとえば労使間の合意が口頭によるにとどまり，書面に作成されていない場合，あるいは両当事者の署名もしくは記名押印がない場合は，もちろん労組法上の労働協約としての効力は発生しない（都南自動車教習所支部事件＝最3小判平13・3・13民集55巻2号395頁）。しかし，合意内容が確認しうるかぎり，協約締結当事者間においては，特別の事情のないかぎり契約としての効力は認められるべきである。ただし，個々の組合員は，代理（民99条以下）あるいは第三者のためにする契約（民537条）として

の要件が満たされていないかぎり，合意内容についての請求を，裁判所にはなしえない。

③ 有効期間

(1) 協約と有効期間の有無

労働協約に有効期間を定めるか否かについては，労組法は，両当事者の自由に委ねている。ただし，協約の有効期間を長くすることは，労使関係の安定に資するというメリットを有するものの，かえって経済的社会的事情の変化に対応しきれず，相手方を不当に拘束する結果にもなりかねない。そこで労組法は，労働協約の期間を定める場合には，3年をこえることができず（労組15条1項），3年をこえる有効期間の定めをした労働協約は，3年の有効期間を定めたものとみなすと定めている（同2項）。他方，期間の定めのない労働協約は，当事者の一方が解約しようとする日の少なくとも90日前に書面により予告することにより，解約することができる（同3項・4項）。

(2) 自動更新条項・自動延長条項

わが国では，無協約状態を回避するために，あらかじめ協約中に自動更新条項あるいは自動延長条項をおく例がみられる。自動更新条項とは，協約の期間満了前に当事者のいずれか一方からの改廃の意思表示のないかぎり，旧協約が継続する旨の定めをいい，自動延長条項とは，新協約が成立するまで暫定的に旧協約の効力が延長される旨の定めをいう。自動延長条項に確定期限がついている場合，本来の有効期間とあわせて3年を超える場合には，労組法15条2項の規定により，3年の有効期間の定めをした労働協約とみなされる。自動延長条項に期間の定めがない場合，延長期間中は，期間の定めのない協約として予告期間をおいて解約できることになる（労組15

条3項後段・4項)。

3　労働協約の内容と効力

1　労働協約の法的性質

　ここでも，協約締結当事者間における場合と，労働協約と労働契約の関係における場合に分けて考えることにしよう。

(1)　協約締結当事者間における法的性質

　両当事者が，書面に作成し，署名または記名押印した労働協約は，わが国では，特別の事情のないかぎり，単なる紳士協定ではなく契約としての効力を与えることが承認されていると解される。したがって，協約の締結当事者がその内容に違反したときは，債務不履行としての責任追及を免れない。民法上は，①履行の強制（民414条），②解除権（民541条・543条），③同時履行の抗弁権（民533条），④損害賠償請求権（民415条）の行使等が認められている。しかし，労働協約という無名契約の性質上，民法上の債務不履行に関する規定の適用については，違反内容に照らして判断されなければならない。たとえば，組合事務所の賃貸借が約束されているときは，その不貸与に対して履行強制を求めることも可能であり，労働組合に平和義務違反があれば使用者による解除権の行使が認められる余地もある。

　また，使用者が約束した賃金を組合員に支払わないときは，労働組合は賃金自体の支払請求はなしえないが，債務不履行に基づく慰謝料の請求（山手モータース事件＝神戸地判昭48・7・19判タ299号387頁）を認められる可能性は残っている。さらに，協約中の労働時間の確認請求を労働組合がなしうる場合もあろう（佐野安船渠事件＝大阪高判昭55・4・24労判343号50頁）。これらが労働協約の債務的効力

の具体例である。

(2) 労働契約との関係における法的性質

個々の組合員が労働協約上の権利を請求しうる法的構成としては，いくつかの方法が考えられる。

(a) **代理的構成**　第1は，労働組合が組合員を代理（民99条以下）して協約を締結したと構成するか，あるいは労働組合が第三者（組合員）のためにした契約（民537条）と構成することができれば，組合員は協約上の権利を直接請求することができる。しかし，現行労組法の協約法制および当事者の意識のもとにおいては，かかる法的構成は一般論としては難点があると解されている。

(b) **「授権」構成**　第2は，法律によって労働協約に対してかかる効力を付与（授権）することである。わが国の労組法16条は，「労働協約に定める労働条件その他の労働者の待遇に関する基準に違反する労働契約の部分は，無効とする。この場合において無効となつた部分は，基準の定めるところによる。労働契約に定がない部分についても，同様とする」と定めており，かかる方法を採用している。

(c) **協約を法規範とみる考え方**　第3は，法律による授権をまつまでもなく，労働協約あるいは労働協約の労働条件を定める部分が法規範としての性格を有していると構成する方法である。このような試みとして，①労働協約を慣習法（法適用3条）として把握する社会自主法説，②部分社会における社会規範としての労働協約が法的確信に基づき妥当しているときは法規範としての性質を有するとする法的確信説，③労使間には法律と同一の効力をもつ規範としての労働協約を設定しうるという白地の慣習法が成立しているとする白地慣習法説が唱えられた。

(d) **協約の法的性質**　従来，労働協約の法的性質というときは，

主として上の第3の問題として論じられてきた。しかし，まず，裁判実務上は，労組法16条が存在するから，第3の問題を論じる意義は乏しく，また，理論上の問題としても，企業別協約を前提とするかぎり，第3の試みは必ずしも万全とはいえない。したがって，さしあたり労働協約の法的性質は，次のように理解しておいて差支えないであろう。すなわち，労働協約は，締結当事者間においては，その全体が契約としての法的性質を有しており，使用者と組合員との関係においては，労働条件に関する基準を定める条項に対して，労組法16条により法たる性質が与えられている，と。換言すると，協約中の労働条件の基準を定める部分は，契約たる性質（締結当事者間）と，法たる性質（組合員との関係）とを併せもっているわけである。

② 規範的効力

(1) 規範的部分

協約中の「労働条件その他の労働者の待遇に関する基準」を定める部分（規範的部分といわれている），具体的には，賃金，退職金，労働時間，休憩，休日，休暇，災害補償，定年制，賞罰，解雇，人事等に関する条項には，労組法16条により，規範的効力が与えられる。次に単純な例で説明してみよう。たとえば大学卒25歳の者の基本給を労働協約で20万円と定めた場合，上に該当する組合員の基本給を労働契約によって17万円としたときは，17万円と定めた労働契約の部分は無効となり（強行的効力），組合員は，協約で定められた20万円を請求できる（直律的効力）ことになる。上のように，規範的効力とは，労組法16条の効力のことを意味しており，強行的効力と直律的効力とから成り立っている。

なお，永尾運送事件＝大阪高判平28・10・26（労判1188号77頁）は，

原審と同様に，労働協約の規範的効力は従業員が当該労働組合に加入していることを前提に，労働契約を外部から規律する特別の効力であるとして，規範的効力について外部規律説を採用した上で，14％賃金減額を内容とする労働協約の脱退組合員に対する規範的効力を否定している。

(2) 有利原則の当否

労働協約より有利な労働契約が締結された場合（上の例でかりに基本給23万円），すなわち，労働契約が労働協約よりも有利な場合，労働契約が優先するという「有利原則」を肯定するか否かが問題となる。ドイツでは，立法（1949年労働協約法）により有利原則が認められている。わが国でも，一般的に有利原則を肯定する考え方，また相当な合理的理由の存在を要件としてこれを承認する考え方がある。しかし，わが国では企業別協約が支配的であり，労働協約の基準は労働条件の最低基準ではなく標準を定めるものである等の理由により，有利原則を否定する見解が多数である。しかし，この問題は，協約締結当事者たちの意思解釈に委ねるべきであろう。

③ 債務的効力

前述したように，協約締結当事者間において，労働協約が契約としての効力を認められるときは，債権債務の関係を設定することになり，債務的効力とはかかる意味における効力をいう。ただし，従来は，債務的効力は協約の債務的部分に認められるとされ，その債務的部分とは，労働組合が権利・義務の主体となりうる条項と説明するものが多かった。しかし，債務的効力は，協約中の規範的部分についても認められるのであるから，用語法について混乱が生じないよう留意すべきである。

以下，労働組合自身が権利・義務の主体となることを予定する協

約中の条項について取り上げる。

(1) 平和義務

(a) **相対的平和義務と絶対的平和義務**　平和義務とは，通常，労働協約の当事者が協約有効期間中，協約に定められた労働条件その他の事項の変更や廃止を求めて争議行為を行わないという不作為の義務，およびその統制のもとにある組合員らにかかる争議行為を行わせないよう働きかけるという作為義務をいう。したがって，協約に定めのない事項について争議行為を行うこと自体は自由であり，ここでいう平和義務とは相対的平和義務であって，協約の有効期間中いっさいの争議行為を行わないという絶対的平和義務を意味するものではない。

上の相対的平和義務が発生する法的根拠として，伝統的な考え方は，労働協約に本質的に内在するものとしている。しかし，最近では，両当事者の合意に平和義務の法的根拠を求める考え方も主張されている。もっとも合意説による場合でも，協約中にかかる義務を明示する例は稀であり，黙示の合意がなされていると解することになるから，2つの考え方に大きなちがいが生じるわけではない。

(b) **平和義務違反の効果**　労働組合が平和義務に違反したときは，まず労働組合は，損害賠償責任を負う。賠償責任の範囲については，これを慰謝料にとどめるべきとする考え方もあるが，一般には，「債務の不履行によって通常生ずべき損害」と解されている（民416条）。次に，平和義務違反の争議行為に対して，使用者による争議差止の仮処分申請が認容されるか否かが問題になる。被保全権利としての差止請求権を否定した裁判例（日本信託銀行事件＝東京地決昭35・6・15判時230号9頁）もあるが，オーソドックスな考え方としては，仮処分の必要性のレベルで認容の可否を判断することになろう（ノースウエスト・エアラインズ・インコーポレイテッド航空事件＝

東京高決昭48・12・27労判193号24頁）。

　平和義務違反に対しては，さらにその参加者に懲戒処分が可能か否かが問題となる。平和義務は，労働組合が負担するものであり，その義務違反自体を理由として争議行為参加者に懲戒処分を行うことはできない（弘南バス事件＝最3小判昭43・12・24民集22巻13号3194頁）。しかし，平和義務は，労使関係のルールを設定し，それを安定化させるという労働協約の機能を法的に担保する重要な義務であり，その違反は争議行為の正当性の判断に影響を及ぼし，場合によってはかかる争議行為は正当性を失うと評価される余地があり，その点で懲戒処分が許容される場合が生じる。

　　(c)　絶対的平和義務　　絶対的平和義務については，その内容からいって，協約中にその旨の明示の規定がなされる必要がある。ただし，かりにかかる合意が協定されたとしても，これを有効とみるか無効とみるかについては，憲法上の争議権の保障規定との関係で，見解は対立している。

(2)　平和条項・争議条項

　平和条項とは，たとえば「労働委員会のあっせんまたは調停によって紛争が解決しない場合にのみ，争議行為に訴えることができる」旨の協約中の条項等をいう。このように，平和条項は，労使間の紛争をまず平和的手段によって解決しようとする目的を有する。次に，争議条項とは，争議行為に際して，遵守すべき事項を定める条項をいう。具体的には，争議行為予告条項，企業施設保全条項，争議行為不参加者条項，スキャップ禁止条項等がある。

　平和条項や争議条項違反の争議行為に伴って発生する責任については，平和義務の場合に準じて考えればよい。

(3)　組合活動条項

　わが国の労働協約では，組合活動条項の占める比重はきわめて大

きい。具体的には，就業時間中の組合活動，組合事務所，組合掲示板，在籍専従制度，チェック・オフ（第2編第4章**3**③参照）等に関する条項がある。これらは主として，労働組合が契約に基づく債権としての主張をなしうるものである。したがって，たとえば労働協約が消滅すれば，組合事務所の貸与という債権も消滅する（三菱重工長崎造船所事件＝福岡高判昭59・9・18労判440号71頁）ことになる。ただし，このような便宜供与の一方的な廃止は，事情によっては，労働委員会における不当労働行為（支配介入）としての救済の対象になりうる場合がある。

(4) 解雇（人事）協議条項

使用者の人事権の行使に対して，労働組合は，協約によって一定の制約をおこうとする。解雇や配転等の基準を明確に定めている条項については，規範的効力を認めてよい。しかし，組合員の解雇あるいは配転については組合と協議する旨の規定には，債務的効力しか認められないから，協約違反を理由として組合員の解雇や配転を無効とするのはむずかしいであろう。ただし，かかる手続違反の解雇や配転は権利濫用あるいは信義則違反にあたり無効と解される。もっとも，使用者が一定の協議を尽せば，労働組合が反対していても，義務違反と評価されることはない。

4 協約自治の限界

(1) 協約の規範的効力と内在的限界

労働協約は，労働者の団体的な意思を背景にして，個別交渉によるよりも有利な条件を設定し，個々の労働者がそれを享受するという意義を果たすものである。この前提を欠くときは，協約に規範的効力が承認されるはずがない。しかし，団体交渉はバーゲンであるから，場合によっては個々の労働者にとって不利な内容が協定され

ることもありうる。このような場合，労働協約が労働契約に対して自動的に効力を及ぼすものではなく，何らかの制約法理が働く余地がある。これが協約自治の限界として論じられている問題である。

(2) 協約による不利益変更

　原則として，個々の労働者に不利益となる協約条項に対しても規範的効力が認められるべきである。この点裁判例が，改定労働協約がきわめて不合理であるとか特定の労働者を不利益に取り扱うことを意図している等特段の事情のないかぎり，労働条件を切り下げる労働協約も有効としているのが注目される（日本トラック事件＝名古屋高判昭60・11・27労判476号92頁，朝日火災海上保険事件＝最 1 小判平 9・3・27労判713号27頁）。これに対して，希望退職に応じなかった56歳以上の従業員の基本給を30％減額する協約の効力に関連して，労働協約は，就業規則と異なり労働組合との間で交渉・妥結した結果であるから，原則として規範的効力を有すると解すべきであるが，その内容が特定の者に著しい不利益を与え，これを甘受させることが内容的にも手続的にも著しく不合理である場合には，規範的効力を否定されることになる（鞆鉄道事件＝広島高判平16・4・15労判879号82頁）。しかし例外的に，個々の労働者の授権が要件となるものがあると解される。とくに個々の労働者に既得権あるいは期待権が発生している場合にそのことがあてはまるであろう。裁判例では，定年制を適用しない扱いとなっていた者につき，定年年齢を超していることから 1 年後に新たな定年制を適用するとした協定の効力を否定した北港タクシー事件（大阪地判昭55・12・19労判356号 9 頁）がある。

(3) 政治活動禁止条項等

　企業内における政治活動を禁止する条項，あるいは協約締結組合の承認のない政治活動を禁止する条項が，個々の組合員にいかなる

効力を有するかも問題となる。裁判例（日本パルプ工業事件＝広島高松江支判昭52・4・27労判278号35頁）には，かかる条項に規範的効力を与え，同条項違反に対する譴責処分を有効としたものがある。しかしこのような理解については，協約の効力論としても問題があり，また協約によって政治的活動を禁止しうるかという問題も生じる。

4　労働協約の拡張適用

①　意　　義

　労働協約の規範的効力は，本来，締結組合の組合員に及ぶものであって，非組合員に及ぶものではない。もちろん，労働協約が，組合員以外の者の労働条件に影響を与えることは否定しえないが，これは就業規則を通じてのもの（労基92条参照）か，あるいは事実上のものにすぎない。組合員以外の者の労働契約に対して労働協約が効力を及ぼすためには，その旨の法律上の規定が必要である。わが国の労組法は，一定の要件のもとで，事業場単位（労組17条）および地域単位（労組18条）における労働協約の拡張適用（一般的拘束力）を認めている。その立法趣旨として，企業内における同一労働・同一賃金の実現，非組合員の労働条件の保護，使用者の不当競争の排除等があげられている。

②　事業場単位の一般的拘束力

　事業場単位の一般的拘束力とは，1つの工場事業場に，常時使用される同種の労働者の4分の3以上の数の労働者が，1つの労働協約の適用を受けるに至ったときは，当該工場事業場に使用される他の同種の労働者に関しても，当該労働協約が適用されることをいう。「同種の労働者」かどうかは，労働協約の適用される範囲によって

決定される。使用者の利益代表者（労組 2 条ただし書 1 号）も，「同種の労働者」に含まれない。

　臨時工やパートタイマーは，この規定の適用を受ける「同種の労働者」には該当しないと解されている。次に，拡張適用される協約中の条項は，規範的部分にかぎられる。なお，一般的拘束力制度による非組合員の労働条件の不利益変更の効力に関して，最高裁は，労働協約によって特定の未組織の労働者にもたらされる不利益の程度・内容，労働協約が締結されるに至った経緯，労働者の労働組合資格の有無等に照らし，労働協約を特定の未組織労働者に適用することが著しく不合理であると認められる特段の事情があるときは，労働協約の規範的効力を労働者に及ぼすことはできないとしている（朝日火災海上保険事件＝最 3 小判平 8・3・26民集50巻 4 号1008頁）。ただし，他組合に所属する組合員に対して，一般的拘束力を及ぼすことができるかどうかである。裁判例は，肯定するものもあるが（福井放送事件＝福井地判昭46・3・26労民集22巻 2 号355頁），この場合に拡張適用を肯定すれば，少数派組合の自主性が大きく阻害されることになり，否定説が妥当であろう（否定説に立つ裁判例として，桂川精螺製作所事件＝東京地判昭44・7・19判時579号84頁）。

③　地域的一般的拘束力

　地域単位における一般的拘束力とは，1 つの地域において従業する同種の労働者の大部分が，1 つの労働協約の適用を受けるに至ったとき，当該地域の他の同種の労働者および使用者に対して，当該労働協約の効力が拡張適用されることをいう。拡張適用の手続については，協約当事者の双方または一方の申立てに基づき，労働委員会の決議により，厚生労働大臣または都道府県知事が決定する（労組18条 1 項）。また，労働委員会は，拡張すべき労働協約の修正権を

与えられている（同2項）。

5 労働協約の終了と労働契約

① 労働協約の終了原因

労働協約の終了原因として，期間の満了，解約，解除，当事者の消滅の4つの場合がある。

(1) 期間満了

労働協約に有効期間を定めたときは，自動更新条項あるいは自動延長条項がおかれていないかぎり，協約は期間の満了により当然に終了することになる。なお，自動延長条項とは，協約の期間が満了してもただちに協約を失効させずに新たな協約の締結まで，あるいは一定期間旧協約の効力を維持させる旨の条項をいい，自動更新条項とは協約の期間満了前に，当事者の一方から協約改廃について意思表示がない場合には，協約の期間満了とともに当該協約を自動的に更新させる旨の条項をいう。

(2) 解 約

期間の定めのない協約および自動延長中の協約は，少なくとも90日前の一方当事者からの書面による予告によって解約できる（労組15条3項・4項）。この点，他の条項とギブ・アンド・テイクの関係にある条項については一部解約は認められないが，そうでない場合はできるとして，協約の一部（時短協定部分）の解約を認めた裁判例がある（ソニー事件＝東京地決平6・3・29労判655号49頁）。たとえ期間の定めのある協約であっても，両当事者による合意解約はできる。なお，協約違反あるいは事情変更を理由とする解除は，理論上はこれをなしうることを否定しえないが，相当厳格な要件が必要であろう。

(3) 協約当事者の消滅

協約当事者の消滅によって，協約が失効する場合がある。労働組合の解散，会社解散後の清算手続の終了によって，協約が消滅することについては，問題はない。労働組合および会社の組織変更の場合は，その組織に同一性が認められるかぎり，協約は存続する。第三者への営業譲渡の場合には，協約を承継するときにはその旨の特約が必要となる。なお，会社合併の場合には，吸収会社に協約は承継される（労働契約承継法に関わる会社分割の場合の労働協約の取扱については，第2編第3章**5**⑤参照）。

② 労働協約の終了と労働契約

(1) 協約の終了と労働条件に対する影響

労働協約が何らかの理由によって消滅した場合，協約締結当事者間における債務的効力は当然にその発生根拠を失うことになる。問題は，労働協約によって規律されていた個々の労働者の労働条件が，いかなる取扱いを受けるかにある。まず，協約消滅後は，労働契約の内容は就業規則，労基法，民法の雇用契約に関する規定によって規律されるのであり，旧協約の条項は労働契約に何らの影響をも及ぼさない，とする考え方がある。しかし，この考え方は一般的ではない。

(2) 「余後効」の存否

旧協約の労働契約への何らかの影響を認める見解には，いくつかの法的構成がみられる。第1は，協約が消滅後も依然として規範的効力を維持するとするもので，これは文字通り協約の余後効を認めるものである。しかし，かかる構成は，理論的に支持しがたい。第2は，新協約が成立するまで旧協約で定める労働条件を存続させるというのが，労働契約当事者間の意思であるとするものである。し

かし，新協約が成立するまで労働条件が変更できないというのであれば，その点において支持しがたい。第3は，旧協約の効力が労働契約に化体して生きつづけるとするものである（化体説）。第4は，協約消滅後は，労働契約は空白となるが，契約法の原則（たとえば，ノーワーク・ノーペイの原則）等の補充規範が存しないときは，旧協約が補充するとするものである。なお，最高裁は，退職金協定の失効後の退職金の請求に関連して，この問題を「労働契約，就業規則等の合理的な解釈」により解決すべきであるとしつつ，協約の失効により空白となった労働契約部分については就業規則が補充的機能を有するとして就業規則上の基準が適用されるとしている（香港上海銀行事件＝最1小判平元・9・7労判546号6頁，鈴蘭交通事件＝札幌地判平11・8・30労判779号69頁）。

(3) **化体説と外部規律説**

　上記の第3と第4の考え方は，労働協約と労働契約の関係につき，化体説をとるか外部規律説をとるかによって生まれてくるちがいでもある。ただし，いずれの場合でも，新協約の成立，あるいは合理的範囲内における就業規則の変更（第2編第9章**4**参照）によって労働条件を変更しうると解されるので，大きなちがいはないともいえる。なお，協約失効後に，使用者が労働組合の頭越しに個々の組合員と行う個別交渉は，不当労働行為と評価される可能性があろう。

第5章

争議行為

1　争議行為の意義と法的保護

① 争議行為の意義

(1) 争議権の保障

　わが国の憲法は，労働者（勤労者）の団体行動の権利をその基本的権利として保障している（憲28条）。これは，通常，労働者の争議権および組合活動権（本編第6章参照）を保障したものと解されているが，この規定を受けて労組法は，正当な争議行為を行う労働者，労働組合に対する特別の保護を規定している。（労組1条2項・7条・8条）。この特別の保護は，労働者の争議行為が労働者のおかれている地位から必然的に生ずる現象であり，しかも労働者の経済的地位を維持改善するための不可欠の手段であるという観点から認められたものである。

(2) 法的保護を受ける「争議行為」

　問題になるのは，こうした法的保護を享受しうる「争議行為」とは何かである。この点は，労組法8条で民事免責が認められる争議行為とは何か，リボン闘争，順法闘争が争議行為に該当するか等の問題を解決する基準として重要な意味をもつ。学説では，争議行為にかぎらず広く正当な組合活動に法的保護が与えられるのであり，とくに争議行為を定義づける実益がないとする見解も存在するが，多数説は，労調法7条の規定を参考にして，争議行為を労働者の団

結体が団結目的を達成するためにその統一的な意思決定に基づいてなす集団的行為であって業務の正常な運営を阻害するもの，と定義づけてきた。この説に立てば，争議行為は単に労働者の集団的な労務停止（労務提供拒否）につきるものではなく，職場占拠，ピケティング，怠業等労働者が具体的事情に応じてとる種々の業務阻害行為が争議行為として認められるべきことになる。リボン闘争は業務阻害をもたらす場合には争議行為とされることになる。もっとも，それらがただちに正当と評価されるわけではない。なお，大成観光事件＝最 3 小判昭和57・ 4 ・13（民集36巻 4 号659頁）の補足意見で伊藤裁判官は，リボン闘争は，類型として争議行為にあたらないとしている。

(3) 業務阻害と争議通告

　このように業務阻害を争議行為の中心的要素にすえる見解に対して，最近，争議行為の成立要件を労働者の意図的な企図の表明に求め，対内的には争議指令，対外的には使用者への争議意思の宣告＝通告をもって成立するとする見解が主張されている。上記見解によれば，争議行為については実定法上その概念が限定されていないため，争議宣言＝通告によって労働組合が争議手段として行うすべての行為が争議行為とされることになる。その反面，宣言なき集団的行為は組合活動として取り扱われることになる。

　さらに，労務提供拒否とそれを支える補助的手段（ピケティング，ボイコット等）に争議行為を限定する見解もみられる。

② 争議行為に対する法的保護

(1) 刑事上の免責

　争議行為は形式的にみれば，刑法の威力業務妨害罪（刑234条），脅迫罪（刑222条），強要罪（刑223条）等の構成要件に該当する場合

がある。しかし争議行為が正当なものであれば刑法35条が適用され，刑事上の責任を問われない（労組1条2項）。その法律的構成としては，構成要件該当性阻却説と違法性阻却説の2つの考え方がある。前者は，争議行為は争議権という権利を行使するものでありそもそも構成要件に該当しないとするのに対し，後者は，争議行為が惹起する刑法上の違法性を阻却するとする説である。争議権の法的効力が，争議行為によって生じうる責任を免除するいわゆる免責（immunity）にあることを考えると，後者の構成が妥当といえよう。

(2) 民事上の免責

(a) **免責権としての争議権**　使用者は正当な争議行為を理由に労働者に対し解雇その他の不利益処分をなすことができない（労組7条1号）とともに，正当な争議行為から生じた損害について，労働者ならびに労働組合に対して不法行為ならびに債務不履行に基づく損害賠償を請求することができない（労組8条）。こうした規定がなければ，たとえばストライキは，労働者が労働契約上負っている，使用者の指揮命令に従い労務を提供する義務に違反し，労働者の債務不履行を構成し，契約の解除（解雇）あるいは損害賠償の原因となるとともに，ストライキを指令した労働組合は，労働者の契約違反を誘致したものとして不法行為責任を負わなければならない。しかし労組法8条は，正当な争議行為につき上の労働者，労働組合の責任を免除しているのである。その意味で争議権は免責権である。

(b) **切断説と停止説**　わが国においては，伝統的にストライキその他の争議行為によって使用者と労働者との間の労働契約は切断せず，単にストライキ期間中その基本的権利義務が停止しているにすぎないと考えられている。それゆえストライキ終了後，ストライキ参加者につき使用者による再雇用手続は問題にならず，労働者は当然に使用者の被用者（従業員）としての地位を保持することにな

る。

2 争議行為の正当性

　上記で述べた刑事上・民事上の免責が認められるのは，争議行為が正当である場合のみである。そこで争議行為の正当性をどのように判断していくかが重要な問題となる。この点，争議行為の目的および手段・態様の両面から，さらにその主体，手続等の問題をも考慮して個別具体的に判断していこうというのが，学説・判例の一般的立場である。

① 目的の正当性

　労働条件の維持改善その他経済的地位の向上を図るための争議行為が目的の点に関して正当であるという点では，学説・判例上異論はない。労働組合が企業の採算をまったく無視した客観的に実現不可能な過大な経済的要求をかかげて争議行為を行う場合でも，労働組合が当該要件に固執せず，団体交渉のなかで合理的な妥結点を求める意図を有しているのであれば，正当とされる（和光純薬工業事件＝神戸地決昭25・6・8労民集1巻4号505頁）。また特定の経営者の退任を要求する争議行為（大浜炭鉱事件＝最2小判昭24・4・23刑集3巻5号592頁），企業整備の阻止を目的とする争議行為（東京芝浦電気事件＝横浜地判昭24・8・1労裁資7号303頁），経営補助者たる非組合員の解雇の撤回を目的の1つとして掲げる争議行為（高知新聞事件＝最3小判昭35・4・26民集14巻6号1004頁）等，いわゆる経営干渉的な争議行為も，それが組合員の労働条件の維持改善を図るための必要な手段として行われる場合には，一般に正当性を失わない。なお，ユ・シ協定が締結されていない場合に，組合が上記協定の締結を要

求して争議行為を行うことは正当であるが，たんに特定の従業員を企業から排除することのみを目的とする争議行為は正当とされない（杉田屋印刷事件＝東京地判昭30・6・30判時59号26頁）。

争議行為の目的の正当性に関して理論上大きな争点となっているのは，政治ストと同情ストである。

(1) 政治スト

労働組合が政治的な要求を掲げて国あるいは地方公共団体に対して行うストライキを政治ストという。政治ストについては，学説上，①労使の団体交渉によって解決しえないことを目的とするものであり違法とする説，②政治と経済が密接に結びついている現在の社会体制のもとで争議行為の目的を団体交渉によって解決しうる事柄のみに限定することは争議権保障の趣旨に反するとして，政治ストであっても労働者の経済的地位の向上に直接かかわる政治的要求を掲げる，いわゆる経済的政治ストは正当とする説，③同じく政治的抗議の意味をもつ短期の政治的デモストは正当であるとする説等が対立している。しかし労働者の経済的地位の向上に直接かかわらない政治的要求を掲げる，いわゆる純粋政治ストが，刑事・民事の免責を失うという点では学説はほぼ一致している。

もっとも，純粋政治ストが刑事免責を失うといっても，それがただちに犯罪を構成したり処罰の対象になることを意味するわけではない。純粋政治ストが憲法28条における争議行為としての正当性を欠いても，なお21条の表現の自由による保障を受け，社会的に相当な行為として可罰的違法性が存在しない場合がありうるからである。同様にそれが正当防衛（刑36条），緊急避難（刑37条）に該当するときも，処罰されない。なお裁判例では，政治ストを刑事上も民事上も正当ではないとするものがほとんどである（刑事責任について全農林警職法事件＝最大判昭48・4・25刑集27巻4号547頁，民事責任について，

三菱重工業事件＝最2小判平4・9・25労判618号14頁）。

(2) 同情スト

　ある企業で労働争議が発生している場合に，他の企業の労働者で組織されている労働組合が当該争議を支援して行うストライキを通常，同情ストという。同情ストについても，学説上，①労働者の階級的連帯性の存在を根拠に同情スト一般を合法とする説，②支援者と被支援者との間に労働条件ないし経済的利害につき実質的関連性が存在する場合に，当該同情ストを正当とする説，③使用者として事実上あるいは法律上処分しえない事項を目的とするストライキは違法であるとの立場から同情ストを違法とする説等が対立している。企業別組合が圧倒的多数を占めるわが国では同情ストが問題になるケースはほとんどないが，これに関する唯一の裁判例は，同情ストを争議権の濫用にあたり違法であるとして，同情ストを行った組合に対する使用者からの損害賠償請求を認めている（三井鉱山杵島炭鉱事件＝東京地判昭50・10・21判時794号12頁）。

2 争議行為の手段・態様

　労働組合が採用する争議行為の態様はきわめて多様である。以下に主要なものを取上げて，その正当性判断についての基準を述べる。

(1) ストライキ（同盟罷業）

　ストライキは，労働者が集団的に労務の提供を拒否する争議行為の形態であり，その正当性は疑われていない。組合員のうち特定の職場あるいは職種の組合員のみが組合の指令により就労を拒否する，いわゆる部分ストもそれ自体は正当な争議行為である。部分ストのもっとも極端なものとして，職場における特定の組合員，ときには1人の組合員のみを指名してその者に業務を放棄させる指名ストがある。指名ストも，労働条件の維持改善もしくは労使間の労働関係

上の紛争を解決する目的で行われる場合には，正当な争議行為である（日本化薬厚狭作業所事件＝広島高判昭34・5・30労民集10巻3号531頁）。出張・外勤拒否，時限スト等も正当である。なお最高裁は，労働者が本来なすべきであった出張・外勤を拒否して内勤しても賃金請求権は発生しないとしている（水道機工事件＝最1小判昭60・3・7労判449号49頁）。

(2) **怠業**（スローダウン）

　労働者が集団的に共同で作業能率を低下させる争議行為を怠業という。学説・裁判例は，作業能率を低下させるだけの怠業も正当な争議行為であるとする（日本化薬厚狭作業所事件＝山口地判昭30・10・13労民集6巻6号916頁）。しかし怠業を無通告で行うときは違法である，との裁判例もある（日本テキサス・インスツルメンツ事件＝浦和地判昭49・12・6労民集25巻6号552頁）。機械，製品，原料等の積極的な破壊，毀損あるいは故意に不良品の生産を行う積極的サボタージュは違法である。

(3) **職場占拠，車・キー確保戦術，生産管理**

　(a) **職場占拠**　　労働者が集団的に労務の提供を拒否したあと職場内に滞留したり，企業施設を占拠することも，わが国ではしばしば行われる争議戦術である。こうした争議行為は，使用者の企業施設に対する管理権を侵害し，ときには非組合員や管理職による操業の継続を妨害することになるため，学説上その正当性については争いがある。この点，多くの裁判例は，職場の占拠が部分的なものにとどまり，組合員以外の者の構内への立入り・就業を妨害するものでない場合には当該争議行為を正当とし（群馬中央バス事件＝前橋地判昭29・8・3労民集5巻4号369頁），争議行為が会社の主要な施設を長期間全面的に占有し管理職を含む他の従業員の立入りを排除するような場合は，違法としている（田原製作所事件＝東京地決昭34・

8・10判時195号11頁)。

(b) **車・キー確保戦術**　　タクシー，バス会社等の争議行為に際して，労働者側が自動車検査証，エンジンキーを持出したり車輪を取りはずしたりしてそれを自己の管理下におくといった争議手段がとられることがある。最高裁は，バス会社のストライキに際し組合員らが多数人による暴力を伴う威力を用いて回送中または路上に駐車中の会社のバスを奪って組合側の支配下におき，あるいは多数の威力を示して取引先の整備工場等に預託中の会社のバスを搬出しようとして建造物に侵入した行為は，諸般の事情に照らし法秩序全体の見地からみるとき，威力業務妨害罪または建造物侵入罪の違法性に欠けるところはない，としている（山陽電気軌道事件＝最2小決昭53・11・15刑集32巻8号1855頁）。

(c) **生産管理**　　労働者が使用者の意に反してその工場，施設，資材等を自己の手中におさめ，使用者にかわって自ら企業経営を行う争議行為を生産管理という。生産管理については今日，「企業経営の権能を権利者の意思を排除して非権利者が行う」もので違法として，その正当性は一般的に否定されている（山田鋼業事件＝最大判昭25・11・15刑集4巻11号2257頁）。

(4) **ピケッティング**

　ピケッティングとは，争議行為の参加者が争議行為の実効性を確保するために組合員や第三者（非組合員，使用者，使用者の取引先，顧客）を見張り，争議を妨げる就労・取引をしないように説得し働きかける行為をいう。それは，通常，使用者によるスト破り，製品の出荷・資材の搬入阻止さらにはストライキ参加者の脱落防止等，ストライキを補強するためにストライキに付随して行われる。その態様も，言論による説得からスクラム，座りこみ，有形力の行使等種々の形でなされうる。

問題は，いかなる程度，態様のピケッティングが正当とされるかである。この点につき最高裁は，組合のストライキ実施中にストライキから脱退して生産業務に従事した者に対して組合が「口頭又は文書による平和的説得の方法で就業中止を要求し得ることはいうまでもな」く，また，「これらの者に対して暴行，脅迫もしくは威力をもって就業を中止させることは，一般的には違法である」としながら，他方就業を中止させる行為が違法と認められるかどうかについては，「諸般の情況を考慮して慎重に判断されなければならない」として弾力的な判断基準を採用している（三友炭鉱事件＝最3小判昭31・12・11刑集10巻12号1605頁。なお出荷阻止について羽幌炭鉱事件＝最大判昭33・5・28刑集12巻8号1694頁）。上記の諸般の事情とは，争議が行われるに至った経緯，争議行為に対する使用者側の具体的対応，ピケッティングの対象・相手方等をいう。とくにピケッティングの相手方いかんによってその正当性の範囲が異なることは一般的に認められている。すなわちスト脱落者，スト破り労働者に対しては暴力に至らないある程度の有形力の行使は正当とされることもあるが，使用者や純然たる第三者に対するピケッティングは特別の事情のないかぎり言論の自由の行使としての平和的説得の範囲にとどまる場合にのみ正当とされることになる。

(5) 山猫スト

労働組合全体の意思を無視して一部の組合員集団または組合の下部組織が行う労務提供拒否を山猫ストという。山猫ストについては，組合の内部規律違反の問題を生ずるだけでストライキ自体は民事上も刑事上も正当とする説と，争議行為の主体は団体交渉の当事者たる資格をもつものでなければならず，かかる資格を欠く一部組合員集団によるストライキは違法とする説が対立している。多くの裁判例は後者の立場をとる（日本製鉄事件＝福岡地小倉支判昭25・5・16労

民集1巻3号301頁，川崎重工業事件＝大阪高判昭38・2・18労民集14巻1号46頁）。ただし独自の組合規約をもち独自の意思決定機関，執行機関を有する組合の下部組織が組合の意思に反して行う争議行為は，対使用者との関係においては，正当な争議行為と認められる（非公認スト）。

(6) 団交を尽さない争議行為（「抜打的」争議行為）

争議行為は，通常，労使の団体交渉が行き詰まった段階でそれを打開するために行われるものである。しかし，ときには団体交渉を十分尽さないで行われることもある。こうした争議行為は使用者に予期しえない損害を与える危険があり争議権の濫用となる契機を含むことは否定しえない。しかしわが国では，争議行為は団体交渉のあとでいわば最後の手段として行われるべきであるとの法原則が確立しているわけではない。裁判例は，労働組合の団体交渉申入れおよび要求事項について，使用者がまだ回答していない間に行われた争議行為を違法とするものもある（富士文化工業事件＝浦和地判昭35・3・30労民集11巻2号280頁）。これに対し，団交によって組合の要求が認められる客観的状況にはなかったとの認定のもとで，十分に団交を尽さない争議行為も正当性を失わないとするものもある（布施交通事件＝大阪地判昭33・7・17労民集9巻4号492頁）。

(7) 予告を欠く争議行為

労働組合が争議行為に入る際，その旨の予告をしなかった場合，当該争議行為が違法となるか否かについて裁判例は対立している。多くは，争議の予告について労働協約に規定がなく，あるいは慣行がない場合は，たんに使用者に対し事前通告をしなかっただけで争議行為が違法となるわけではないとし（前掲日本化薬厚狭作業所事件），また争議予告の協約あるいは慣行があるにもかかわらず予告をしないでなされた争議行為もそれだけではただちに違法とはいえないと

する（日本食塩製造事件＝横浜地決昭39・4・27労民集15巻2号393頁）。しかし組合は遅くともスト実施と同時にその旨の通告を使用者に行う義務を負うとするもの（日本航空事件＝東京地判昭44・9・29判時577号28頁）もある。

3 争議行為と賃金

1 スト不参加者の賃金

労務と賃金との存続上の牽連関係あるいは賃金は労務がなされたことを停止条件として発生するといった理由により，ストライキに参加した労働者には，原則として賃金請求権は発生しない。この点は学説・判例上異論はない。問題となるのは，部分ストあるいは一部ストが行われた場合である。このような場合，使用者は部分ストあるいは一部ストに参加しない組合員，その他の従業員に対し賃金の支払いを拒否しうるであろうか。

(1) 部分スト不参加組合員の賃金

部分ストによって就労不能となった組合員の賃金請求権を否定する説は，部分ストによる不就労は，スト参加者とスト不参加者の間の組織的連帯関係からして使用者（債権者）の責に帰すべき履行不能とはいえないことを論拠とする（民536条）。これに対し肯定説は，部分スト参加者の賃金請求権を否定することは部分ストという争議戦術を労働者から奪うことになり妥当ではなく，スト不参加者の賃金支払義務を免れるためには，使用者はロックアウトを行うべきであると主張する。また，ある学説は，労働者が自己の労働力を使用者の処分可能な状態においた以上は，労働契約上の義務は履行されたものとみるべきであって，使用者は当然に上の労働者に対する賃金支払義務を負うともいう。これに対して最高裁は，労働者の一部

によるストライキが原因でストライキ不参加者の労働義務の履行が不能となった場合，使用者の不当労働行為の意思など特段の事情のないかぎり，上記ストライキは民法536条２項の「債権者ノ責ニ帰スヘキ事由」（現在「債権者の責めに帰すべき事由」）には該当せず，当該不参加労働者は賃金請求権を失うとしている（ノースウエスト航空事件＝最２小判昭62・７・17民集41巻５号1350頁）。

(2) **一部スト**

　従業員の一部が組織する組合のストライキによって他の労働者（スト組合以外の組合員，非組合員）の就労が無意味となる場合，これらの者の賃金請求権についても(1)で述べたと同様の問題が生じる。学説は，これらの者の就労不能を使用者に帰責事由なしとしてその賃金請求権を否定する説，逆にストライキ労働者と組織的連帯関係のないこれらの者の就労不能は使用者に帰責事由ありとして賃金請求権を肯定する説が対立している。裁判例は，上のケースにつき使用者に帰責事由なしとしてその賃金請求権を否定している（明星電気事件＝前橋地判昭38・11・14判時355号71頁）。なおこの裁判例も，労基法26条の休業手当は肯定している。しかし，最高裁（ノースウエスト航空事件＝最２小判昭62・７・17民集41巻５号1283頁），および行政解釈はむしろ否定的である。

② 賃金カットの範囲

(1) **賃金二分説の考え方**

　ストライキに参加した労働者がその限度において賃金請求権を失うことは前述した。問題は，この場合に通常支払われるすべての賃金が対象となるのか，家族手当，住宅手当等，一定の賃金項目については賃金カットの対象とはしえないのかどうかである。この点，従来，賃金は日々の具体的な労働に対応する交換的賃金と必ずしも

具体的な労働には対応せず，いわば従業員たる地位に基づいて支払われる保障的賃金（家族手当など）からなっており，後者は，ストライキの場合も賃金カットの対象とならないとの説が有力に主張されていた（賃金二分説）。

(2) 賃金カットの範囲と労使の合意

賃金カットの範囲の問題を含めて，賃金に関する事項は強行法規，公序良俗に反しないかぎり労働協約，就業規則等によって当事者で自由に定めうるのであり，いわゆる保障的賃金をも含めて賃金カットの対象とする旨の協約，就業規則がある場合に，それをとくに違法とすることはできないと考えられる。かつて最高裁も，賃金二分説の影響を受けた考え方を示していた（明治生命事件＝最2小判昭40・2・5民集19巻1号52頁）が，賃金二分説に対する批判の影響を受けてか，下級審でも家族手当，住宅手当をカットの対象とする旨の就業規則の定めに基づく賃金カットを有効とするものが登場し（シェル石油・シェル化学事件＝東京地判昭54・10・12労判329号22頁），最高裁も，慣行に基づく家族手当のカットを認める判断を示している（三菱重工長崎造船所事件＝最2小判昭56・9・18民集35巻6号1028頁）。判例はストライキによる賃金カットの範囲は，労使の合意ないし契約の解釈によって決せられるという立場に統一されているといえる。

4 違法な争議行為と責任

違法な争議行為が行われた場合の使用者による責任追及の方法としては，損害賠償請求のほかに組合幹部ないし争議参加組合員に対する解雇・懲戒処分が問題となる。

① 損害賠償責任

(1) 学　説

　争議行為が正当でない場合，労働者・労働組合は労組法8条による免責を失い，使用者に対し損害賠償の責任を負う。しかし違法な争議行為に参加した個々の組合員が使用者に対し損害賠償の責任を負うか否かについて学説は対立している。第1説は，争議行為の本質は組織化された団体性にあり，違法な争議行為が労働組合の正規の意思決定機関の決定を経て行われた以上は，それは労働組合の行為として評価され労働組合のみが不法行為責任を負い，組合の集団的行為の構成部分にすぎない組合員個人は責任を負わないとする（組合単独責任説，個人責任否定説）。これに対し第2説は，争議行為は労働組合の行為であるとともに個々の組合員の行為であり，違法な争議行為については労働組合の不法行為に基づく損害賠償責任と個々の組合員の不法行為または債務不履行に基づく損害賠償責任とが不真正連帯債務の関係にたつ，とする。しかし第2説に立つ学説も，組合員個人の責任を労働組合の責任に対して第2次的なものとするものが多い。他方，労働組合が不法行為による損害賠償責任を負うことについてはほとんど異論はないが，その法的根拠については，民法44条1項（改正により現在は削除）を根拠とする説（みすず豆腐事件＝長野地判昭42・3・28判時480号11頁），民法715条の使用者責任を根拠とする説，あるいは民法709条により労働組合自身が不法行為責任を負うとする説（前掲三井鉱山杵島炭鉱事件），等の対立がある。

(2) 損害額の範囲

　損害額の範囲についても，違法な争議行為によって生じた全損害を賠償するのか，あるいは個々人の債務不履行と因果関係のある範囲にとどまるのかが問題となる。ただし，損害額の具体的算定ある

いは違法な争議行為と損害発生の因果関係の立証が容易でないこともあって，違法な争議行為につき損害賠償を請求するケースはそれほど多くはない。なお，下級審の裁判例では，ピケッティングを伴ったストライキによって書籍の販売を妨害された書籍・雑誌の販売会社が，組合および組合員，組合役員，さらにそのストライキ支援の第三者の労働者に対して損害賠償を請求したケースで，ピケが違法であったとして，組合は民法44条1項（現在は一般社団法人及び一般財団法人に関する法律78条）の類推適用により，また組合員は民法719条1項の共同不法行為に基づいて損害賠償責任を免れず，さらに上記ピケに参加した支援者も共同不法行為に基づき損害賠償責任を免れないとしたうえ，会社の被った約1億円余の損害賠償を命じるものがある（書泉事件＝東京地判平4・5・6労判625号44頁）。

② 懲戒責任ないし幹部責任

(1) 違法争議と懲戒責任

違法な争議行為が行われた場合に通常行われるのが組合幹部ないし組合員に対し就業規則の懲戒規定を適用して懲戒責任を問うという方法である。これに対し学説上は，懲戒責任は平常時の労使関係を前提とするものであって，指揮命令権が排除されている争議中の行為についてそれを問うことは許されないとの批判も強い。しかし学説・裁判例の多くは，違法な争議行為は労組法上の保護を受けず，就業規則の懲戒規定に該当する行為があれば当然その責任は追及されるものであり，争議中でも労働関係が存続している以上守られるべき一定の企業秩序が存在するとして上記責任を肯定している。

(2) 組合幹部としての責任の存否

問題になるのは，違法な争議行為が行われた場合，組合幹部について幹部であることを理由として一般組合員と異なった責任を問い

うるかどうかである。肯定説は，組合幹部が違法な争議行為を自ら指令，指導したこと，あるいは違法争議行為がなされていることを知りながらそれを阻止するために適切な措置をとらなかったことに基づいてその責任を問いうるとし，否定説は，違法な争議行為といえども労働組合の正規の意思決定を経て行われた場合には，組合のみが責任を負うべきであって職務上その争議を指導する地位にあった組合幹部が責任を負うべき根拠に乏しいとする。

　しかし違法な争議行為が行われていることを知りながらあえて制止しなかった組合幹部の責任をすべて否定することは困難である。もっとも個々の組合員が組合幹部の指導によらずになした違法行為についてまで組合幹部が責任を負うことはない。また，組合幹部に対する懲戒の程度が妥当かどうかは個別具体的に判断され，妥当な限度を超える差別的な懲戒処分・懲戒解雇は不当労働行為を構成することになろう。

5 争議行為と第三者

① 労働組合と第三者

　労働組合の正当な争議行為によって使用者以外の第三者が損害を蒙っても，第三者が労働組合に対して損害賠償の請求をなしえないことは学説・判例の一般に承認するところである（東京急行電鉄事件＝横浜地判昭47・8・16判タ286号274頁）。これに対し違法な争議行為の場合の責任については，学説・裁判例上対立がある。ある裁判例は，争議行為は企業の内部問題であるから，争議行為が正当か否かにかかわりなく，第三者に対しては使用者のみが責任を負い，違法な争議行為により第三者に対して損害賠償を支払った使用者は，労働者・労働組合に対して求償しうるとしている（王子製紙苫小牧工場

事件＝札幌地室蘭支判昭43・2・29判時522号6頁）。

　これに対しては，違法な争議行為が企業内部で行われたとしても，そのことのゆえに違法性がなくなるわけではないとして，第三者に対する労働組合・組合員の責任を肯定する見解も有力である。

② 使用者と第三者

　争議行為により使用者が期日までに契約の履行ができず，契約の相手方に損害を与えたような場合，使用者は契約の相手方に対して契約不履行に伴う責任を負わなければならないであろうか。この問題については，労働者の争議行為が使用者の責に帰すことのできない事由（典型的には不可抗力）と考えられるか否かによって異なる結論が導き出されることになる。わが国では，争議行為は，通常は，労働条件の取引をめぐって発生する労使の内部問題であって当然には不可抗力とはいえないこと，労働者の違法争議行為が使用者の業務に従事する形で行われているときは，その行為を使用者の履行補助者の行為とみることができること等の理由により，使用者は争議免責約款を取引先と締結していないかぎり，争議行為による債務不履行の責任を免れないとの説が多数を占めている。

　しかし争議行為に対して使用者は干渉できないことを理由に，使用者が責任を引き受ける等の約定が存在する場合を除いて，使用者の免責を肯定する説も有力である。

6　ロックアウト

① ロックアウトの意義

　工場事業場を閉鎖して労働者が提供する労務の受領を拒否するロックアウトは，使用者の行いうる唯一の実効的な争議対抗行為で

ある。労働者の労務の提供を拒否する方法としては労働者を集団的に解雇する方法もあるが、わが国ではかかる集団的解雇は不当労働行為として許されない。したがって使用者には労働契約関係を存続させながら労働者を閉め出し、賃金の支払いを拒絶するというロックアウトのみが許されることになる（ただし、行政法人の労働関係17条2項、地公労11条2項参照）。

② ロックアウトの法的根拠

　使用者にロックアウトが認められる法的根拠の説明としては種々の見解がある。多数の学説は、労使の対等、衡平の理念からこの点を根拠づけている。最高裁も、ロックアウトは、個々の具体的な労働争議における労使間の交渉態度、経過、組合側の争議行為の態様、それによって使用者側が受ける打撃の程度等に関する具体的事情に照らし、衡平の見地からみて労働者側の争議行為に対する対抗防衛手段として相当と認められる場合には、使用者の正当な争議行為として是認される、としている（丸島水門製作所事件＝最3小判昭50・4・25民集29巻4号481頁、安威川生コンクリート事件＝最3小判平18・4・18民集60巻4号1548頁）。しかし学説には、憲法28条の趣旨から使用者の争議行為としてロックアウトを認めることは妥当ではなく、使用者の賃金支払義務の存否は、使用者による労務受領拒否が受領遅滞（民413条）にあたるかどうか、あるいは使用者の工場閉鎖による労働者の労務の履行不能が使用者の責に帰すべき事由（民536条2項）にあたるかどうかという観点から判断すれば足りるという見解も存在する（ロックアウトの市民法的考察方法）。

③ ロックアウトの成立要件

　ロックアウトは使用者がロックアウトをする旨労働者に通告する

ことで足りるのか，あるいは労働者を事実上閉め出す措置をとらなければ成立しないのであろうか。学説上は，ロックアウトが成立するためには，その意思を裏づけるだけの措置が事実上行われること，すなわち事実上の閉め出し措置がとられることが必要であるとの説が多数を占めている。裁判例では，通告のみではたりず工場の閉鎖等の事実を要するとするもの（近江絹糸彦根工場事件＝大津地彦根支判昭29・7・8判タ42号67頁）と通告ないし意思表示で足りるとするもの（目黒製作所烏山工場事件＝東京高決昭36・7・14判時272号13頁）が対立しているが，後者の立場に立つものが多い。ロックアウトの本旨が，使用者が労働者の労務の受領を集団的に拒否し，それによって賃金の支払義務を免れ，自らの負担軽減を図るとともに労働者側の争議行為に対抗するという点にあることを考えると，上の労務受領拒否の意思が客観的明確に示されればよいであろう。

④ ロックアウトの正当性

(1) 受動的防禦的ロックアウト

　ロックアウトが正当であれば，使用者は賃金支払義務を免れる。正当性の判断について学説・判例は，ロックアウトが認められる趣旨から先制的・攻撃的ロックアウトは一切正当とは認められないとの立場でほとんど一致している。それゆえロックアウトが正当と認められるためには，受動的防禦的なものでなければならない。裁判例によれば，これは，労働者の争議行為によって会社の被る損害が使用者の受忍すべき限度を超える過重なものとなる場合（毎日放送事件＝大阪地判昭47・6・7判時707号98頁），労働者側の行う争議行為が強烈で使用者側に企業の基盤を崩壊させるような異常な損害を与える場合（東神荷役事件＝神戸地判昭34・12・26労民集10巻6号1152頁），に認められるとする。

(2) ロックアウトの正当性の判断基準

最高裁は，ロックアウトの正当性の判断基準として，「個々の具体的な労働争議における労使間の交渉態度，経過，組合側の争議行為の態様，それによって使用者側の受ける打撃の程度に関する具体的諸事情に照らし，衡平の見地から見て労働者側の争議行為に対する対抗防衛手段として相当と認められるかどうか」という基準を採用している（前掲丸島水門製作所事件）。適法になされたロックアウトも労働者が争議を中止し就労を希望することが確実になった時期以降は，その正当性を失うとするのが裁判例のほぼ固まった立場である（博多自動車事件＝福岡地判昭42・7・10判タ209号164頁）。最高裁も，ロックアウトの正当性の要件は，その開始の際だけでなく継続中も必要であることを認めている（第一小型ハイヤー事件＝最2小判昭52・2・28判時850号97頁）。

5 ロックアウトの法的効果

正当なロックアウトが使用者の賃金支払義務を免れさせることはいうまでもない。問題になるのは，作業所閉鎖型のロックアウトが労働者を職場から排除する妨害排除的効果をもつか否かである。この点につき裁判例は，ロックアウト通告後の職場占拠，職場すわりこみは違法になるとするもの（主婦と生活社事件＝東京地決昭34・4・14判時186号8頁）とロックアウト通告後もただちに違法とはならないとするもの（国光電機事件＝東京地判昭41・3・29労民集17巻2号273頁）とに分れる。学説では，ロックアウトに妨害排除的効果を認めれば，職場占拠型の争議行為が全面的に否定されることになるとしてそれを認めない見解が多い。

争議権は，労働者の経済的地位の維持向上のために不可欠の権利として憲法上保障されている。しかし，争議権の行使は，労使当事者のみならず社会全体に甚大な影響を及ぼすことが少なくない。そこで国家は，憲法28条に抵触しない範囲で法律により特定の争議行為を制限・禁止し，社会公共の利益との調整を図っている。

① 公 務 員

現行法では国家公務員，地方公務員，特定独立行政法人等の職員および地方公営企業の職員は，同盟罷業，怠業その他一切の争議行為が禁止されている（国公98条2項，地公37条1項，行政法人の労働関係17条，地公労11条）。これらの者が法律に違反して争議行為を行った場合，免職・解雇その他の不利益処分を受ける（国公98条3項，地公37条2項，行政法人の労働関係18条，地公労12条）。さらに公務員の争議行為については，争議行為または怠業的行為の遂行を共謀し，そそのかし，あおった者またはこれらの行為を企てた者に対しては刑罰が科される（国公98条2項・3項・110条1項17号，地公37条・61条4号）。

公務員に対するこうした争議行為の一律的全面禁止が合憲かどうか，また立法政策として妥当なものかどうかについては激しい意見の対立がある。最高裁もしばしばその判例を変更したが，現在，最高裁は，国公法による公務員の争議行為およびあおり行為等の禁止は，「勤労者をも含めた国民全体の共同利益の見地からするやむをえない制約というべきであって，憲法28条に違反するものではない」とし（全農林警職法事件＝最大判昭48・4・25刑集27巻4号547頁），

公労法（現行政法人の労働関係法）17条1項による争議行為の制限についても，財政民主主義の原則，国民全体の共同利益の擁護，代償措置の存在等を根拠に憲法28条に反しないとしている（全逓名古屋中郵事件＝最大判昭52・5・4刑集31巻3号182頁，地公労法11条1項の争議行為禁止に関しては，北九州市清掃事業局事件＝最2小判昭63・12・9民集42巻10号880頁参照）。

2 公益事業における争議制限

　運輸，郵便，電信，電話，ガスの供給，医療，公衆衛生の事業であって公衆の日常生活に欠くことのできないものを「公益事業」という（労調8条1項）。かかる公益事業は公共性が強く，業務の阻害は国民の日常生活に大きな影響を与えることになる。この点を配慮して労調法は，公益事業につき争議行為の予告と緊急調整の制度を定めている。すなわち，公益事業に関して当事者が争議行為をするには，その10日前までに労働委員会および厚生労働大臣または都道府県知事にその旨を通知しなければならない（労調37条1項）。争議行為がなされることをあらかじめ公衆に知らせることにより公衆の日常生活上の不便を緩和しようとする趣旨である。ただし○月○日以降に争議行為を行うという形での包括的な予告も認められているから，必ずしもその趣旨が徹底されているわけではない。

　上記規定の違反については刑事罰が定められている（労調39条）。上記規定に違反した争議行為も民事免責，刑事免責，不当労働行為の保護を失わないかどうかについては見解の対立がある。

3 争議行為における安全保持施設の停廃の禁止

　労調法36条は，安全保持施設の正常な運行を停廃させる争議行為を禁止した。安全保持施設の停廃が，人の生命，健康に重大な危険

をもたらすことを考慮したものである。「安全保持施設」の意義について、最高裁は、「ここにいう安全保持の施設とは、たとえば、炭鉱におけるガス爆発防止施設、落盤防止施設……のごとき、直接人命に対する危害予防のため若しくは衛生上欠くことのできない物的施設に限られ」る、としている（新潟精神病院事件＝最3小判昭39・8・4民集18巻7号1263頁）。したがって病院の勤務者それ自体は労調法36条の「安全保持の施設」には含まれない。通説は、同条の人命保護の趣旨から同条違反の争議行為は、刑事免責、民事免責、不当労働行為の保護のすべてを失うとする。船員法も、船舶が外国の港にあるとき、または人命もしくは船舶に危険が及ぶとき、船員の争議行為を禁止している（船員30条）。同条違反の争議行為も、刑事免責、民事免責、不当労働行為の保護を失うことになると解されている。

④ スト規制法

電気事業においては、電気の正常な供給を停止し、または電気の正常な供給に直接障害を生じさせる争議行為は禁止される（スト規制2条）。また、石炭鉱業においては、保安業務の正常な運営を停廃する行為であって、鉱山における人に対する危害、鉱物資源の滅失もしくは重大な損壊、鉱山の重要な施設の荒廃または鉱害を生じうるような争議行為が禁止されている（スト規制3条）。上のスト規制は「公共の福祉」（スト規制1条）の観点から設けられたもので、同法違反の争議行為が当然に対使用者との関係でも違法と評価されたり、民・刑事免責を失わせるものではないとの見解も有力であるが、通説は、法規違反の争議行為は違法性の強い争議行為であり、民・刑事免責、不当労働行為保護のすべてを失うとしている。

8 労働争議の調整

1 労働争議の調整

労働争議（労調6条によれば「労働争議」とは，「労働関係の当事者間において，労働関係に関する主張が一致しないで，そのために争議行為が発生してゐる状態又は発生する虞がある状態」をいう）の解決は，労使当事者の自主的解決が建前であるが，紛争がこじれ当事者の意思疎通がうまくいかなくなった場合には，第三者が労使の仲介に乗り出すことが望ましいケースが出てくる。この点から労調法は，あっせん，調停，仲裁の3種の争議調整手続を定めている。ただし同法は，強制仲裁を排除し，仲裁は，協約が一方当事者の仲裁申請をとくに認めた場合のほかは，争議関係当事者双方の申請に基づいてのみ開始されるとしている。

なお，調停案が関係当事者の双方により受諾された後，その調停案の解釈・履行について意見の不一致が生じたときは，関係当事者は，調停委員会にその解釈・履行に関する見解を明らかにすることを申請しなければならず（労調26条2項），上記見解が示されるまでは，関係当事者は，少なくとも15日間，当該調停案の解釈・履行に関して争議行為をなすことができない（同3項・4項）。上記違反の争議行為は，民・刑事免責を失う。

2 緊急調整

内閣総理大臣は，事件が公益事業に関するものであるため，またはその規模が大きいためもしくは特別の性質の事業に関するものであるため，争議行為により当該業務が停止されるときは国民経済の運行を著しく阻害し，または国民の日常生活を著しく危うくするお

それがあると認める事件について，そのおそれが現実に存在するときに，緊急調整の決定をなすことができる（労調35条の2第1項）。緊急調整の決定があれば，その公表の日から50日間は，関係当事者は争議行為をなすことができない（労調38条）。したがってすでに争議行為が行われている場合は，ただちにこれを中止しなければならない。中央労働委員会（以下，中労委と略す）は，この緊急調整の通知を受けたときは，他のすべての事件に優先してこれを処理しなければならず，また，その事件を解決するために最大限の努力を尽さなければならないことになっている（労調35条の3・35条の4）。

第 6 章

組合活動

1 組合活動の法的保障

　労働組合は，団体交渉，争議行為等，労働条件の維持改善その他労働者の経済的地位の向上のため，さらに組合組織自体を維持発展させるために種々の活動を行う。これらのうち正当なものについては不当労働行為制度による保護を受け（労組7条），また刑事免責を享受する（労組1条2項）。これに対して民事免責，とくに損害賠償責任の免除については，労組法8条が「同盟罷業その他の争議行為であつて正当なもの」に与えられる旨規定していることと関連して問題となる。従来の通説は，労組法8条にいう「同盟罷業その他の争議行為」は組合活動の典型的な類型を例示的に示したものにすぎず，正当な組合活動につき民事免責が認められることは当然のこととしてきた。

　しかし次第に，争議行為と組合活動を厳密に区別して，組合活動については民事免責は認められないとの説が有力になってきている。その理由としては，労組法8条の規定が明文で争議行為についてのみ民事免責を承認していること，日常の業務執行まで含むきわめて広い概念たる組合活動による労務不給付についての民事責任を免れさせることは妥当ではないこと，争議行為に至らない組合活動は争議行為と異なり雇用契約関係を停止させる効果をもたないため通常の雇用契約上の義務が存続していること，等があげられている。

2 就業時間中の組合活動

1 意　義

　労働者は労働契約に基づき就業時間中は使用者の指揮命令に従って労務を提供することを義務づけられている。したがって就業時間中の組合活動は，労働協約，慣行等によって是認されているものを除いて，原則として違法と評価されることになる。

2 リボン闘争

(1)　リボン戦術と業務阻害

　労働者が組合の指令のもとに「大幅賃上げ獲得」「要求実現」等と記載したリボンを着用したまま就業する，いわゆるリボン戦術は，組合の要求を内外に示し，使用者に対し団結の威力を示すためにわが国の組合がしばしば採用する組合活動である。こうしたリボン戦術について，従来，学説では，リボン着用が労務の提供に何ら支障なく使用者の業務阻害をもたらさない場合には，組合活動として正当性が認められるとする見解が多数を占めていた。その場合，業務を阻害するかどうかは，リボンの大小，記載内容，着用目的，勤務場所，労働者の身分，事業の種類等を考慮して判断されることになる。こうした考え方に立ってリボン着用を正当な組合活動とする裁判例も相当数にのぼっていた（灘郵便局事件＝神戸地判昭42・4・6判時479号23頁，中日放送事件＝名古屋高判昭44・1・31労民集20巻1号58頁など）。

(2)　リボン戦術と職務専念義務

　上記の考え方に対して，その後，就業時間中のリボン着用は，業務に支障が生ずるか否かに関係なく，労働者が労働契約上使用者に

対して負っている職務専念義務に違反し，正当な組合活動とは認められないとの見解が有力に主張され，裁判例においてもこの立場に立つ考え方がほぼ定着している（国労青函地本事件＝札幌高判昭48・5・29判時706号6頁，大成観光事件＝東京地判昭50・3・11判時776号96頁，同事件＝東京高判昭52・8・9労民集28巻4号363頁など）。最高裁も，ホテル業を営む会社の従業員で組織する労働組合が実施したリボン闘争を労働組合の正当な行為にあたらないとしている（大成観光事件＝最3小判昭57・4・13民集36巻4号659頁）。この点は，結局，労働者が労働契約上負っている労務提供義務の内容をどう理解するかの問題にかかってくることになるが，労務の内容・業種・リボンを着用した場所・時間帯等の諸要素も判断の資料とされるべきであろう。

　なお，リボン着用を違法としても，懲戒処分は職場規律違反の程度・態様と均衡を失しないものでなければならず，解雇等の重い処分をなすことは通常は許されない。

(3)　**就業時間中の組合バッジの着用**

　一般に労働者は，労働契約の締結により勤務時間中は使用者の指揮命令に服して稼働すべき職務専念義務を負うから，勤務時間中の組合活動は原則として正当性を認められないが，職務専念義務も労働者がその精神的・肉体的活動のすべてを職務遂行に集中すべき義務とまでは解されない。したがって，本来の職務以外の行為であっても，労働を誠実に履行すべき義務と支障なく両立して使用者の義務を具体的に阻害することのない行為については必ずしも職務専念義務に違反すると解すべきではないのであり，組合員のバッジは，小さくて目立たないもので，また具体的な主義主張が表示されているものではないから，その着用行為は，労働者の労働を誠実に履行すべき義務と両立して使用者の義務を具体的に阻害することのないものであり，実質的に就業規則が禁止する勤務時間中の組合活動に

も該当しない（JR 西日本〔国労広島地本〕事件＝広島地判平 5・10・12 労判643号19頁）。

3　企業施設利用の組合活動

1　ビラ貼り

(1)　受忍義務説

　労働組合が争議行為の態勢に入ろうとしている時期あるいは争議行為時にしばしば行われるビラ貼りの正当性いかんについて，従来，多数説は，いわゆる受忍義務説の立場に立ち，憲法28条の団結権ないし団体行動権の保障によって使用者の施設管理権は一定の制約を受け，その結果，労働者による使用者の承認を得ないでなされた企業施設へのビラ貼りについても，使用者はそれが正当とされる範囲で受忍する義務を負うと主張してきた。この場合正当かどうかの具体的判断は，組合側におけるビラ貼りの必要性とそれによって使用者が蒙る業務運営上，施設管理上の支障の程度，ビラの内容・枚数・貼付場所・貼付時期等を総合的に考慮して行われることになる。

(2)　受忍義務説に対する批判

　上に述べた受忍義務説に対しては，次のような批判がなされる。すなわち，労働者が使用者の禁止に違反して使用者の施設管理権の及ぶ領域にビラを貼ることは，施設管理権の侵害であり原則として違法と解すべきである。ただそれが憲法28条の保障する団体行動権の適法な行使であると認められる場合には，違法性を阻却され正当な争議行為ないし組合活動になると解すべきである，と（違法性阻却説）。しかしこの説も，ビラ貼りが団体行動権の適法な行使にあたるか否かは，その目的や手段・態様等の観点から判断されるべきであるとしており，受忍義務説によるビラ貼りの正当性を認める基

準と，違法性阻却を認める基準との間にはほとんど差はなく，その
ため両説とも結論においては，あまり変らないともいえる。

最高裁は，受忍義務説を明確に否定したうえ，労働者・労働組合
が使用者の許諾を得ないで企業の物的施設を利用して組合活動を行
うことは，その利用の不許可が使用者の有する施設管理権の濫用で
あると認められるような特段の事情がある場合を除いて，「当該物
的施設を管理利用する使用者の権限を侵し，企業秩序を乱すもので
あつて」，正当な組合活動とは認められないとして，許諾説ともい
うべき判断を示している（国鉄札幌運転区事件＝最3小判昭54・10・30
民集33巻6号647頁）。

(3) **違法なビラ貼りとその責任**

ビラ貼りが正当でない場合，民事免責，刑事免責，不当労働行為
からの保護の有無が問題となる。まず使用者が違法なビラ貼りに
よって損害を蒙った場合には，労働組合ないし組合員に対して損害
賠償を請求しうる（ビラを貼付した組合員に対するビラ撤去費用の請求
を認容するものとして，帝国興信所岐阜支店事件＝岐阜地判昭56・2・23
労判367号76頁）。またビラの枚数，貼付の態様，場所等の事情に
よっては，器物損壊罪（刑261条），建造物損壊罪（刑260条）または
軽犯罪法（軽犯1条33号）違反の責任を生じさせることになる（ビラ
貼りについて建造物損壊罪の成立を認めるものとして，全電通東海地本事
件＝最3小決昭41・6・10刑集20巻5号374頁）。さらに不当労働行為か
らの保護については，使用者のこれまでの反組合的態度，処分の重
さ等を考慮して判断されなければならない。

(4) **ビラ貼りと使用者による自力撤去**

ビラ貼りに関しては，使用者が組合の貼付したビラ等を自力で一
方的に撤去しうるかどうかも問題となる。この点は，使用者による
一方的撤去が組合活動に対する支配介入（労組7条3号）になるか

否かという形で争われることが多いが，従来の学説では，労働者の貼付したビラ・文書の使用者による実力撤去はきわめて制限的かつ例外的にのみ許されるとする考え方が強かったといえる。この説によれば，ビラ貼りが正当な場合，それを一方的に実力で撤去する使用者の行為は支配介入の不当労働行為になるとし，またビラ貼りが正当性の範囲を逸脱するような場合であっても，まずは使用者は理由を示してその撤去を求めることができるにすぎず，組合側がこれに応じないまま相当期間経過してはじめて使用者による自力撤去が認められるとされ，ビラ貼付・文書掲示によって企業の信用を損なうおそれがある等その撤去にさしせまった緊急性がある場合にも，使用者はまず組合側に撤去を要請しそれが容れられない場合に自力撤去が許される，と主張された。

裁判例にも，ビラ等の使用者による撤去についてはかなり慎重な手続を要する旨の判断を示すものがみられた（全国税足立分会事件＝東京地判昭52・2・24判時850号101頁）。これに対し中労委命令は，「ビラ貼付が不当でないと認められるからといって，会社はこのようなビラ貼付行為を問責できないことにはなりえても，組合が，本来貼付する権利をもたないところに貼付されたビラに対し，会社が，何らの対策を講じえないとすることもできないのであって，相当な手続と方法をもってビラを撤去することも許されうる」としている（商大自動車教習所事件＝中労委命令昭50・6・18命令集55集693頁）。

② ビラ配布

(1) 問題の所在

労働組合の行う機関紙・ビラ等の配布は，企業施設に直接貼付するビラ貼りと異なり，ビラを直接従業員に手渡す，机・テーブルに置く等の方法をとるため企業施設に対する物的侵害をきたすおそれ

はほとんどない。しかしそれが企業施設内で行われるかぎり，職場秩序との関連が問題となることは否定できない。

この点学説では，ビラ配布が就業時間中に行われる場合はともかく，就業時間外または休憩時間中に平穏に行われるのであれば，たとえそれが企業施設内で行われる場合でも，職場秩序の侵害をきたすことはなく，組合は自由にこれをなしうるという説が多数を占めてきた。裁判例においても従来，こうした立場に立つものが比較的多かった（日本曹達事件＝東京地決昭26・4・27労民集2巻3号325頁，東洋工機製作所事件＝名古屋地決昭42・4・21労民集18巻2号361頁）。これに対しその後，「労働者の労働組合活動は，原則として就業時間外にしかも事業場外においてなすべきであつて，労働者が事業場内で労働組合活動をすることは使用者の承認がない限り当然には許され」ないとして，始業前の会社構内（工場入口）における無許可ビラ配布を理由とする出勤停止処分を有効とするものもでてきている（日本エヌ・シー・アール事件＝東京高判昭52・7・14判時868号3頁）。

(2) 最高裁の判例

ビラ配布に関連して出された最高裁判決をみると，まず，「バリケード春闘に決起せよ」等の「化学反戦」名義のビラを無許可で配布したことを理由としてなされた出勤停止処分が争われたケースで，最高裁はビラ配布が就業時間外に，会社の敷地内ではあるが事業場内ではない「会社の作業秩序や職場秩序が乱されるおそれのない場所」でなされたものであることを根拠に，ビラ配布行為は会社の施設管理権を不当に侵害せず，それゆえこれに対してなされた懲戒処分は無効と判断した原判決を維持している（住友化学名古屋製造所事件＝最2小判昭54・12・14労判336号46頁）。また就業規則，労働協約の規定に違反して休憩時間中に食堂兼休憩室で2度にわたって上部組合から送られてきた赤旗号外および共産党の参院選用法定ビラ66枚

を配布したことを理由として組合支部長に対してなされた戒告処分の効力が争われたケースで、最高裁は、形式的にビラ配布が許可制を定めた就業規則、協約の規定に違反するようにみえる場合であっても、「ビラの配布が工場内の秩序を乱すおそれのない特別の事情が認められるときは、右各規定の違反になるとはいえない」としたうえで、本件ビラ配布の態様、経緯および目的ならびに本件ビラの内容からして、本件ビラ配布は、工場内の秩序を乱すおそれのない特別の事情が認められる場合にあたり、上記各規定に違反するものではないとし、処分を無効とした原判決を正当としている（明治乳業事件＝最3小判昭58・11・1労判417号21頁）。このように、最高裁は、ビラ配布についてはビラ貼付の場合よりも広い範囲でその正当性を認めているといえる（なお休憩時間中の政治活動については、第2編第5章**7**参照）。

③ その他の企業施設利用

わが国の組合が企業別組合であることもあって、会社の食堂、講堂、会議室等を利用した組合集会（大会）を開催したい旨の希望が組合側から出され、それを使用者が拒否することによって不当労働行為としての支配介入が争われるケースもある。この点につき、最高裁は、使用者は労働組合または組合員の組合活動のための企業施設の使用・利用を受忍する義務を負うわけではないとし、当該事件においては、食堂使用の不許可を支配介入の不当労働行為ではないとしている（池上通信機事件＝最3小判昭63・7・19労判527号5頁）。

4 組合活動に対する便宜供与

① 組合事務所

(1) **便宜供与の法的性質**

　わが国では労働組合が，使用者からその施設，建物の一部の供与を受けてそれを組合事務所として使っている例が少なくない。その場合，労使間で使用関係について明確な取決めを結んでいる場合には，その取決めに基づいてその法律関係を論じればよい。問題になるのは，こうした取決めがないか，あっても不明確な場合である。こうしたケースにつき，裁判例では，それを使用貸借契約であるとするもの（ラジオ関東事件＝東京地判昭50・7・15判時788号101頁），使用貸借に準ずる契約であるとするもの（興国人絹パルプ労組事件＝熊本地八代支判昭39・5・13労民集15巻3号470頁），企業経営に支障をきたさないかぎり存続するものとして使用者が労働組合に当該建物部分を組合事務所として無償で使用させる旨の無名契約であるとするもの（中国放送事件＝広島地判昭43・3・14判タ219号126頁，明治屋仙台支店事件＝仙台地判昭55・3・24労判352号96頁）等に分かれているが，最近では第3の立場に立つものが多い。

(2) **使用関係の終了ないし明渡請求**

　上の無名契約説に立つ裁判例では，使用者が貸与契約を解約するためには組合事務所を使用しなければ企業経営に支障をきたす等の正当な理由がなければならないとする（前掲明治屋事件）。使用者の合理性を欠く一方的な組合事務所の明渡請求を支配介入の不当労働行為にあたるとするものもある（エスエス製薬事件＝東京地判昭45・1・30判タ246号257頁）。他方，組合事務所の供与は労組法7条3号ただし書により例外的に認められているものにすぎないから，組合

事務所の使用貸借契約の解約を不当労働行為ないし権利の濫用で無効と解することはできないとするものもある（ラジオ中国事件＝広島地判昭42・3・14判時497号66頁）。

(3) 組合事務所の利用制限

　組合事務所の利用方法について労使間で特段の定めがなされた場合には，組合もそれに従う義務がある。こうした規制について労使間で特段の定めがなされなかった場合，組合員以外の者を立入らせてもよいかどうか等が問題となる。この点，裁判例では，労働組合は組合活動のため社会通念上通常必要と認められる範囲内で組合事務所を自由に使う権利があり，組合活動に必要な限度で外部団体員らの組合事務所への立入りを許すことができ，使用者もこれを阻止できないが，組合事務所が会社構内にある場合は，会社がこれらの者に対して資格の明示を求めるとか，通路を制限することはできるとしている（日本計算器峰山工場事件＝京都地峰山支判昭43・11・5労民集19巻6号1464頁）。

② 組合掲示板

　労使の合意に基づいて組合掲示板の設置が認められた場合，労働組合は，その合意に基づく合理的規制を受ける。外部作成ビラを組合掲示板に掲示することについての会社の許可，掲示板に掲示責任者の署名押印を要する旨の会社組合間の契約も有効とされる（荏原実業事件＝東京地判昭44・7・1判タ238号267頁）。ただし学説の多くは，使用者による掲示物の事前審査は組合活動に対する不当な制約になり許されないとしている。

　組合掲示板の便宜供与がなされている労働協約が失効した場合に，上記供与にかかる権利がどうなるかは1つの問題である。裁判例では，掲示板の利用権確認請求に関連して，協約の失効により便宜供

与も法的権利を失っており，かりに便宜供与の打ち切りが不当労働行為になるとしても，その効果として便宜供与を発生させる根拠を見出しえないとしている（三菱重工長崎造船所事件＝福岡高判昭59・9・18労判440号71頁）。しかし労働委員会による救済はありえよう。

3 在籍専従

企業の従業員資格を保持しながら業務を離れ常時組合活動に従事する者を在籍専従者という。在籍専従者をおくかどうかをはじめとしてその人数，人選の方法，待遇については通常労働協約で定められる。なお公務員については，許可制，5年間の期間制限，給与不支給および専従期間の勤続年数への不算入が法律により定められている（国公108条の6，地公55条の2）。

問題になるのは，上のような協約がない場合である。この点につき従来，在籍専従制の否認が団結活動を否定することにならざるをえない現実のもとでは，使用者はこの制度を承認する義務があるとの見解も存在した。しかし，通説は，憲法28条の団結権の保障から在籍専従制度を認めるというような積極的な便宜の保障まで引き出すことはできないとする。判例も同様である（三菱重工長崎造船所事件＝最1小判昭48・11・8集民110号407頁）。

第**7**章

不当労働行為

1 不当労働行為制度の意義と概要

1 意　義

(1) 労組法7条の不当労働行為

　労組法7条は，使用者が，①労働者の正当な組合活動を理由に解雇その他不利益な取扱をすること（不利益取扱），②労働者が労働組合に加入しないこともしくは労働組合から脱退することを雇用条件として労働契約を締結すること（黄犬契約），③正当な理由なく団交を拒否すること（団交拒否），④組合の結成や運営を支配しそれに介入すること（支配介入），⑤労働委員会における労働者の発言等を理由にして不利益な取扱をすること，を禁止している。労組法7条が禁止するこれらの行為を不当労働行為という。使用者の団結権侵害行為に対しては，もちろん裁判所による司法的救済が可能であるが，それだけでは労働者の団結権，団体交渉権等の保護助成には十分ではなく，その不十分さを補うために，アメリカ法にならって独立の行政機関として労働委員会が設けられ，それによる簡易・迅速な行政的救済が図られているのである。

(2) 労働委員会による救済とその課題

　現行労組法は，旧労組法がとっていた不当労働行為を行った使用者に対して刑罰を科すという科罰主義を改め，原則として不当労働行為がなかったと同様の状態に回復するための作為または不作為を

命ずるという立場にたっている。ただ労働委員会における事件処理の長期化現象に端的に示されているように，労働委員会も種々の制度上の問題点をかかえてきており，審査の迅速化および救済命令の信頼性回復が，大きな課題となっていた。そのため，平成16（2004）年の同法の改正によって，不当労働行為の審査手続に関連して，①公益委員の除斥・忌避の制度化，②証人調，審査期間等についての「審査計画」の策定の義務づけ，③物件提出命令，証人出頭命令等の証拠調制度の整備，④証人陳述時の宣誓の義務づけ，⑤和解条項の法定，⑥行政訴訟時の新証拠の提出制限等に関する新たな規定が設けられるに至った。

なお，船員労働委員会の廃止に伴い，その機能が労働委員会に移管された（平成20〔2008〕年10月1日施行）。

② 不当労働行為制度の目的

不当労働行為制度の目的に関しては，現在，大きく3つの見解が対立している。第1は，不当労働行為制度を憲法の団結権保障を具体化したものととらえる説である。この立場では，不当労働行為は憲法の保障する団結権等に対する使用者の一連の侵害行為を類型化してこれを禁止したものと考えられることになる（団結権侵害説ないし団結権保護説）。

第2は，不当労働行為制度を憲法の団結権保障の単なる具体化とはみないで，その上に確立されるべき「公正な労使関係秩序」ないし団結権保障秩序の形成を目的としたもので，不当労働行為は公正な労使関係秩序に違反する行為であるとする見解である（団結権保障秩序違反説ないし団結権保障秩序維持説）。不当労働行為が，侵害された権利の救済制度ではなく，侵害に至る行為それ自体の排除を目的とするもので，伝統的な違法行為類型，たとえば不法行為と異

なっていること，労働委員会による行政的救済は，私権の侵害に対する救済というより公正な労使関係秩序への侵害に対する救済という観点から把握されるべきであることをその理論的根拠とする。

第3は，不当労働行為制度の目的を円滑な団体交渉の実現にあるとする見解である（団交重視説）。憲法の団結権等保障の目的を円滑な団体交渉の実現にあるととらえ，上記目的との関連で不当労働行為制度をとらえるものである。

従来は第1説の支持者が多かったが，現在は第2説が次第に有力になってきている。しかし不当労働行為の各類型はそれぞれ相異なった目的を含んでいると考えられ，先の3つの学説を互いに排斥しあうものととらえる必要はない。

③ 労組法上の労働者

労組法3条は，同法でいう「労働者」について，「職業の種類を問わず，賃金，給料その他これに準ずる収入によつて生活する者をいう」と定義しているが，近年，不当労働行為，とくに団交拒否に関連してこの点が問題になる事例が少なくない。

この点，最高裁は，原審が，会社との間で会社の製品の修理補修に関する個人業務委託契約を締結しているカスタマーエンジニアが，業務の依頼に対して諾否の自由を有しており，業務の遂行にあたり場所的時間的拘束を受けず，業務遂行について会社から具体的な指揮監督を受けず，報酬は行った業務の内容に応じた出来高として支払われるとして，同法上の労働者と認められないとしていたのに対して（INAXメンテナンス事件＝東京高判平21・9・16労判989号12頁），個人業務委託契約を締結しているカスタマーエンジニア（CE）について，事業遂行に不可欠な労働力としてその恒常的な確保のために会社の組織に組み入れられていたこと，業務委託契約の内容は会社

が一方的に決定していたこと，CE の報酬は労務の対価としての性質を有するといえること，会社から修理補修等の依頼を受けた場合にこれに応ずべき関係にあったこと，会社の指定する業務遂行方法に従い，その指揮監督のもとに労務の提供を行っており，業務について場所的・時間的拘束を受けていたこと等から，労組法上の労働者と認められるとしている（INAXメンテナンス事件＝最3小判平23・4・12労判1026号27頁）。

また，オペラ歌手についても労組法上の労働者性が認められている（国・中労委〔新国立劇場運営財団〕事件＝最3小判平23・4・12民集65巻3号943頁）。かつて最高裁は，中日放送・CBC 管弦楽団事件（最1小判昭51・5・6民集30巻4号437頁）において，管弦楽団員につき，「楽団員をあらかじめ会社の事業組織のなかに組み入れておくことによつて，放送事業の遂行上不可欠な演奏労働力を恒常的に確保しようとするもの」であったとしたうえで，「会社において必要とするときは随時その一方的に指定するところによつて楽団員に出演を求めることができ，楽団員が原則としてこれに従うべき基本的関係がある以上，……楽団員の演奏労働力の処分につき会社が指揮命令の権能を有しないものということはできない」として，労組法上の労働者であると認めていたが，本件もこれに準じた判断を行ったものである。

なお最近，コンビニの年中無休・24時間の店舗営業などを背景にその事業者の劣悪な待遇が法的な問題となっていたが，そこで争われたのが，コンビニオーナー（コンビニエンス・ストア加盟店主）の労組法上の労働者性の問題である。この点が争われた事件で，中労委は，加盟者は独立した小売事業者であって，加盟者が会社の事業組織に組み入れられているとはいえない等としてそれを否定し，それを肯定した初審命令を取り消している（セブン－イレブン・ジャパン

（中労委）事件中労委命令平31・3・15労経速2377号3頁）。現在，コンビニ等がわが国の重要な社会的インフラになっていることを踏まえると，その担い手たる事業者の保護をどのように図るかは，将来的には大きな課題である。独占禁止法等による経済的規制も考慮に値する。

2 　不当労働行為の主体

① 　責任主体としての使用者

(1) 　契約当事者としての使用者

労組法によって不当労働行為をなすことを禁止されているのは使用者である。しかし労組法はとくに使用者の定義規定をおいていないため，同法によって使用者とされる者の範囲を確定していかなければならない。

まず，労働契約の一方当事者，すなわち，労働者を雇用しこれらの者を自己の指揮命令に従って使用する者が使用者にあたることはいうまでもない。個人企業の場合は企業主たる個人（自然人）が，法人企業の場合は法人が使用者である。したがって労働契約が存在している以上その当事者としての使用者は，不利益取扱，黄犬契約，団交拒否，支配介入の不当労働行為のそれぞれについて，その責任を負わなければならない。

(2) 　使用者概念の拡張

問題になるのは，上の使用者を厳密に労働契約の当事者にかぎるべきであるか否かである。この点について学説・裁判例では，不当労働行為制度は使用者の契約責任を追及するものではないから，厳密に労働契約の当事者である者にかぎる必要はなく，労働契約関係が成立する可能性が現実的かつ具体的に存在する場合，あるいは労働条件の決定・労務の指揮に直接的具体的な支配力・影響力を及ぼ

すことができる地位にある場合は，当該労働者の相手を使用者と認めてよい，という考えが支配的である。たとえば万座硫黄事件（中労委命令昭27・10・15命令集7集181頁，同事件＝東京地判昭28・12・28判タ37号65頁）では，季節労働者の再雇用拒否の不利益取扱につき，従来の雇用契約の当事者を使用者とし，油研工業事件（最1小判昭51・5・6民集30巻4号409頁）では，いわゆる社外工が申し込んだ団交を受入会社が拒否した事案であるが，両者間に「労働組合法の適用を受けるべき雇用関係が成立していた」ことが認められている。また，朝日放送事件（最3小判平7・2・28民集49巻2号559頁）は，請負会社の労働者を受け入れていた企業が，右労働者の就労をめぐる条件を支配・決定しているかぎりで，部分的に使用者性を有するとしている。

(3) 法人格否認の法理等

労働者派遣法に基づく派遣先と派遣労働者との関係についても，交渉事項によっては，派遣先が使用者と認められる場合があろう。

なお子会社の解散・全員解雇の場合に，いわゆる法人格否認の法理を用いて親会社に賃金支払義務（川岸工業事件＝仙台地決昭45・3・26判時588号38頁），被解雇者と子会社の雇用関係の承継（徳島船井電機事件＝徳島地判昭50・7・23労民集26巻4号580頁）を肯定するものもある。

労務供給契約が請負あるいは委任とされている場合であっても，実態によっては「使用者」性が認められることがある（前掲中日放送・CBC管弦楽団事件）。また最高裁は，キャバレーを経営する会社がその専属楽団員との関係で労組法7条の「使用者」にあたる，としている（阪神観光事件＝最1小判昭62・2・26労判492号6頁）。

(4) 持株会社等の使用者性

解禁されたいわゆる持株会社が不当労働行為上の使用者となるか

どうかが問題となるが，「持株会社解禁に伴う労使関係専門会議」報告書（平成8〔1996〕年12月）では，「使用者性の判断に関して一般的に適用しうる基準を定式化することは困難」としながらも，「持株会社が子会社の労働条件等に介入し，このような地位に立つことになれば，『使用者』としての責任を負うことになること」を認めている。

② 使用者への帰責

　労組法7条3号の支配介入が問題になるケースでは，使用者と現実の行為者が異なる場合が生じる。しかし裁判例・労働委員会命令のほとんどは，現実の行為者のすべてを不当労働行為制度上の使用者とみることはできないとの立場をとっているので，どのような要件のもとでこれらの行為者を使用者の行為と評価するかが問題となる。この場合，社長，取締役等の法人の機関を構成する者ないしこれに準ずる者の行為はその職責上当然に使用者の行為とされる。また職制上の権限を有する部長，課長等，使用者の利益代表者の行為は，職務とまったく無関係な個人的立場において行われた等の特別の事情のないかぎり使用者の行為と評価されることになる。職制上使用者の利益を代表すると認められない下級の監督的被用者その他の従業員の行為については，使用者の指示を受け，またはその意を体して行動する等，何らかの形での意思の連絡が存在することが必要とされる。

　なお，別組合所属の下級職制（科長，助役）による組合脱退勧奨が不当労働行為になるかどうかが争われた中労委（JR東海〔新幹線・科長脱退勧奨〕）事件で，最高裁は，労組法2条1号所定の使用者の利益代表者に近接する職制上の地位にある者が，使用者の意を体して労働組合に対する支配介入を行った場合には，使用者との間

で具体的な意思の連絡がなくとも，当該支配介入をもって使用者の不当労働行為と評価することができるとしている（最2小判平18・12・8労判929号5頁）。組合員資格を有する下級職制の場合，とくに他の組合所属の組合員に対する組合活動には自ずと自制・節度が要求されることになる。

3　不当労働行為の類型と成立要件

1　不利益取扱

(1)　不利益取扱の理由

労働者が，①労働組合の組合員であること，②労働組合に加入し，もしくはこれを結成しようとしたこと，③労働組合の正当な行為をしたこと，を理由として解雇その他の不利益な取扱をすることを不利益取扱の不当労働行為という。「組合を結成しようとしたこと」とは，必ずしも実際に組合が成立することを意味せず，結成の準備行為とみられる行為があればよい。労働者が労働条件の改善のために使用者に対する要求書を作成し，あるいは数カ月にわたって組合結成の必要を説く，等の行為がこれにあたる。また「労働組合の正当な行為」とは，団体交渉，争議行為，労働組合の組織活動等，労働条件の維持改善その他労働組合の存立目的実現のために労働者，労働組合が行う活動のうち目的および態様から考えて正当とされるものをいう。これらの行為は，組合の機関決定に基づいて行われるのが通常であるが，機関決定に基づかない組合員個人の自発的な行為も，組合の存立目的を実現するという範囲内の行為であれば，労働組合の行為と認められるとする見解が多い。

なお就業時間中の組合活動（リボン活動），企業施設へのビラ貼り等が正当な組合活動といえるかどうかについては，本編第6章を参

照されたい。

(2) 不利益取扱の態様

不利益取扱の態様は，大きく法律行為たるものと事実行為たるものの2つに大別しうる。前者の典型的なものは，解雇，懲戒解雇であるが，それ以外にも合意解約の申込み，配転，出向，出勤停止などがある。後者の事実行為たる不利益取扱の例としては，賃金の不払い，仕事を与えない，同僚から隔離する等の行為がある。このような不利益取扱は，通常組合員に重大な経済的不利益を与えるものであるが，学説・裁判例では，経済的な不利益を伴わなくても労働者本人に著しい精神的苦痛を与えるような行為をすること（紀伊木工所事件＝和歌山地判昭37・3・17労民集13巻2号229頁），さらに組合活動家を昇進により組合員資格を失わせること（中央相互銀行事件＝名古屋高判昭47・2・9判時663号92頁）も不利益取扱にあたると解している。

(3) 企業の廃止とそれに伴う解雇

使用者が労働組合の壊滅を意図して企業を解散・廃止し全従業員を解雇したような場合に，これが不当労働行為になるであろうか。学説・裁判例の多数は，使用者が組合の壊滅を意図して，あるいは労働者の組合活動を嫌悪して企業を解散する場合でも，それが真実企業活動をやめる意思による場合には不当労働行為は成立しないとしている（三協紙器製作所事件＝東京高決昭37・12・4判時331号33頁）。これは，企業を廃止するかどうかは，経営者・株主の自由であり，使用者は組合活動のために企業を存続させなければならないという法律上の義務を負うわけではないことを論拠としている。

これに対し，使用者が真実に企業を解散するのではなく，組合を壊滅させるために一時的に企業を廃止するにすぎず，後に何らかの形で企業活動を継続するような場合（偽装解散）は，企業の廃止に

伴う全員解雇，別会社による再雇用の拒否は不利益取扱の不当労働行為にあたることになる（それが別に，組合活動に対する支配介入に該当することもほとんど疑問の余地がない）。労働委員会は，新会社あるいは新・旧両会社を救済の名宛人として原職復帰もしくは再雇用とバック・ペイの命令を出すのが通例である。

(4) 不当労働行為意思

　問題になるのは，不当労働行為の成立には，使用者が労組法7条各号に該当する行為を反組合的意図ないし動機に基づいて行ったことを立証する必要があるかどうかである。これが「不当労働行為意思」として学説上議論されている問題であるが，学説は，①不当労働行為意思不要説，②必要説，③折衷説，の3つの立場に分かれる。

　不要説は，不当労働行為の成立に特別の意思は必要ではなく，7条1号・4号の不利益取扱における「故をもつて」，「を理由として」というのは，不利益取扱にあたる使用者の行為と労働者の正当な組合活動との因果関係の問題であるとする。

　第2の意思必要説は，不利益取扱か支配介入かを問わず当該行為が使用者の反組合的意図に基づくことを要するとする（不要説に対しては，組合の行為と不利益取扱，組合の運営とそれに対する支配介入は1個の自然的過程ではないからこれを因果関係というのは言葉の誤用と批判する）ものであり，折衷説は，不利益取扱については不当労働行為意思は必要だが，支配介入については上記の意思は不要とする。

　不要説の場合は，使用者の主観的意図を重視せず，もっぱら行為の態様や団結権侵害の結果に着目して不当労働行為の成否を判断することになるが，意思必要説の場合も，使用者の内心の動機そのものを立証することは不可能であり，行為の性質，状況，結果等，外部にあらわれた客観的事実に基づいて使用者の反組合的動機の存否を判断せざるをえない。したがって学説上の対立は，理論上はとも

かく，実際上は，それほど大きな相違をもたらさない。

(5) 原因の競合

　不利益取扱の不当労働行為が成立するためには，使用者が労働者の正当な組合活動その他のゆえに不利益な取扱をしたということを労働者が立証しなければならない。この使用者の不当労働行為意思を認定する際に難しい問題を提起するのが，労働者に対する不利益取扱を合理化するかのような理由を使用者が主張する場合である（たとえば当該労働者が他の労働者と比較して著しく日常の勤務成績が不良であるとか欠勤が多いとか，あるいは就業規則に定める懲戒事由に該当する行為がなされたなど）。これを不当労働行為における原因の競合という。

　この点につき裁判例・労働委員会の命令の多数は，競合する2つの原因を比較・衡量していずれの理由が当該不利益取扱の決定的な原因ないし動機であったかを認定して，組合活動が，その不利益取扱，たとえば解雇の決定的な原因であると考えうる場合に，不当労働行為と認定するとの立場（決定的原因説ないし決定的動機説）をとっている（富士産業事件＝東京地決昭25・6・30労民集1巻4号563頁，日産自動車事件＝最3小判昭60・4・23民集39巻3号730頁）。これに対して，学説では，正当な組合活動が当該不利益な取扱の決定的な理由とはいえないとしても，社会通念から考えてそれがなされなければ不利益取扱がなされなかったであろうという因果関係が認められる場合には，不当労働行為の成立が認められるべきであるとの説（相当因果関係説）も有力である。

(6) 不利益取扱としての解雇の効力

　学説のなかには，労組法7条の不当労働行為の禁止は労働委員会の行政的救済の前提要件にすぎず，解雇が不当労働行為と評価されても当該解雇が私法上無効となるわけではないとの見解が少数なが

ら存在する。解雇が無効となるのであれば，それを排除せんとする労働委員会の救済命令は屋上屋を重ねることになるというのがその理由である。しかし学説の圧倒的多数は，不当労働行為たる解雇は私法上も無効であるとの立場をとっている。ただその理論構成において，憲法28条の直接適用を肯定して無効との結論を導くもの，不当労働行為たる解雇は公序違反（民90条）として無効とするもの，労組法 7 条を強行法規とみて，強行法規に違反するゆえに無効とするもの等の対立がある。最高裁は，労組法 7 条の「規定は，憲法28条に由来し，労働者の団結権・団体行動権を保障するための規定であるから，右法条の趣旨からいつて，これに違反する法律行為は……当然に無効」とする（新光会事件＝最 3 小判昭43・4・9 民集22巻 4 号845頁）。

② 黄犬契約

　「労働者が労働組合に加入せず，若しくは労働組合から脱退することを雇用条件」とする契約を黄犬契約という（労組 7 条 1 号本文後段）。こうした契約は，労働者の団結活動を事前に抑制するという効果をもつため，不当労働行為の 1 つとして禁止されているのである。労働者が労働組合を結成しないとか組合活動を一切行わない等の約定も，黄犬契約の禁止に触れる。黄犬契約は私法上も無効となるが，だからといってすでに締結された労働契約が無効となるわけではない。

③ 団体交渉の拒否（団交拒否）

(1) 意　義

　わが国の労組法は，憲法28条における団体交渉権の保障を受けて，使用者がその雇用する労働者の代表者からの団体交渉の申込みを正

当な理由なく拒否することを団交拒否の不当労働行為として禁止し（労組7条2号），労使間の団体交渉について積極的な保護・助成を図っている。もっとも，使用者に団交を拒否するについての「正当な理由」が存在すれば，当該団交拒否は不当労働行為にならない。問題は，いかなる場合に使用者に団交拒否についての正当理由があるとされるかである。この点は，団体交渉の当事者・担当者，交渉事項，交渉態様その他について具体的に検討したうえで判断されねばならない。

(2) 団体交渉の当事者

(a) 「使用者が雇用する労働者の代表者」の意義　団体交渉の当事者となりうる「使用者が雇用する労働者」の代表者とは通常，使用者と労働契約関係のある労働者を構成メンバーとする労働組合であるが，使用者から解雇された被解雇者の組合も，被解雇者が解雇の効力を争っているか，あるいは未払賃金・退職金の支払いを求めているような場合には，その範囲において従来の従業員たる地位が存続しているものとして団体交渉の当事者たりうる（松浦塩業事件＝高松地丸亀支決昭34・10・26労民集10巻5号982頁）。例年の季節雇用契約が成立する前に賃率についての団交を事業主に申入れた季節労働者の組合も団交当事者となりうる（土佐清水鰹節水産加工業協同組合事件＝高松高判昭46・5・25判時646号87頁），と解されている。なお，日本プロ野球選手会（プロ野球選手のうちすべての日本人選手と一部の外国人選手が加入し，昭和60〔1985〕年に東京都地労委〈当時〉から労働組合と認定され法人登記を行っている任意団体）は，本条2号の団体交渉権を有し，球団の統合問題のうち，上記組合に属する組合員の労働条件に係る部分は，義務的団体交渉事項に該当するとする決定がある（日本プロフェッショナル野球組織〔団体交渉等仮処分抗告〕事件＝東京高決平16・9・8労判879号90頁）。

(b) 上部団体　　企業別組合が加盟している上部団体も，労働組合の要件をみたし，かつ構成メンバーたる下部組合に対し実質的な指導力・統制力を有する場合には，下部組合とは別に団体交渉の当事者となることができる。構成メンバーに対する統制力の有無については，当該上部団体の規約，従来の交渉慣行が重要な指標とされることになる。

(c) 組合の下部組織　　問題になるのは，支部・分会等のような労働組合の下部組織であって，それ自体独立の労働組合としての実体を有しないような職場組織に団交当事者としての地位が認められるかどうかである。裁判例では，そのような職場組織の団交権を否定するもの（川崎重工業事件＝大阪高判昭38・2・18労民集14巻1号46頁）と肯定するもの（三井鉱山事件＝福岡高判昭48・12・7判時742号103頁）が対立しているが，肯定する裁判例も，職場組織は職場交渉につき組合の明示または黙示の指示に反しえない，あるいは当該交渉につき組合が使用者と締結している労働協約に違反しえない等厳しい制約を課している。子会社の労働組合と親会社の団交の問題については，本章**2**を参照されたい。

(d) 地域合同労組と「駆け込み訴え」　　たとえば組合活動等を理由として解雇され，その後に労働組合（地域の合同労組等）に加入した組合員のために団体交渉を求めうるか否かが問題となるが，労働委員会はこのようないわゆる「駆け込み訴え」を肯定している。

(3) 団体交渉の担当者

労働者側・使用者側のおのおのを代表して現実に団体交渉を行う者を団体交渉の担当者という。労働者側の担当者は，「労働組合の代表者」または「労働組合の委任を受けた者」である（労組6条）。労働組合の代表者とは，通常，組合長，副組合長，書記長等，組合三役あるいは執行委員をさす。これ以外の第三者も労働組合からの

交渉権限の委任を受けた場合は，団体交渉の担当者となりうる。しかしそのような場合，労働組合は，委任状その他によって交渉資格を明らかにしなければならない。使用者は，交渉資格を明確にしえない第三者との団交を正当に拒否しうる。問題になるのは，労使間の協約で第三者交渉委任禁止条項が締結されている場合である。学説上その有効性について種々の見解があるが，行政解釈は，同条項を団交の手続を定めたものと解し，同条項に違反して労働組合が団体交渉を組合員以外の第三者に委任した場合，使用者は正当に団体交渉を拒否しうるとしている（昭25・5・8労発153号）。

(4) 団交事項

この点について，多数説は，使用者が処分権限を有しない事項が団交の対象になりえないことは当然としても，使用者の処分権限内のことで，労働者の労働条件あるいは労働組合の団体的活動に関係を有する事項が団体交渉の対象となりうると解している。裁判例もこの考え方をほぼ承認しており，職場の編成問題（栃木化成事件＝東京高判昭34・12・23判時217号33頁）や営業譲渡（ドルジバ商会事件＝神戸地決昭47・11・14判時696号237頁）に伴う問題，組合員の配転（三晃社事件＝大阪地決昭48・12・1判時734号102頁），職場の清掃の下請化とそれに伴う組合員の職場変更（明治屋事件＝名古屋地判昭38・5・6判時352号73頁）等は，いずれも義務的団交事項とされている。

非組合員の労働条件たる初任給引下げに関わる使用者の団体交渉拒否が不当労働行為かどうかが争われた事件で，非組合員である労働者の労働条件に関する問題は，当然には上記の団交事項にあたるものではないが，それが将来にわたり組合員の労働条件，権利等に影響を及ぼす可能性が大きく，組合員の労働条件との関わりが強い事項（たとえば初任給引下げ）については団交事項にあたる，とするものがある（国・中労委〔根岸病院・初任給引下げ団交拒否〕事件＝東京

高判平19・7・31労判946号58頁）。

　なお，使用者が恩恵的に行う福利厚生にかかわる事項が，団交事項になるか否かについては議論がある。

(5)　団交のルールないし態様

　(a)　**団交のルール**　　団体交渉の日時，場所，人数，時間等の団交の手続に関する事項は，労働協約で定められることが多いが，こうした手続が定まっていない場合に，使用者が団交手続ないしルールに固執して実質的な団体交渉に入ることを拒否しつづけることは，団交拒否の不当労働行為を成立させることがある。この点についてある裁判例は，団交の場所，時間，交渉人員に関する団交ルールが設定されていないことが使用者の団交拒否の正当理由となるかどうかは，これまでの団交の経過，団交ルールの提案時期，ルールの合理性等の事情を勘案しなければならないが，使用者が団交ルールの設定に関する自己の提案のみにいたずらに固執し誠実交渉義務に違反すると認められる場合には，不当労働行為が成立するとしている（商大自動車教習所事件＝東京地判昭51・3・26判時824号111頁）。

　(b)　**団交の手順**　　団交の手順も問題となるが，裁判例では賃上げ交渉の妥結は，一時金問題の交渉にとって必ずしも先決問題ではないとされている（済生会中央病院事件＝東京地判昭55・8・8労判349号18頁）。

(6)　その他

　使用者が形式的に団交に応じても，誠意をもって団交を行っていないと判断される場合には，誠実交渉義務違反として団交拒否の不当労働行為になる。使用者が誠実に団交を行っているか否かは，交渉の回数，継続時間，提案に対する回答または反対提案の有無，労働者側の交渉態度等を総合的に勘案して判断されることになる。使用者が自己の主張につき具体的な趣旨説明をなさずそれにのみ固執

するような場合，あるいは交渉が煮つまっていない段階で使用者が一方的に交渉を打切るような場合，通常，誠実に交渉していないとして団交拒否の不当労働行為が成立する。これに対して，交渉の状況から双方に譲歩の余地がないことが明白になってきたような場合，使用者は団交を打切ってもよい（池田電器事件＝最２小判平４・２・14労判614号６頁）。

④ 支配介入

(1) 意　　義

労組法７条３号は，労働組合の結成・運営に対する支配介入を不当労働行為の一類型として禁止している。支配と介入を区別して論ずる考え方もあるが，両者を厳密に区分することは容易でもなく，また実際上の必要もないから，両者を一括して労働者の自主的な団結活動に対する干渉・侵害行為をさすものと考えればよい。支配介入の主要な形態としては，組合活動に対するいやがらせ・非難，活動の中心的人物の解雇・配転等の妨害行為，使用者の意のままになる御用組合の結成，組合の運営方針・人事に対する干渉，反組合キャンペーン・教育，組合からの脱退勧誘，複数組合が存在する場合の特定の組合の差別または優遇，等をあげることができる。使用者による組合活動に対する干渉の結果，組合が打撃を受け組合員の数が減少する等，実害が発生することは，支配介入の成立要件ではない。

(2) 言論の自由と不当労働行為

いかなる場合に使用者の組合活動に対する批判・非難等が支配介入の不当労働行為になるかは，基本的人権たる使用者の言論の自由とも関連して難しい問題を提起する。学説は対立しているが，大きく次の２つの考え方に分けることができる。すなわち，使用者の言論が威嚇，報復，利益の約束等，組合活動に対する抑圧，強制，利

益誘導の要素を含む場合に不当労働行為の成立を認めるものと，上のような要素を含まない場合にも組合に対する批判・攻撃がなされた時期，場所，対象等諸般の事情を考慮して当該言論が組合活動に対する妨害の危険性を有する場合には，不当労働行為の成立を肯定しうるとするもの，の2つである。

裁判例も対立しているが，最高裁は，「原判示のような情況の下で客観的に組合活動に対する非難と組合活動を理由とする不利益取扱の暗示とを含むものと認められる発言により，組合の運営に対し影響を及ぼした事実がある以上，たとえ，発言者にこの点につき主観的認識乃至目的がなかつたとしても，なお労働組合法7条3号にいう組合の運営に対する介入があったものと解するのが相当である」として，どちらかといえば前者の考え方に立った判断を示している（山岡内燃機事件＝最2小判昭29・5・28民集8巻5号990頁）。

(3) 経費援助と不当労働行為

労働組合の結成や運営にあたって使用者から経費の援助を受けることになれば組合は使用者により財政的に支配を受け，自主性を失いひいては御用組合化する危険を有することになる。労組法7条3号が労働組合に対する経費援助を不当労働行為として禁止したのは上の趣旨に基づく。ただし，①就業時間中の労使協議・団体交渉につき賃金カットをしないこと，②組合の厚生資金・福利その他の基金に対する使用者の寄附，③最小限度の広さの組合事務所の供与は，例外として経費援助にあたらない便宜供与とされている（労組7条3号ただし書）。

わが国の労働組合は，チェック・オフ，就業時間中における組合活動の容認，組合大会等のための企業施設の利用，在籍専従等経済的に利益と評価しうる援助（便宜供与）を受けていることが少なくない。これが不当労働行為としての経費援助にあたるか否かは，そ

れが労働組合の自主性を損なうものか否かという実質的な観点から判断するしかないであろう。なお裁判例，労働委員会の命令においてはチェック・オフの一方的打切りを支配介入の不当労働行為とするものがある（順天堂病院事件＝東京高判昭43・10・30判時546号20頁，日本信託銀行事件＝中労委命令昭40・7・14命令集32=33集574頁）。

4 **複数組合間の差別問題**

① 併存組合と不当労働行為の立証

(1) 問題の所在

　ひとつの企業内に複数の組合が併存する場合に，一方の組合あるいは組合員と，他方の組合あるいは組合員との間に賃金，ボーナス等の労働条件あるいは企業施設利用等に差を設ける事例が，最近の裁判例・労働委員会の命令において目立つ。具体的には賃金・一時金の差別，昇給・昇進の延伸，社内貸与金利用の差別，時間外労働に関する差別，あるいはチェック・オフ，組合事務所等の便宜供与ないし施設利用を一方の組合にのみ許容するなどの例をあげることができる。これらの行為は，一方の組合のみをとくに不利益に取り扱うことによってその組合活動をディスカレッジさせ，ひいてはその団結権を侵害することになるのであり，支配介入の不当労働行為となると解される。また，同時に賃金，一時金，昇進等の差別的取扱は，組合員個人に対する差別待遇として労組法7条1号の不利益取扱の不当労働行為を構成することになる。

(2) 不当労働行為の立証と大量観察方法

　組合間の差別については，使用者の不当労働行為意思の立証に困難を伴うことが少なくない。使用者は，労働条件の格差は，組合所属のゆえではなく，人事考課あるいは勤務評定による個々の労働者

の客観的な能力ないし勤務態度の評価の結果にすぎないと主張することが多いからである。これに対し個別的に個々の労働者ごとに差別を立証していくことは容易ではない。命令・裁判例のなかには，組合間の賃金等に関する集団的差別を大量観察の手法を用いて立証しようとするものもあらわれている（紅屋商事事件＝最2小判昭61・1・24労判467号6頁）が，使用者の人事制度が労働者の個別評価の方向に動いている現在，分母たる母集団をどのように設定するか等，新たに検討すべき問題が出てきている。

　なお，考課査定に関する不利益取扱いと立証ルールについて，ある裁判例では，次のように判断しているのが注目される。まず，経歴や職務内容を同じくする従業員であっても，能力，勤務実績に応じて考課がなされ，その結果として格差が生じることも少なくないから，労働組合の組合員と経歴や職務内容を同じくする組合員以外の者との間に人事考課に基づく格差が生じているからといって，それが当然に組合員に対する不利益取扱いとはいえない。したがって，不利益取扱いを主張する者は，当該組合員に対する低査定の事実のほかに，能力，勤務実績の同等を主張・立証することを要する。人事考課が年功的に行われている場合は，同等であることが推認でき，反証のないかぎり立証があったものと認めることができる。これに対して，人事考課が能力主義的に行われている場合，直接立証する必要があるというべきであるが，従業員の能力，勤務実績等の資料は使用者が保有しているのが通常であり，立証が困難であるから，当該組合員が，自己の把握しうるかぎりにおいて，具体的根拠をあげて組合員以外の者と能力，勤務実績等において劣らないことを立証すれば足りる。そして，使用者の組合嫌悪と組織への打撃が立証できれば，使用者の意欲を推認することができ，使用者がこの反証をしないときは，組合員であるが故に不利益な取扱いがなされたと

いう立証があったということができるとしている（中労委〔オリエン
タルモーター〕事件＝東京地判平14・4・24労判831号43頁）。

2 差し違え条件の提示

(1) 使用者の中立保持義務

　賃上げやボーナス交渉に際して使用者が提案する企業合理化あるいは生産性向上への協力等の条件を一方の組合が承認し，他方の組合が承認せず協定妥結に至らないような場合，結果として一方の組合の組合員はボーナスの支給を受け，他方の組合の組合員はボーナスの支給を受けられないことが生じうる。このような場合にも不利益取扱ないし支配介入の不当労働行為が成立するか否かは，組合の力量，運動方針のちがいとも関連して微妙な問題となる。学説では，使用者に義務づけられているのは特定の組合に加担したり特定の組合を抑圧したりしないということ（中立保持義務）であり，同一の条件が複数組合に提示されておれば，たとえ結果的に差別的現象が生じようともそれは取引・交渉の結果であって不当労働行為は成立しないとの説も有力である。

(2) 最高裁の判例

　この点，最高裁は，使用者が併存する組合の双方に一時金支給の前提として「生産性向上に協力する」ことの受入れを提案し，一方の組合は受諾したが，他方の組合がこれを拒否して協定締結に至らず，結果として一時金の不支給という不利益を受けた組合側について不当労働行為が成立するかどうかが争われたケースで，①「生産性向上に協力する」との前提条件は必ずしも合理性があるとはいえず，会社の上記条件についての説明も十分ではなかった，②生産性向上運動が深刻な労使紛争にまで発展した当時の状況下で分会の上記条件拒否のすべてをその自由な意思決定によるとするのは相当で

はない，③会社は，分会が上の状況の下で上記条件を受入れないことを十分予測しえたのにあえてそれに固執したのは，これによって分会の組織を弱体化させようとの意図のもとに出たもので労組法7条1号・3号の不当労働行為にあたる，と判示している（日本メール・オーダー事件＝最3小判昭59・5・29民集38巻7号802頁）。

　また最高裁は，合理的，合目的的な取引活動とみられるべき使用者の態度であっても，特定の行為が団結権の否認ないし組合に対する嫌悪の意図が決定的動機となって行われ，団体交渉がそのような既成事実を維持するために形式的に行われているものと認められる特段の事情がある場合には，団交の結果としてとられている行為についても不当労働行為が成立するとして，計画残業に反対している一方組合員にのみ残業を命じない行為を不当労働行為としている（日産自動車事件＝最3小判昭60・4・23民集39巻3号730頁）。

③　妥結月実施条項

　使用者が妥結月実施条項に固執する場合も差し違え条件の提示と同様な問題が生ずる。多くの労委命令は，使用者の妥結月実施への固執について賃金遡及払慣行の無視，使用者の交渉態度の不誠実さ，立場の一貫性のなさ等から反組合的意図を推定し，上記条項の実施に基づく賃金差別を不当労働行為としている。しかし裁判例のなかには親睦団体の加入者およびいずれも属さない従業員と当該組合の組合員との間に賃金（4カ月分の賃金）について差が生じたのはひとえに組合が情勢判断を誤り自己の力を過信して闘争を継続したことによるものであって，組合の自由意思に基づく選択の結果にすぎないとして不当労働行為の成立を否定するものもある（名古屋放送事件＝名古屋高判昭55・5・28労判343号32頁）。

5 不当労働行為の救済手続

1 救済の方法とその特質

　労組法7条の不当労働行為が行われた場合，労働者あるいは労働組合は，裁判所に対して司法上の救済を求めることができる（たとえば解雇等の不利益取扱に対して解雇無効の確認判決や地位保全の仮処分を求めて裁判所に訴えを提起し，使用者の団交拒否に対しては，地位確認の仮処分の申請を行う等）。しかし不当労働行為の救済を実効的に行うという点からいえば，裁判所での救済は，それに要する費用・時間等の点で十分なものではない。行政機関による不当労働行為の救済手続は，上のような民事訴訟手続の不備を補うものとして登場してきたのである。労働委員会は，労使間の私法上の権利義務の存否にとらわれることなく，当該不当労働行為を排除するために，実際上もっとも適切妥当な救済措置を講ずることができる。

　なお，労働委員会は，都道府県労委，中労委ともに労使公益の委員からなる3者構成をとるが，不当労働行為の審査を担当するのは公益委員のみである（労組24条）。なお，労働委員会の労働者委員の選任に際し，労働組合が委員候補者を推薦する利益は，労組法上保護された労働組合固有の具体的な利益とはいえないとする裁判例がある（千葉県地方労働委員会委員選任事件＝千葉地判平8・12・25労判710号28頁）。

2 行政上の救済

(1) 救済手続

　(a) **申立人資格**　不当労働行為が行われた場合，上に述べたように労働者あるいは労働組合は，管轄権をもつ労働委員会に対し

て行政上の救済を求めることができる。ただし不当労働行為の各類
型について労働者または労働組合がすべて申立人資格を有するか否
かについては検討の余地がある。なお，最高裁は，労働者の団結権
及び団体行動権の保護を目的とし，これらの権利を侵害する使用者
の一定の行為を不当労働行為として禁止した労組法7条の実効性を
担保するために設けられたという不当労働行為救済制度の趣旨から
して，同条3号の不当労働行為（支配介入）を行ったことを理由と
して救済申立てをするについては，当該労働組合のほか，その組合
員も救済申立適格を有するとしている（京都地労委〔京都市交通局〕
事件＝最2小判平16・7・12労判875号5頁）。

　　(b)　不当労働行為の救済申立てと「継続する行為」　　労働委員会に
よる不当労働行為事件の調査・審問は，労働者側の申立てによって
開始される（労組27条1項）。ただし行為の日から1年，あるいは
「継続する行為」にあってはその行為の終了した日から1年を経過
した事件については申立ては受理されない（同2項）。問題になるの
は，たとえば昇給・昇格差別が行われて1年以上経過した後でも，
救済申立てをなしうるかどうかである。賃金や人事上の措置におけ
る差別が年々累積されていくような場合には，これを一括して「継
続する行為」に該当するとして救済を認める地方労働委員会（以下，
都道府県労委と略す）の命令も存在する。しかし，最高裁は，差別的
な査定に基づく賃金の最後の支払いのときから1年以内に申立てが
なされたときは，27条2項に定める期間になされたものとして適法
としている（紅屋商事事件＝最3小判平3・6・4民集45巻5号984頁）。

　　(c)　混合組合　　地公法が適用される非現業の地方公務員と地
公労法が適用される現業の一般職地方公務員，あるいは労組法が適
用される民間労働者がともに1つの組合に加入する，いわゆる混合
組合についても申立人資格が問題となる（大阪地労委〔大阪教育合同

労働組合〕事件＝大阪高判平14・1・22労判828号73頁）。

　この点，不当労働行為救済申立てについて，混合組合はそれを構成する組合員に適用される法律の区別に従い，地公法の職員団体および労組法上の労働組合としての複合的な法的性格を有するとして（複合性格説・二元適用論），後者の労組法適用組合員に関する問題につき，労組法上の権利を行使することができるとしてその救済申立て資格を肯定する注目すべき裁判例がある（国・中労委〔大阪府教委・大阪教育合同労組〕事件＝東京高判平26・3・18労旬1814号59頁）。

(2)　労働委員会における審査

　(a)　管　轄　　労働委員会における審査は二審制がとられており，労働者側はまず都道府県労委に不当労働行為の救済を申立てる。ただし事件が全国的に重要な場合は，例外的に中労委が初審としての管轄権を有する（労組25条1項）。都道府県労委は，申立てられた使用者の行為が不当労働行為にあたると判断した場合には，救済命令を発するが，そうでない場合には棄却命令を発する。上記の都道府県労委の命令に対して，労働者側および使用者側は，15日以内に中労委に再審査の申立てをなすことができる（労組27条の15）。

　(b)　取消訴訟と緊急命令　　使用者は，都道府県労委および中労委の命令に対して30日以内に（労組27条の19第1項），また労働者側は6カ月以内に（行訴14条1項），その命令の取消を求める行政訴訟を裁判所に提起することができる。使用者が労働委員会の命令につき裁判所に訴えを提起した場合，受訴裁判所は，当該労働委員会の申立てにより，決定をもって使用者に対し判決の確定に至るまでその労働委員会の命令の全部または一部に従うべき旨命ずることができる（緊急命令，労組27条の20）。上記の緊急命令を発するにあたり裁判所がどの程度救済命令の当否を審査しうるかについて学説・裁判例は対立している。使用者が緊急命令に違反した場合，50万円以

下の過料に処せられる（労組32条）。

　(c)　**命令の確定とその効力**　　使用者が労働委員会の命令につき
30日以内に裁判所に取消訴訟を提起しないときは，その命令は確定
する（労組27条の13・27条の19）。使用者がこの確定した労働委員会
の命令に違反したときは，労組法32条の過料に処せられる。さらに
労働委員会の命令が裁判所の確定判決によって支持された場合，使
用者がそれに違反したときは，1年以下の禁錮もしくは100万円以
下の罰金に処し，またそれが併科される（労組28条）。

③　救済の内容

　(1)　**特　　質**

　労働委員会による不当労働行為の救済内容は，法律上とくに定め
られておらず，いかなる内容の救済命令を発するかは，原則として
労働委員会の裁量に委ねられている（第二鳩タクシー事件＝最大判昭
52・2・23民集31巻1号93頁）。労働委員会としては，労使間の私法上
の権利義務関係から一応はなれて，不当労働行為を排除するために
合理的ないし適切有効な措置をとることができるのである。

　通常発せられている救済命令としては，不利益取扱としての解雇
の場合はバック・ペイを伴う復職命令，団交拒否の場合は団交応諾
命令，支配介入の場合には支配介入の不作為命令，ポスト・ノー
ティス命令，将来にわたる抽象的不作為命令等がある。しかし不利
益取扱・団交拒否の場合にポスト・ノーティス命令が出せないわけ
ではないであろう。なお最高裁は，救済命令につき謝罪文の掲示が
なされないまま救済命令指定の掲示期間が経過しても謝罪文の掲示
義務は消滅しないとしている（明輝製作所事件＝最2小判昭60・7・19
労判457号4頁）。

　また，最高裁は，ポスト・ノーティス命令は反省・誓約の文言が

用いられているといっても，同種の行為を繰り返さない旨の約束文言を強調する意味にすぎず，反省等の意思表明を強制するものではないとして，憲法19条の良心の自由に違反する旨の主張を斥けている（亮正会高津中央病院事件＝最3小判平2・3・6労判584号38頁）。

(2) バック・ペイと中間収入の控除

救済の目的は原状回復にあるから，不当労働行為にあたる解雇の場合，被解雇者を原職に復帰させ，解雇の日から命令交付の日までの賃金を支払わせることになる（バック・ペイを伴う復職命令）。問題になるのは，被解雇者が復職までの間に他で就職して得た収入がある場合にそれをバック・ペイの金額から控除することを要するか否かである。最高裁は，従来，中間収入を控除しないことは原状回復の目的をこえ使用者に懲罰を科すことになるから違法であるとする控除必要説の立場に立っていた（在日米軍調達部事件＝最3小判昭37・9・18民集16巻9号1985頁）。

しかしその後，上記の見解を改め，中間収入の控除の要否およびその金額の決定にあたっては，被解雇者が受ける経済的被害および組合活動一般に対して与える侵害，の両面から総合的に考慮したうえで決すべし，としている（前掲第二鳩タクシー事件）。このことは，中間収入を控除するか否か，またその額をどうするかについて労働委員会が裁量権をもつことを認めたことを意味する。なお，最高裁には，全額バック・ペイを命じた労委命令を適法とした裁判所の判断部分を取り消したものがある（あけぼのタクシー事件＝最1小判昭62・4・2労判506号20頁）が，これは労働委員会のバック・ペイの支払命令にあたってのオール・オア・ナッシングの発想に反省を迫るものといえる。

(3) 救済資格

不当労働行為の救済申立後に不利益取扱を受けた組合員が脱退，

解雇等により組合員資格を失った場合，労働組合が救済利益を失うか否かについては議論があるが，最高裁は，この場合も労働組合は救済利益を失わないとしている（旭ダイヤモンド〔昭和58年（行ツ）第78号〕事件＝最3小判昭61・6・10民集40巻4号793頁）。

(4) 救済命令の名宛人

　救済命令の名宛人としての「使用者」は，通常，不当労働行為が禁止されている労組法7条の「使用者」と同一であると解せられている。最高裁も，救済命令の名宛人としての使用者は，法律上独立した権利義務の帰属主体であることを要し，企業主体である法人の構成部分にすぎないものは，この「使用者」にあたらないとしている（済生会中央病院事件＝最3小判昭60・7・19民集39巻5号1266頁）。

(5) 審査手続

　(a) 労組法改正の主要なポイント　平成16（2004）年の労組法改正によって，審査手続の大幅な見直しが行われた。従来，不当労働行為の審査にあたっては，その遅延・審査期間の長期化が大きな問題であったが，改正法では，労働委員会に対して，審問開始前に，当事者双方の意見を聴いたうえで審査の計画を定めなければならないことになった（労組27条の6第1項）。審査の計画においては，①調査の手続において整理された争点，証拠，②審問の期間，回数，審問する証人の数，③救済命令等の交付の予定時期等，が記載されることになる（同2項）。また，証拠調べにあたって，労働委員会が事実認定を迅速に行えるように，労働委員会は，①事実の認定に必要な範囲で当事者または証人に出頭を命じることができ（労組27条の7第1項1号），また，②事件に関係のある帳簿書類その他の物件であって，当該物件によらなければ当該物件により認定すべき事実を認定することが困難となるおそれがあると認められるものについて，その提出を命じることができるとされた（同2号）。なお，②の

物件の提出を命じる処分（物件提出命令）をするかどうかの決定にあたっては，労働委員会は，個人の秘密および事業者の事業上の秘密の保護に配慮しなければならない（同2項）。また，調査・審問を行う手続に参与する使用者委員および労働者委員は，労働委員会が右の証人出頭命令あるいは物件提出命令をしようとするときには，意見を述べることができる（同4項）。

　(b)　**証人の陳述と宣誓**　労働委員会が証人に陳述させるときには，その者に宣誓をさせなければならない（労組27条の8第1項）。陳述内容の真正を担保する趣旨である。当事者については，「宣誓をさせることができる」（同2項）とされているが，これは，陳述内容いかんによっては当事者本人に不利な結果となることがあり，その者に常に真実を述べさせることが難しいケースがあることを配慮したものであるが，民事訴訟と同様に，原則として，当事者にも宣誓をさせる必要があると解されている（なお，宣誓拒否事由，証言拒否事由については，労組27条の9が準用する民訴法の規定参照）。

表 1 　パートタイム労働者の年休の比例付与日数（1週間の所定労働時間が30時間未満の場合）

週所定労働日数	1年間の所定労働日数	勤　続　年　数						
		6カ月	1年6カ月	2年6カ月	3年6カ月	4年6カ月	5年6カ月	6年6カ月以上
4日	169日～216日	7日	8日	9日	10日	12日	13日	15日
3日	121日～168日	日	6日	6日	8日	9日	10日	11日
2日	73日～120日	3日	4日	4日	日	6日	6日	7日
1日	48日～ 72日	1日	2日	2日	2日	3日	3日	3日

表 2 　雇用保険法の所定給付日数

① 特定受給資格者の場合（③を除く）

年齢＼被保険者であった期間	1年未満	1年以上5年未満	5年以上10年未満	10年以上20年未満	20年以上
30歳未満	90日	90日	120日	180日	—
30歳以上35歳未満		120日	180日	210日	240日
35歳以上45歳未満		150日		240日	270日
45歳以上60歳未満		180日	240日	270日	330日
60歳以上65歳未満		150日	180日	210日	240日

② 特定受給資格者以外の場合（③を除く）

年齢＼被保険者であった期間	—	1年以上5年未満	5年以上10年未満	10年以上20年未満	20年以上
全年齢		90日	90日	120日	150日

③ 就職困難な者の場合

年齢＼被保険者であった期間	1年未満	1年以上5年未満	5年以上10年未満	10年以上20年未満	20年以上
45歳未満	150日	300日			
45歳以上65歳未満		360日			

参考文献

テキスト・概説書（2000年以降のもの）

奥山明良『労働法』（新世社，2006年）

小西國友・渡辺章・中嶋士元也『労働関係法（第5版）』（有斐閣，2007年）

菅野和夫・山川隆一・齋藤友嘉・定塚誠・男澤聡子『労働審判制度（第2版）』（弘文堂，2007年）

山川隆一『労働契約法入門』（日本経済新聞社，2008年）

角田邦重・毛塚勝利・脇田滋『新現代労働法入門（第4版）』（法律文化社，2009年）

下井隆史『労働法（第4版）』（有斐閣，2009年）

名古道功・吉田美喜夫・根本到編『労働法Ⅰ──集団的労働関係法・雇用関係法』（法律文化社，2012年）

野川忍『わかりやすい労働契約法（第2版）』（商事法務，2012年）

山川隆一編『プラクティス労働法（第2版）』（信山社，2017年）

大内伸哉『雇用社会25の疑問　労働法再入門（第3版）』（弘文堂，2017年）

小畑史子『よくわかる労働法（第3版）』（ミネルヴァ書房，2017年）

吉田美喜夫・名古道功・根本到編『労働法Ⅱ──個別的労働関係法（第3版）』（法律文化社，2018年）

中窪裕也・野田進『労働法の世界（第13版）』（有斐閣，2019年）

森戸英幸『プレップ労働法（第6版）』（弘文堂，2019年）

小畑史子・緒方桂子・竹内(奥野)寿『労働法（第3版)』（有斐閣，2019年）

土田道夫『労働法概説（第4版）』（弘文堂，2019年）

両角道代・森戸英幸・梶川敦子・水町勇一郎『労働法（第4版）』（有斐閣，2020年）

浜村彰・唐津博・青野覚・奥田香子『ベーシック労働法（第8版）』（有斐閣，2020年）

442

浅倉むつ子・島田陽一・盛誠吾『労働法（第6版）』（有斐閣，2020年）

水町勇一郎『労働法（第8版）』（有斐閣，2020年）

川田知子・長谷川聡『労働法』（弘文堂，2020年）

原昌登『コンパクト労働法（第2版）』（新世社，2020年）

体系書・理論書

久保敬治・浜田冨士郎『労働法』（ミネルヴァ書房，1993年）

山口浩一郎『労働組合法（第2版）』（有斐閣，1996年）

盛誠吾『労働法総論・労使関係法』（新世社，2000年）

菅野和夫『新・雇用社会の法（補訂版）』（有斐閣，2004年）

片岡曻（村中孝史補訂）『労働法(1)（第4版）・(2)（第5版）』（有斐閣，2007・2009年）

山川隆一『雇用関係法（第4版）』（新世社，2008年）

小西國友『労働法』（三省堂，2008年）

渡辺章『労働法講義上・下』（信山社，上2009年，下2011年）

西谷敏『労働組合法（第3版）』（有斐閣，2012年）

荒木尚志・菅野和夫・山川隆一『詳説労働契約法（第2版）』（弘文堂，2014年）

大内伸哉『労働法実務講義（第3版）』（日本法令，2015年）

土田道夫『労働契約法（第2版）』（有斐閣，2016年）

野川忍『労働法』（日本評論社，2018年）

下井隆史『労働基準法（第5版）』（有斐閣，2019年）

菅野和夫『労働法（第12版）』（弘文堂，2019年）

岩出誠『労働法実務大系（第2版）』（民事法研究会，2019年）

君和田伸仁『労働法実務　労働者側の実践知』（有斐閣，2019年）

岡芹健夫『労働法実務　使用者側の実践知』（有斐閣，2019年）

西谷敏『労働法（第3版）』（日本評論社，2020年）

荒木尚志『労働法（第4版）』（有斐閣，2020年）

川口美貴『労働法（第5版）』（信山社，2021年）

水町勇一郎『詳説労働法（第2版）』（東京大学出版会，2021年）

演 習 書

角田邦重・毛塚勝利・浅倉むつ子編『労働法の争点（第3版）』（有斐閣，2004年）

石田眞・豊川義明・浜村彰・山田省三編『ロースクール演習労働法（第2版）』（法学書院，2010年）

大内伸哉編著『労働法演習ノート』（弘文堂，2011年）

菅野和夫監修『ケースブック労働法（第8版）』（弘文堂，2014年）

土田道夫・山川隆一編『労働法の争点』（有斐閣，2014年）

荒木尚志・奥田香子・島田陽一・土田道夫・中窪裕也・水町勇一郎・村中孝史・森戸英幸『ケースブック労働法（第4版）』（有斐閣，2015年）

水町勇一郎・緒方桂子編『事例演習労働法（第3版補訂版）』（有斐閣，2019年）

土田道夫・豊川義明・和田肇編『ウォッチング労働法（第4版）』（有斐閣，2019年）

コンメンタール

東京大学労働法研究会編『注釈労働組合法上・下』（有斐閣，1980・1982年）

中山和久・深山喜一郎・宮本安美・本田尊正・岸井貞男・伊藤博義・萬井隆令『コンメンタール労働組合法』（有斐閣，1980年）

青木宗也・片岡曻編『労働基準法Ⅰ・Ⅱ』（青林書院，1994・1995年）

東京大学労働法研究会編『注釈労働基準法上・下』（有斐閣，2003年）

厚生労働省労働基準局編『平成22年版　労働基準法上・下』（労務行政，2011年）

厚生労働省労政担当参事官室編『労働組合法・労働関係調整法（6訂新版）』（労務行政，2015年）

判例集・判例研究

浅倉むつ子・今野久子『女性労働判例ガイド』（有斐閣，1997年）

唐津博・和田肇・矢野昌浩編『新版　労働法重要判例を読む1・2』（日本評論社，2013年）

野川忍『労働判例インデックス（第3版）』（商事法務，2014年）

村中孝史・荒木尚志編『労働判例百選（第9版）』（有斐閣，2016年）

大内伸哉『最新重要判例200［労働法］（第6版）』（弘文堂，2020年）

講 座 等

『労働法実務大系（全20巻）』（総合労働研究所，1969〜1979年）

日本労働法学会編『現代労働法講座（全15巻）』（総合労働研究所，1980〜1985年）

日本労働法学会編『講座21世紀の労働法（全8巻）』（有斐閣，2000年）

日本労働法学会編『講座労働法の再生（全6巻）』（日本評論社，2017年）

事項索引

448

判例索引

458

労 働 法〔第13版〕
The Labor Law, 13th ed. 〈有斐閣双書プリマ・シリーズ〉

1986年 4 月30日　初 版 第 1 刷 発 行
1988年 3 月30日　改訂版 第 1 刷 発 行
1992年 3 月10日　第 3 版 第 1 刷 発 行
1995年 3 月30日　第 4 版 第 1 刷 発 行
1998年 3 月10日　第 5 版 第 1 刷 発 行
1999年 3 月20日　第 6 版 第 1 刷 発 行
2000年 4 月10日　第6版補訂第 1 刷発行
2002年 3 月30日　第 7 版 第 1 刷 発 行
2004年 3 月30日　第 8 版 第 1 刷 発 行
2006年 3 月10日　第 9 版 第 1 刷 発 行
2009年 4 月20日　第 10 版 第 1 刷 発 行
2012年 3 月20日　第 11 版 第 1 刷 発 行
2014年12月20日　第 12 版 第 1 刷 発 行
2021年10月30日　第 13 版 第 1 刷 発 行

著　者　安枝英訷
　　　　西村健一郎

発 行 者　江 草 貞 治

発 行 所　株式会社 有 斐 閣

郵便番号101-0051
東京都千代田区神田神保町 2 - 17
電話（03）3264-1314〔編集〕
　　（03）3265-6811〔営業〕
http://www.yuhikaku.co.jp/

印刷・製本　株式会社冨山房インターナショナル
©2021, Nobuo Yasueda, Kenichiro Nishimura. Printed in Japan
落丁・乱丁本はお取替えいたします。
★定価はカバーに表示してあります。

ISBN 978-4-641-05836-1